시적적 발전과 모빌리티의 정치학

도시
모빌리티
네트워크

말렌 프로이덴달 페데르센 · 스벤 케셀링 편저 | 정상철 옮김

Exploring networked Urban Mobilities

모빌리티인문학 Mobility Humanities

모빌리티인문학은 기차, 자동차, 비행기, 인터넷, 모바일 기기 등 모빌리티 테크놀로지의 발전에 따른 인간, 사물, 관계의 실재적·가상적 이동을 인간과 테크놀로지의 공-진화co-evolution라는 관점에서 사유하고, 모빌리티가 고도화됨에 따라 발생하는 현재와 미래의 문제들에 대한 해법을 인문학적 관점에서 제안함으로써 생명, 사유, 문화가 생동하는 인문-모빌리티 사회 형성에 기여하는 학문이다.

모빌리티는 기차, 자동차, 비행기, 인터넷, 모바일 기기 같은 모빌리티 테크놀로지에 기초한 사람, 사물, 정보의 이동과 이를 가능하게 하는 테크놀로지를 의미한다. 그리고 이에 수반하는 것으로서 공간(도시) 구성과 인구 배치의 변화, 노동과 자본의 변형, 권력 또는 통치성의 변용 등을 통칭하는 사회적 관계의 이동까지도 포함한다.

오늘날 모빌리티 테크놀로지는 인간, 사물, 관계의 이동에 시간적·공간적 제약을 거의 남겨두지 않을 정도로 발전해 왔다. 개별 국가와 지역을 연결하는 항공로와 무선통신망의 구축은 사람, 물류, 데이터의 무제약적 이동 가능성을 증명하는 물질적 지표들이다. 특히 전 세계에 무료 인터넷을 보급하겠다는 구글Google의 프로젝트 룬Project Loon이 현실화되고 우주 유영과 화성 식민지 건설이 본격화될 경우 모빌리티는 지구라는 행성의 경계까지도 초월하게 될 것이다. 이 점에서 오늘날은 모빌리티 테크놀로지가 인간의 삶을 위한 단순한 조건이나 수단이 아닌 인간의 또 다른 본성이 된 시대, 즉 고-모빌리티high-mobilities 시대라고 말할 수 있다. 말하자면, 인간과 테크놀로지의 상호보완적·상호구성적 공-진화가 고도화된 시대인 것이다.

고-모빌리티 시대를 사유하기 위해서는 우선 과거 '영토'와 '정주' 중심 사유의 극복이 필요하다. 지난 시기 글로컬화, 탈중심화, 혼종화, 탈영토화, 액체화에 대한 주장은 글로벌과 로컬, 중심과 주변, 동질성과 이질성, 질서와 혼돈 같은 이분법에 기초한 영토주의 또는 정주주의 패러다임을 극복하려는 중요한 시도였다. 하지만 그 역시 모빌리티 테크놀로지의 의의를 적극적으로 사유하지 못했다는 점에서, 그와 동시에 모빌리티 테크놀로지를 단순한 수단으로 간주했다는 점에서 고-모빌리티 시대를 사유하는 데 한계를 지니고 있었다. 말하자면, 글로컬화, 탈중심화, 혼종화, 탈영토화, 액체화를 추동하는 실재적·물질적 행위자agency로서의 모빌리티 테크놀로지를 인문학적 사유의 대상으로서 충분히 고려하지 못했던 것이다. 게다가 첨단 웨어러블 기기에 의한 인간의 능력 향상과 인간과 기계의 경계 소멸을 추구하는 포스트-휴먼 프로젝트, 또한 사물인터넷과 사이버 물리 시스템 같은 첨단 모빌리티 테크놀로지에 기초한 스마트시티 건설은 오늘날 모빌리티 테크놀로지를 인간과 사회, 심지어는 자연의 본질적 요소로 만들고 있다. 이를 사유하기 위해서는 인문학 패러다임의 근본적 전환이 필요하다.

이에 건국대학교 모빌리티인문학 연구원은 '모빌리티' 개념으로 '영토'와 '정주'를 대체하는 동시에, 인간과 모빌리티 테크놀로지의 공-진화라는 관점에서 미래 세계를 설계할 사유 패러다임을 정립하려고 한다.

머리말

　'네트워크화된 도시 모빌리티'는 2014년 11월 5일에서 7일까지 코스모빌리티 네트워크Cosmobilities Network 주관으로 덴마크 코펜하겐에서 열린 컨퍼런스 및 미술art 전시회의 제목(주제)이다. 이 컨퍼런스 및 전시회는 국제적인 모빌리티 연구 네트워크의 창립 10주년을 기념하는 대규모 학술행사였다. 이 행사의 조직은 올보르Aalborg대학교와 로스킬레Roskilde대학교의 연구팀이 공동으로 담당했다.

　이 책은 코펜하겐의 올보르대학교에 모였던 대략 160명의 참여자들의 연구 성과와 생각들을 담아낸 총 세 권의 책 중 제1권이다. 새로운 모빌리티 패러다임 분야를 대표하는 이론적 논쟁들과 개념적 고민들, 그리고 새로운 관념들과 관점들이 이 책에 담겨 있다. 말렌 프로이덴달 페데르센Malene Freudendal-Pedeersen과 카트리네 하르트만 페테르센Katrine Hartmann-Petersen과 에미 로라 페레즈 퍄란트Emmy Laura Perez Fjalland가 편집한 제2권은 '실천, 흐름, 방법들'이라는 부제에 걸맞게 모빌리티 패러다임 주제의 다양성과 강력함, 그리고 경험적 연구의 광범위함을 보여 주는 다양한 글들이 실려 있다. 아스라크 오모트 셰룰프Aslak Aamot Kjærulff, 스벤 케셀링Sven Kesselring, 피터 피터스Peter Peters, 케빈 한남Kevin Hannam이 편집한 제3권은 이 컨퍼런스에서 드러난 '예술, 공연performances, 영향들'을 모아 놓았다. 이 세 권의 책들은 2008년 뮌헨에서 열렸던 모빌리티와 예술에 관한 컨퍼런스 이후 코스모빌리티 네트워크 내에서 이루어진 작업의 주제, 즉 예술과 사회과학의 분석적 힘을 보여 주려는 의도를 진척시킨 것들이다.

코펜하겐에서 열린 컨퍼런스는 많은 점에서 특별한 이벤트이자 모빌리티 네트워크에 중요한 행사였다.

우선, '코스모빌리티 네트워크' 생일 축하가 있었다. 10년 전에 소수의 사람들이 '모빌리티와 코스모폴리탄의 관점'이라는 워크숍을 하러 뮌헨에 모였다. 이때까지는 어느 누구도 이것이 오랫동안 지속될 공동 작업과 연구를 위한 네트워크의 시작이라고 생각하지 않았다. '코스모빌리티cosmobilities'라는 이름은 오늘날 코스모폴리탄의 이동성을 짧게 표현하는 러닝 개그running gag로 사용된 것이었다. 그러던 어느 날, 존 어리가 웃으면서 "이 이름에 맞는 네트워크가 필요하겠네!"라고 말했고, 이후 10여 년이 지난 지금 코스모빌리티 네트워크는 사회과학 분야에서, 또 사회과학의 범위를 넘어서 모빌리티적 전환mobilities turn을 모색하는 중추적인 역할을 하게 되었다. 10주년을 기념하는 컨퍼런스에서 우리는 코스모빌리티 네트워크가 학술적 공간이자 만남의 장, 또한 최첨단의 연구 분야와 과학의 혁신을 나타내는 용어로 자리매김하게 된 것을 축하하였다. 전 세계적으로 대단히 많은 수의 개별 연구자들과 연구기관들이 현대의 모바일 세계와 그것이 가져오는 위험과 기회라는 사회적 변화를 고민하는 새로운 학제간 연구 문헌과 사고방식을 만들어 냈다. '새로운 모빌리티 패러다임'은 공공기관과 기업 및 시민사회의 실무자들뿐만 아니라 학계 연구자들의 일과 생각에도 영향을 주었다.

두 번째, 다행히 그때는 미처 몰랐지만 2004년의 워크샵과 이 네트워크의 출범에 중요한 역할을 한 학계 인물이자 사상가 두 사람이 함께 자리한 마지막 코스모빌리티 컨퍼런스였다.

독일의 사회학자인 울리히 벡이 2004년 워크샵에 초청되었고, 이후에 그는 코스모빌리티 네트워크의 창립 과정을 주도하게 되었다. 2014년의 컨퍼런스 카탈로그에 쓴 환영사에서, 그는 코스모빌리티 네트워크가 '현대성 및 현대사회의 미래 기본 원칙들을 성찰하고 다시 생각해 보는 장이 되었다'고 서술했다.

2004년부터 2016년 3월 세상을 떠날 때까지 존 어리가 한 역할도 결코 과소평가될 수 없다. 많은 점에서 그는 이 네트워크와 모빌리티 연구자들의 '지도적 인물spiritus rector'이자 멘토였으며, 지금도 그러하다. 그의 독특한 인품과 뛰어난 지성이 없었다면, 네트워크는 지금과 같은 모습을 갖추지 못했을 것이다. 이것은 조금도 과장된 얘기가 아니다. 2014년의 컨퍼런스 카탈로그에 그는 다음과 같이 썼다.

지난 10년간 코스모빌리티 네트워크는 새롭게 등장하고 있는 모빌리티 패러다임에 자양분을 공급해 온 최고의 장을 제공했습니다. 많은 중견 및 소장 동료 연구자들 간의 수평적인 네트워크로서 여러분은 서로 다른 많은 연구 전통과 분야와 이론적 접근 방법에 속하는 학자들을 한데 모으는 대단한 일을 해냈습니다. 또한, 여러분은 학계와 현장 실천가들 사이의 간극을 연결하는 역할을 했습니다. 부디 코스모빌리티가 오래 지속되기를 기원합니다.

이 책은 이 두 사상가들에게 헌정된다. 우리는 이 두 사람이 이야기해 준 바가 코스모빌리티 네트워크의 임무이자 사명이라고 생각한다. 우리는 이 책을 포함한 세 권의 시리즈가 새로운 모빌리티 패러다임의 깊이와 다양성과 날카로운 분석력, 그리고 네크워크에 참여하는 학자들의 잠재력을 개략적으로 보여 줄 수 있기를 희망한다. 모쪼록 이 책들을 읽는 것이 독자들에게 모빌리티 패러다임을 이해할 기회이자 지적인 흥분을 느끼는 경험이 되기를 바란다.

이 책이 우리 작업에 대한 관심을 촉발하고, 그럼으로써 이후에 다시 열릴 코스모빌리티 컨퍼런스에서 여러분을 만날 수 있기를.

말렌 프로이덴달 페데르센, 스벤 케셀링
2016년 9월, 코펜하겐에서

1장

네트워크화된 도시 모빌리티

스벤 케셀링Sven Kesselring
말렌 프로이덴달 페데르센Malene Freudendal-Pedersen

사회학자 게오르크 짐멜Georg Simmel은 1903년 '대도시와 정신적 삶'에 관한 독창적인 논문에서, 도시를 사회적인—또는 오늘날의 용어로는 '전 지구적인'—변화를 육성하는 곳으로 규정해야 한다고 주장했다. 이미 많이 진행된 대도시 연구에서처럼, 세계화된 사회·경제 도시지역들과 '네트워크화된 어버니즘networked urbanism'(Graham and Marvin 2009: Kaufmann 2011) 연구를 통해 현대사회의 일반적인 변화와 모바일 위험사회를 규명하는 경로에 접근할 수 있다. '도시 영역'(Lefebvre 2000)은 세계적인 네트워크, 줄기, 흐름의 중심점으로서 탐구되고, 경험되고, 계획될 필요가 있다. 도시는 점차 도시 안에 고정되는 것이 아니라 도시를 통해 흐르는 것으로 (재)생산되고 있다 (Derudder, Witlox, and Taylor 2013: Sheller and Urry 2006: Ritzer 2010). 도시들은 세계적인 축적, 지속적인 모빌리티 및 변화의 공간에서 '공간적 조정spatial fixes'(Harvey 1990)으로 기능하고 있다. 도시를 생생한 사회적·경제적·생태적 지속가능성의 장소로 만들기 위해서는, 단순한 운송 시스템과 연결을 넘어서는 강하고 사회적으로 응집력 있으며 포괄적인 모빌리티 시스템이 필요하다.

이 책에서 모빌리티와 사회변동에 대한 도시적 관점은 우연히 선택된 것이 아니다. 도시와 지역은 사회적·기술적·지리적·문화적·디지털적인 모빌리티 네트워크로 복잡한 환경을 구성한다(Urry 2000, 2007: Graham and Marvin 2009). 도시의 규모는 현재 부상 중인 새로운 사회적·문화적 삶의 형식, 생태 환경에 큰 영향을 미치는 요인이자 세계적인 '네트워크 사회'(Castells 1996)의 본질적인 부분이다. 모빌리티 연구는 새로운 연구 분야와 전통을 이어 주는 강력한 접근 방식을 제공함으로써 도시의 미래에 중요한 역할을 한다(Sheller and Urry 2006; Canzler, Kaufmann 및 Kesselring 2008; Grieco and Urry 2011; Cresswell 2006). 모빌리티는 일상적인 운송, 커뮤니케이션, 그리고 인공물artifacts의 이동뿐만 아니라, 사람, 상품, 자본 및 정보의 대규모 이동을 포함한다(Urry 2000). 이와 같이 서로 다른 모빌리티들이 현대의 사회적 삶과 도시문화를 형성하는 근원으로 여겨진다. 모빌리티 관점으로의 전환mobilities turn은 경로 의존성path dependencies, 재정 지원 결정 및 과학기술 정책, 문화 변동, 모빌리티 실천 및 사회성의 변화 형태, 배태성embeddedness, 사회적 응집력 등의 사회적 결과에 대한 분석을 제안한다.

서론에 해당하는 본 장에서는 오늘날 도시를 이해하는 데 영향을 준 몇몇 저작들에 대해 논의하고자 한다. 선택된 발췌문들은 사회적 과정과 모빌리티가—운송 수단이라 불리는 고정된 기술적 장치와만 연관되어 있을 때조차—오늘날 우리가 알고 있는 도시에서 어떻게 결정적인 역할을 수행했는지 사회학적 관점에서 보여 줄 것이다. 도시와 도시계획 및 사회생활에 대한 이 장을 통해 네트워크화된 도시 모빌리티의 미래를 이 책의 저자들이 어떻게 그리고 있는지 그 큰 틀을 제시할 것이다.

역사적 관점에서 본 도시와 도시 모빌리티

도시와 도시 모빌리티에 대한 이야기는 간단한 개요만으로도 여러 권의 책이 될 것이다. 현대 (도시)계획 전통에 중요한 영향을 미친 에버니저 하워드Ebenezer Howard의 정원도시에 대한 비전으로 이야기를 시작해 보자. 에버니저 하워드(1902)는 대도시의 비인간적 문제를 해결할 방법으로 '내일의 정원도시Garden Cities of Tomorrow'라는 유토피아를 만들어 냈다. 현대화 초기 단계에서 도시가 직면한 문제는 건강에 해로운 생활환경, 재화 생산으로 인해 빚어지는 오염, 난방 및 운송heating and transport 등이었다. 하워드의 유토피아는 물리적 해결책과 구체적인 문제에만 초점을 맞추고, 이 비전의 실현으로 생길 수 있는, 마땅히 그래야 하는 사회적 행복에는 덜 집중했다. 정원도시에 담긴 계획의 이상은 더 건강한 생활과 업무 환경이 가능하도록 빛과 공기와 녹지공간, 제도와 시설을 만드는 것이었다. 합리적이고 효율적인 지역화, 의사소통 및 운송 수단을 창출하여 균형 잡힌 사회적 다양성 아래 서로 이웃하여 거주할 수 있는 공장 소유주와 상인 및 자격과 동기를 갖춘 노동력을 유치하고자 한 것이다(Tonboe 1993). 여러 면에서 이것은 도시를 재정비하고, 효율성과 발전을 위한 합리적인 시스템을 만드는 방법이었다.

내일의 정원도시 아이디어는 건축과 교수인 레슬리 패트릭 애버크롬비Leslie Patrick Abercrombie의 지도 하에 만들어진 도시 및 농촌 계획법Town and Country Planning Act과 더 좋은 런던 계획Greater London Plan의 개발에 중요한 영감을 주었다. 이 계획들은 제2차 세계대전 이후뿐 아니라 현대화로 인해 어지럽고 건강에 해로운 환경에 처한 도시를 재정비하는 것을 목표로 했다. 이러한 계획은 산업화된 세계에 큰 영감을 주었으며, 오늘날에도 널리 퍼져 있는 기능적인 계획 패러다임은 이것의 결과라고 할 수 있다. 예를 들면, 1947년부터 더 좋은 코펜하겐Greater Copenhagen을 위한 전반적인 계획 원리가 되어 온, 소위 코펜하겐의 '핑거플랜Finger Plan' 개발에 영감을 주었다(Freudendal-Pedersen 2015; Gaardmand 1993; Nielsen 2008). 핑거플랜은 손바닥palm〔코펜하겐 중심의 밀집지역〕에 도심지역inner city을 구성하고, 손가락을 따라 운송, 주택 및 산업/비즈니스 지대를, 그리고 손가락들 사이에는 녹지공간을 조성하는 것이다. 핑거플랜은 또한 정원도시 아이디어가 가족용 승용차의 확산과 함께 교외의 건축에 어떻게 영감을 주었는지를 보여 준다. 정원도시에 대한 하워드의 아이디어는 교외를 만드는 것이 아니라 도시와 가까운 곳에 위치한, 제한된 크기의 독립적인 '완성된' 도시의 건설을 목표로 '신도시'를 개발하는 것이었다. 그럼에도 불구하고, 가족용 승용차의 확산과 '건강에 해로운 도시'에서 벗어날 수 있는 기회는 정원도시와 '신도시'에서 영감을 얻은 전반적인 아이디어는 교외 성장 및 도시 스프롤 현상〔도시개발이 근접 미개발 지역으로 확산되는 현상〕의 초석이 되었다.

이와 같은 생각들은 제인 제이콥스Jane Jacobs(1961)의 표현을 빌리면 대도시가 죽었다는 것을 의미한다. 그녀는 저서 《미국의 위대한 도시의 죽음과 삶The Death and Life of Great American Cities》에서 근대적인 계획planning 아이디어를 직접 공격했으나, 하워드를 직접 공격하지는 않았다.

가장 중요한 영향을 준 것 에버니저 하워드이다. … 그는 도시의 잘못과 실수를 싫어했을 뿐 아니라, 도시를 싫어했고, 이를 분명한 악이자 사람들이 속해야 할 자연에 대한 모독이라고 생각했다. 사람들을 구할 그의 처방은 도시를 안으로 들여보내는 것이었다. … 그의 목표는 자급자족적인 작은 도시, 특별한 계획이 없고 계획이 없는 사람들 사이에서 삶을 보내는 것을 꺼리지 않는 사람에게 정말로 좋을 그런 도시를 만드는 것이었다.(Jacobs 1961, 17)

제이콥스는 "하워드는 그 나름대로 옳았지만, 도시계획이라는 관점에서는 그렇지 못했다(Jacobs 1961, 19)"고 지적했다. 이 책이 출판될 당시, 제이콥스는 그녀가 살고 있던 그리니치Greenwich 마을을 무너뜨리려는 로버트 모지스Robert Moses의 '맨해튼 남부 고속도로Lower Manhattan Expressway' 건설에 반대하는 캠페인을 벌이고 있었다. 제이콥스는 합리적 계획 패러다임에 수반되는 '재정비cleaning out'에 강력하게 반대했다. 그녀는 이 도시계획 전통이 도시를 너무 깨끗하고 완벽하게 만들려고 한다면서, 이는 목욕물 버리려다 목욕하는 아이까지 버리는 격이라고 여겼다. 또한, 사람들이 그 안에서 만나고 살아가기를 원하는 도시의 생명을 죽이는 일이었다. 그녀 주장의 핵심은, 도시가 다양한 사람들과 장소들이 통합되는 기회를 제공한다는 것이다. 그녀는 도시계획의 역할이 이미 존재하는 활동들dynamics을 지원하고 그 사이의 균형을 잡고, 아직 활동이 없는 지역들과의 평형을 수립하는 것이어야 한다고 주장하였다. 제이콥스의 책은 또한 르 코르뷔지에Le Corbusier(1947)에 대한, 특히 CIAM 설립 선언문과 아테네 헌장에서 나타나는 도시계획 아이디어에 대한 직접적인 비판이었다. CIAM(국제현대건축회의(1928~1959))는 28명의 유럽 건축가들이 참여하여 근대성과 기능도시의 건축 원칙을 공식화한 모임으로, 이 내용은 후에 '아테네 헌장Athens Charter'으로 제시되었다. 주된 제안은 엄격한 기능 분리를 통해 사회적 문제를 해결할 수 있다는 것이다. 르 코르뷔지에의 유토피아적인 '빛나는 도시Radiant City'는 고층 빌딩과 모빌리티 구역들 및 기능들로 구성되어 있으며, 이 모든 것은 하나의 구역 안에 배치되어 있다.

르 코르뷔지에의 유토피아는 그가 개인적 자유의 최대치라고 부르는 상태였는데, 그는 무엇이든 많이 할 수 있는 자유가 아니라 일상의 책임으로부터 벗어나는 자유를 의미했던 것으로 보인다. 그의 빛나는 도시에서는 누구도 자신의 형제를 지키는 자brother's keeper가 아니다. 누구도 자신의 계획을 관철시키기 위해 분투하지 않으며, 누구도 무언가에 구속되지 않을 것이다.(Jacobs 1961, 22)

르 코르뷔지에의 아이디어는 도시 영역에 질서를 부여하는 서로 다른 모빌리티들과 활동들의 구역을 설정하는 오늘날의 도시 모빌리티의 개념에서 중요한 역할을 하게 되었다(Debord and Wolman 1956, Sadler 1999, 24). 합리주의적 도시계획 패러다임(도시 정비 및 거주지역의 구역화 관행)과 (사람과 물질적 요소materialities들이 서로 협력할 수 있는) 살아 있는 도시를 위한 투쟁 사이의 갈등은 오늘날에도 여전히 진행 중이다. 오늘날 코펜하겐이 매우 살기 좋은 도시로 불리는 이유의 일부는 1970년대와 1980년대에 이 도시가 '운 좋게' 매우 가난했다는 사실과 관계가 있다. 도시의 중심으로 이어지는 고속도로, 현대적인 고층 빌딩, 주차 시설 등을 뜻하는 '성공적인' 도시 원칙doctrine을 따를 돈이 없었다는 뜻이다. 자금 여력이 없던 코펜하겐은 파란색과 녹색 요소(물과 공원)뿐만 아니라, 자동차에만 초점을 두지 않는 인프라를 갖추게 되었다. 코펜하겐은 성장과 번영을 선도하는 도시계획 아이디어를 감당할 수 없었던 덕에 오늘날의 성공적인 상태에 이르게 되었다.

도시의 사회구조

학계에서 도시의 사회구조에 대한 논의는 물리적 도시계획 논의와 함께 이루어졌다. 카를 마르크스와 프리드리히 엥엘스는 도시와 도시 모빌리티를 경제적·물질적 발전과 생산과정의 산물로 여기는 역사적 유물론을 제시하였다. 노동계급의 역사는 산업 및 도시화의 역사이기도 하다.

제조업 시설은 서로 가까운 곳에 살고 있는 노동자들이 한 건물에 모이는 것을 필요로 하며, 적합한 규모로 지어진 공장의 경우 노동자들의 마을을 형성하기도 한다. 그들은 다른 이들—수공예가, 구두수선

공, 재단사, 제빵사, 목수, 석공 등—의 필요를 만족시키고자 하는 욕구를 가지고 있다. "도시가 커질수록, 이점도 많아진다. 도시는 길, 철도 운하… 그리고, 구매자가 몰리는 시장을 제공한다".(Engels 1987, 66)

마르크스는 또한 운송 수단과 자본주의 성장 사이의 연관성, 즉 운송 수단이 생산과정과 연결되어 있음을 지적했다. 지리적 거리가 시간 단위로 측정되고 돈으로 계산되면서 순환 비용의 중요한 부분이 되는 것이다.

따라서 의사소통 및 운송 수단—시간으로 공간을 무화시키는—의 교환을 위한 물리적 조건들을 만드는 것은 이를 위해 특별히 필요한 것이 된다.(Marx 1973, 524 (113))

이러한 글들이 씌어진 근대화의 초기에, 필수적인 물리적 운송에 필요한 물리적 인프라의 구축은 여전히 초기 단계에 머물러 있었다. 이러한 인프라는 단일 생산자가 구축할 수 없으므로 공동체의 도움이 필요하였다. 모빌리티 시스템의 발전은 오늘날 우리가 알고 있듯이 도시를 정의하는 한 부분이다. 이제 우리는 초기에 도시를 만든 서로 다른 요소의 생산자들을 이끌 새로운 루틴과 시스템을 가능하게 하는 가상적이며 중재된mediated 모빌리티 덕분에 새로운 전환점의 한가운데에 있는 것처럼 보인다(Birtchnell 2016). 마르크스와 엥겔스처럼, 막스 베버Max Weber(1958)는 자본주의의 제도적 · 관료적 토대에 중점을 둔 거시적 규모의 탐구에 관심이 있었다. 베버는 도시의 견고성과 물질성, 제도적 규모에 초점을 맞추었다. 그러나 게오르크 짐멜Georg Simmel은 다른 방향을 선택했다. 그는 물질 세계에 의존적인, 더 일반적이고 객관적인 (종종 숨겨져 있는) 패턴에서 벗어나 사회학적 분석에 초점을 맞추었다. 그는 사회적 관계의 거시적 규모를 체계적으로 탐구하였으며, 개인과 집단, 이 둘의 사회적 실행과 의미 있는 사회현상, 아이디어나 트렌드에 집중하였다. 그는 현상학적 접근을 통해, 도시를 "사회학적 결과로 이루어진 공간적 실체가 아닌 공간적으로 형성된 사회학적 실체"로 보았다(Simmel 1969, 178). 짐멜은 도시를 새로운 사회유형이 떠오르는 장소로 분석했다. 도시에서 개인화되고, 정교해지고, 무감각해진 피상적인 개인은 강하게 응집된 긍정적·부정적 감정을 다루기 위해 특별한 태도를 가져야 한다. 짐멜은 '무감각한 것'을 베를린과 같은 도시들이 20세기 초에 겪은 것과 같은 경제적·사회적 변혁에 대한 논리적 반응이라고 보았다.

시카고학파는 베버와 짐멜의 사회학에서 큰 영감을 얻었다. 그들은 성장하는 도시의 경계와 한계, 그리고 사회적·물질적 구조의 규정에 주된 관심을 두었다. 시카고의 많은 사회과학자들은 운송 및 통신의 발달과 인구이동에 대해 경험적 수준에서 세심한 주의를 기울였다. 이러한 방식으로 도시를 이해하는 데 핵심적인 부분은 모빌리티였다. 매켄지Roderick Duncan McKenzie는 서로 다른 종류의 모빌리티들을 구분하였으며, 〈네이버후드The Neighborhood〉(1921)라는 방대한 논문에서 다양한 모빌리티와 도시 변화 및 도시문제와의 상호 관련성을 서술했다. 파크Robert Ezra Park, 버제스Ernest Watson Burgess, 매켄지가 공저한《도시The City》(1926)에서 이동성은 도시를 이해하는 핵심 틀로 제시되었다.

교통 및 통신, 전차 및 전화, 신문 및 광고, 철골구조 및 엘리베이터 등 즉시 더 많은 모빌리티와 더 많은 도시인구집중을 불러일으키는 모든 것은 도시의 생태조직에서 가장 중요한 요소들이다.(Park, Burgess and McKenzie 1926, 2)

그러면서 버제스는 〈도시의 성장The Growth of the City〉 장에서 모빌리티를 공동체와 도시의 맥박으로 강조하였다. 그는 도시 성장과의 관계에서 이동movement과 모빌리티를 구분하는 것으로 시작한다.

이동은 본질적으로 변화나 성장의 증거가 아니다. … 성장을 위해 의미 있는 이동은 새로운 자극이나 상황에 반응하는 이동의 변화를 함축한다. 이러한 종류의 이동을 모빌리티라고 부른다.(Burgess 1926, 58)

최근에 이동과 모빌리티의 차이는 모빌리티의 잠재력과 관련하여 논의되어 왔으며(Canzler et al. 2008), 마르크스(1867)가 기술한 돈과 자본의 차이에 대해 버제스가 이해하는 바와 일치한다. 모빌리티는 변화─다양한 사회적 확장과 발달을 발생시키는 발전─를 의미한다. 그럼에도 불구하고 (도시의 이해에 본질적인 것으로서) 버제스의 모빌리티 이해는 모빌리티를 도시의 신진대사metabolism뿐만 아니라 확장까지를 이해할 도구로 규정하는 합리적인 관점이라는 점에서 모빌리티적 전환과 구별된다. 그는 모빌리티가 "정밀한 양적 공식화에 민감한, 거의 문자 그대로 공동체의 맥박으로 간주할 수 있는" 도구라고 주장하였다(Park et al. 1926, 61).

파크 등(1925)은 모빌리티에 대한 이론적 · 방법론적 규정을 도시의 확장 과정 및 사회 시스템의 효과를 측정하는 방법을 합리화하는 데 사용하였다. 이들이 사용한 것은 도심의 상업지역에서 외곽으로 확장되는 동심원지대 모델concentric zone model로, 이를 통해 도시는 하나의 단일 환경이라기보다는 많고 다양한 하위 사회sub-societies로 구성되는 것으로 이해되었다. 이러한 인간생태학적 관점을 통해 도시 인근의 안정 · 성장 · 감소 과정은 경제 자원뿐만 아니라, 연령, 문화, 민족성 및 모빌리티와 관련을 맺게 되었다. 여러 면에서 이는 도시계획의 역할이 도시 내에 이미 존재하는 역학을 지지하고 균형을 잡는 것이라는 제이콥스의 아이디어와 연관된다. 파크 등은 이를 위한 방법론적 도구 상자를 제공한 것이다. 동심원지대 모델은 오늘날에도 모빌리티 연구—예를 들면, 모빌리티와 소속belonging 간의 연계를 이해하려고 할 때(Jensen and Jorgensen 2016)—에 적용되고 있다.

도시를 더 잘 이해하는 방법으로서의 모빌리티

최근 사회학에서는 시카고학파의 접근 방식이 도시 인근에 위치한 소규모의 자율적인 '완성된' 도시의 건설을 사회가 '자연적으로' 결정한다는, 바로 그 인간생태학적 아이디어 때문에 비판을 받고 있다. 카스텔(1976)은 사회적 관계와의 상호작용이 부족한 도시사회학의 결핍에 초점을 맞춰 "도시사회학이 있는가?"라는 다소 도발적인 질문을 던졌다. 카스텔에 따르면, 중요한 점은 공간구조(도시)가 사회과정을 독립적으로 설명할 수 없다는 것이다. 공간적 조건의 관계가 사회적 역학에 영향을 줄 수는 있지만, 이 관계에 필수적인 것은 아니다. 이러한 논의는 공간적 전환으로 알려진 것의 일부로서, 여기서는 구조와 행위자의 이중성이 고려되었다. 시공간 차원time-space dimension(Hägerstrand 1970에서 영감을 받음)이 모든 행동과 사회 시스템을 지탱한다는 기든스Giddens(1984)의 구조화이론theory of structuration은 관계형 네트워크 패턴, 개인들 또는 집단들 사이의 사회적 행위에 놓인 시간–공간의 복합체로서 도시를 이해한다. 이러한 논의는 사회과정과 공간구조를 통합하려는 노력으로 이루어진 지리학과 사회학의 만남이다(Gregory and Urry 1985). 정치경제적 구조를 결정적인 것으로 이해하는 마르크스주의적 관점에서 이 논의에 개입한 데이비드 하비David Harvey는 불균등한 지리적 발전의 관점에서 도시에 대해 이야기한다. 하비는 생활 방식으로서의 도시성urbanism과 도시적 형태로서의 도시성을 구별하는 것이 중요하다고 말한다(Harvey 1973).

새로운 테크놀로지와 함께 그러한 테크놀로지가 이끌어 낸 논의가 새롭게 무대에 등장했다. 북반구에서 시작된, 개인이 소유한 정보통신 기술과 월드와이드웹World Wide Web의 도입은 새로운 삶과 도시적인(/도시화된) 모빌리티의 출발점이 되었다. 〈위기, 도시계획 및 삶의 질〉(1982)이라는 논문에서, 카스텔은 모빌리티의 엄청난 증가와 공간에 뿌리내리고 있는 재생산과 사회체계 사이에 존재하는 명백한 역설을 반추했다. 그리고 현재의 역사적 과정을 기반으로 도시와 지방정부를 촉진하고, 기술 혁신의 기회를 제공하며, 생산성을 자극하고, 소비를 늘리고, 소통을 재건할 '새로운 공간'을 요청했다. 여기에서 카스텔은 다른 사회를 위한 전제 조건으로서 '새로운 공간', 지배자들의 도구로 사용될 수 있는 공간을 찾는 것처럼 보인다. 역외화offshoring를 다룬 본 책의 4장에서, 존 어리John Urry는 카스텔의 전망이 우리의 예상보다는 낙관적이며, 모빌리티가 어떻게 이러한 공간이 되는지를 보여 준다. 모빌리티의 공간과 흐름 안에서 정치경제적 과정은 도시계획 및 정부와 단절되어 있지만, 그럼에도 불구하고 도시의 발전을 지배하는 것은 정치경제적 과정이다. 바우만 Zygmunt Bauman은 "모빌리티는 사람들이 가장 갈망하는 가치가 되고, 이동의 자유, 끊임없이 희소성을 갖고 불평등하게 분배되는 상품은 우리의 후기 모던late-modern 또는 포스트모던 시대에 급속하게 주요 계층화 요소가 된다(Bauman 1998, 2)"는 점에 주목하였다.

어리는 초기 작업에서 이미 도시의 시간-공간 관계, 물질성 materiality과 도시의 연계, 도시 영역의 지속적인 사회적 과정을 이해할 다른 방법을 찾고 있었다. 논문 〈장소, 지역 및 사회계층〉(1981)에서, 어리는 공간의 영향이 어떻게 공간 자체의 물질성에서 비롯되는 것이 아니라 공간에서 관계를 점유하는 사회적 요소들의 인과적 힘에서 비롯되는지를 논하였다. 그러나 그러면서도 여전히 "그와 같은 공간적―가깝거나 먼, 또는 사이의―변화가 얼마나― 그리고, 사회과학이 일반적으로 인식하지 못하는 방식으로―중요한지"(Urry 1981, 462)를 강조한다.

어리가 2000년에 발표한 《사회들 너머의 사회학sociology beyond societies》은 이러한 아이디어들을 구체화하고, 공간에 의존하면서도 공간을 넘어서는 구체적인 과정으로서의 모빌리티 이해를 바탕으로 모빌리티 패러다임을 촉발시켰다. 공간적 전환과 관련하여, 어리의 접근 방식은 공간의 의미를 박탈하지 않으면서 공간의 고정성을 극복하는 방법으로 볼 수 있다. 특히 네트워크, 풍경, 흐름의 삼각구도는 이동화mobilize되고 세계주의화cosmopolitanize된 세상을 분석하는 중심축이 되었다. 미미 셸러Mimi Sheller(2016)는 존 어리에 헌정하는 글에서 다음과 같이 쓰고 있다.

새로운 모빌리티 패러다임은 공간을 사회적 과정의 콘테이너로 여기는 생각에 문제를 제기하였으며, 이렇게 해서 공간의 역동적이고 진행 중인 산물을 수많은 상이한 다른 연구 영역의 사회이론으로 끌어들였다.

도시 내의 네트워크로서의 모빌리티

모빌리티 패러다임 내에서, 모빌리티로 생성된 고도로 차별화된 사회적–물질적 네트워크에 많은 관심이 집중되어 왔다(Elliott and Urry 2010; Larsen, Urry and Axhausen 2006; Cwerner, Kesselring and Urry 2009). 짐멜(1923)은 느린 속도의 모빌리티를 가진 전근대 사회의 공동체를 개인의 정체성과 소속의 중심이 되는 동심원으로 설명하였다. 근대사회에서 모빌리티의 속도 증가와 범위 확장은 많은 지역사회에서 다양한 정체성을 교차시키고 보여 주는 원들을 만들어 냈다. 케셀링Kesselring(2008)은 세 가지 네트워크 모델로 이를 설명한다. 하나의 핵심core과 다른 커뮤니티로 가는 여러 경로를 가진 중심 모델, 다양한 핵심과 각각에 대해 추가적인 경로를 가진 비중심 모델, 서로 다른 네트워크가 겹치면서 수많은 경로를 만들어 내는 네트워크 모델이 그것이다. 짐멜의 연구에 대한 케셀링의 정교한 설명은 사회생활과 관련하여 가상적인 모빌리티의 중요성을 보여 준다. 그러나 사람들이 서로 공간적으로 접촉하고 있는지의 여부에 따라 사회적 상호작용이 크게 달라진다는 것을 지적하는 짐멜의 관점은 오늘날에도 여전히 유효하다. 그에 따르면, 어떤 상호작용은 개인적인 상호작용 없이 일정 기간 동안 작동할 수 있지만 결국에는 관계에 변화가 일어난다(Simmel 1923, 641). 오늘날의 모바일 라이프와 네트워크는 점차 세계적인 삶을 살아가는 사람들에게 더 중요한 의미를 지니지만, 여전히 어린이, 직장, 여가 활동 등과 연관된 일상생활은 종종 꽤 지역화되어 있다. 그럼에도 불구하고, 벡Beck이 지적한 바와 같이 우리 모두는 모빌리티를 통해 범세계화cosmopolitanization의 포괄적인 과정에 엮여 있다.

아무도 전 지구적인 것the global을 벗어날 수 없다. 전 지구적인 것
―즉, 범세계화된 현실―은 단지 '외부out there'에 있는 것이 아니라
모든 사람의 생생한 현실을 구성하고 있기 때문이다. … 부동적인
immobile 사람들조차 범세계화되어 있다. 자신의 마을을 떠나 본 적이
없는 사람, 비행기를 타 보지 않은 사람들도 항상 세계world와 밀접하
게 연결되어 있으며, 어떤 방식으로든 전 지구적 위험의 영향을 받고
있다. 휴대전화가 전 세계에 걸쳐across the globe 일상생활의 통합적인
부분이 되어 있기 때문에, 세계와 연결되어 있는 것이다(Beck 2016, 8-9)
.

모빌리티에 기반을 두고 있다는 점에서, 오늘날 소비는 점차 이동
화mobilized되고 있다. 이것은 식료품, 의류, 전자제품, 가구 등과 문화
행사, 교육 등을 위한 쇼핑에도 해당된다. 현대의 생활은 점점 더 모
빌리티 및 통신, 인터넷에 기반을 두고 있다. 미국의 저술가 제레미
리프킨Jeremy Rifkin이 말한 것처럼, 후기 근대 문화의 (인간) 조건을 근
본적으로 그리고 돌이킬 수 없게 변화시키는, 변혁적인 역사적 발전
이 일어나고 있는 것이다.

19세기에, 증기동력 인쇄기술steam-powered printing과 전보는 복잡
한 석탄화력 기차 및 공장 시스템을 연결하고 관리하며, 인구밀도
가 높은 도시지역을 국내시장에 연결하는 커뮤니케이션 매체가 되
었다. 20세기에는 전화가, 이후에는 라디오와 텔레비전이 지리적으

로 분산된 석유, 자동차 및 교외 지역과 대중 소비자 사회를 관리하고 마케팅하는 커뮤니케이션 매체가 되었다. 21세기에 인터넷은 갈수록 연결이 강화되고 있는 글로벌 공유지에서 분산된 재생에너지와 자동화된 물류 및 운송을 관리하는 커뮤니케이션 매체가 되고 있다. (Rifkin 2015, 28)

우리가 모빌리티 시스템이라고 부르는 테크놀로지의 발명에도 불구하고, 카스텔은 생산과 재생산 또는 사회 시스템이 공간과 그 물질성에서 분리될 수 없다는 사실에 존재하는 명백한 역설을 지적했다. 여기에서 그는 현대 도시를 지배하는 규제되고 정치화된 독점자본주의의 이해관계를 경고하였으며, 이러한 발전이 인간의 존재, 환경, 문명 및 민주주의 제도의 정당성을 위협할 것이라고 지적하였다(Castells 1983).

모바일 위험사회 및 도시의 시대Urban Age

오늘날, 도시는 글로벌 네트워크의 접점nodes—글로벌 공간의 허브hubs—이며, 이를 통해 연결되는 흐름은 이 공간들을 모바일 위험사회의 대형 쇼핑센터power center가 되게 한다(Taylor 2004; Brenner 2004; Castells 1996). 짐멜이 20세기 초반에 세계 도시에 대한 에세이를 쓴 이후로, 도시는 그 어떤 매력도 잃지 않았다. 그러나 이 시기 이후로 도시화 과정의 양가적인 특징은 역사상 그 어느 때보다 명백해졌

다. 현대 도시와 도시 디스토피아에 대한 루이스 멈포드Lewis Mumford
의 독창적인 글들은 미래에 대한 일상 담화의 일부분이 되었다. 좋
은 (모바일) 삶으로 여겨지는 것, 현대적 생활 방식의 지속가능성, 생
산 및 소비 방법 등이 그것이다. '도시의 시대urbal age'(Bur dett and Sudjic
2011)라고 불리어 온 것은 거대도시와 세계 도시에서만 발생하는 것
이 아니며, 작은 도시에서도 끊임없이 도시 공간을 글로벌한 패턴
과 구조로 연결하는 글로벌한 현상이다. 도시지역urban field은 행정
적인 경계에서 끝나지 않으며, 모빌리티 네트워크와 시스템을 통해
전 세계의 장소들이 글로벌한 연결성의 공간으로 통합된다. 이것은
전 세계적으로 네트워크화된 도시 모빌리티의 형식에 의해 생성되
고, 지속되고, 추진되는 도시화의 글로벌한 과정이다. 전 세계의 운
송 및 통신 네트워크의 글로벌한 연결성은 매우 양면적이다(Kesselring
2009; Beck 2016). 이는 한편으로 글로벌한 '흐름의 공간'에서 제도, 행위
자actor 및 생활양식으로 도시를 유지하지만, 다른 한편으로는 도시
의 형식 또는 구조로 여겼던 것의 본질을 변화시키고 위협하는 부분
이 되었다. 어버니즘, 문화 및 경제는 다른 모빌리티에 의해 크게 도
전을 받는다(Ritzer 2010; Urry 2011). 시공간 압축, 세계의 디지털화 및 지
속적인 개인화 과정은 모든 분야의 삶에 큰 영향을 미친다. 모든 체
계적이며, 업무 관련적인 상호작용, 협업, 소통 및 사회적 교류의 모
든 체계적 · 업무 관련적 · 개인적인 요소는 그 영향으로 이동화되
고mobilized 국제화되었다. 더 이상 지역 모빌리티 같은 것은 없다. 모
든 움직임, 모든 여정, 모든 커뮤니케이션은 어느 정도 글로벌한 규

모와 연결되어 있다. 글로벌경제와 연결된 직업적 상호 연결성을 통해, 우리가 먹고 마시고 듣고 구매하는 상품 뒤에 놓인 물류logistics를 통해, 소비는 전 지구를 연결시킨다. 회사, 식당 등이 현지 및 지역 생산 재료를 아무리 많이 사용한다 해도, '지역' 제품의 양이 전체의 40퍼센트를 초과하는 경우는 드물다.

이러한 배경에서 도시 모빌리티의 미래는 세계 위험사회의 핵심 주제가 되었다. 도시 시대에 우리는 도시와 지역의 물리적 인프라(그리고 그렇게 함으로써 사회적 응집력, 상호작용, 참여, 사회적 삶을 형성하는 사회적·물리적 구조들) 관리와 계획이 본질적이라고 말할 뿐 이것들 간의 연관성은 그리 중시하지 않는다. 그러나 (사람들, 인력, 자원, 지식, 데이터, 폐기물, 에너지 등의) 흐름 관리는 모든 사회적 행위의 기초가 된다. 이 흐름이 문화와 모든 종류의 루틴을 사전에 구성한다. 따라서 도시 모빌리티 문화에 대한 모든 이야기에는 일상 문화뿐만 아니라 정치, 비즈니스, 도시계획 등도 포함되어야 한다. 기존의 그리고 미래의 건축, 테크놀로지, 인프라, 즉 도시의 풍경scapes을 구축하는 방법에 대한 문제는 사실 사회적 테두리와 상호작용을 '설계하는designing'—'제작하는engineering' 것이 아니라면—형식에 대한 것이다(Latour 1991; Urry 2007; Law and Hassard 1999; Beckmann 2004; Tully 2003). 실제로 이것이 도시 모빌리티의 미래에 대한 사회의 생각을 현실화시키는 가장 영속적인 형태일 때, 기획자와 엔지니어는 타당성, 사회적·정치적 수용성 및 측정의 정당성에 초점을 맞추는 경향이 있다. 기존 데이터, 모델 및 측정을 기반으로, 기획자와 엔지니어는 주로 공간 개발, 기술 구현 및 기타 규제 형태에 대한 의사결정이 이산화탄소 배출, 교통혼잡congestion, 토지 이용, 도시 밀도 및 생태 시스템 등의 결과에 어떤 영향을 어떻게 미칠지를 구상한다. 그러나 사회적 결과―인근 사회적 배치의 조용한 변화, 상호작용 구조, 도시 간의 사회적 불평등 같은 측면들―는 장기적인 의사결정에 의미 있는 역할을 하지 않는 경향이 있다. 이것은 기획자와 엔지니어가 이에 관심이 없어서가 아니라, 주로 관련 데이터가 데이터 세트, 모델 또는 시뮬레이션에 표시되지 않기 때문이다.

네트워크화된 도시 모빌리티

도시의 미래에 대한 담론은 더 이상 지역에 한정되지 않는다. 도시지역의 네트워크화된 특성, 경제활동 및 업무, 이주, 문화 간 교류, 물류와 운송 등의 다국적이며 세계적인 연결성과 상호의존성은 도시와 지방의 지역적인, 심지어 국가적인 개념마저 거의 소용없게 한다. 또한, 도시계획planning과 도시 설계urban design 및 도시 마케팅의 국적nationality이 여전히 도시 정체성과 도시의 지엽적 특징에 불과한 장소 개념과 맞물려 있는 '컨테이너 사회 논리'(Ulrich Beck)로는 더 이상 현대의 발전과 변혁을 설명할 수 없다. 도시가 글로벌한 공급망, 글로벌한 인력 흐름의 부분이며, 공항, 다국적 철도 연결, 컨테이너 네트워크 및 도로 네트워크 등과 같은 글로벌한 인프라와 항공사 네트워크로 연결되어 있다 할지라도, '장소'는 여전히 합리적으로 존재한다. 오늘날 도시의 네트워크화된 특성은 그 결정과 실행 및 미래가 세계화되고 국제화된 담론에 의해 형성되고 재현된다는 사실을 인정할 때 비로소 해독되고 이해될 수 있다. '지역의 힘'은 여전히 있으며(Berking 2006: Brenner 2004 참조), 도시는 미래를 구조화하고 형성할 많은 기회를 가지고 있다. 그러나 동시에 각 도시들은 세계화된 권력의 네트워크에 배태되어 있으며 변경할 수 없는, 역사적으로 독특한 방식으로 어버니즘과 모빌리티의 미래를 변화시키고 있다. 이러한 배경에서, 어리의 진술은 그 본질을 잃지 않는다.

장소는 배ships와 같이 계속 이동하며 반드시 한 위치에 머무르지는 않는다. 새로운 모빌리티 패러다임에서 장소 자체는 인간적인 그리고 비인간적인 동인動因agent의 네트워크 내에서의 느리거나 빠른, 더 길거나 더 짧은 거리의 이동으로 여겨진다.(Urry, 2004. 28)

이어서 벡은 다음과 같이 쓰고 있다.

〔권력의 네트워크는〕 범세계화를 가능하게 하는 장소와 풍경을 규정하고 건설할, 흐름의 장소와 권력의 기술과 경계 관리 전략에 초점을 맞춘 연구와 관련된 모빌리티를 필요로 한다. 이런 장소들로부터 우리는 범세계적인 사회가 어떻게 작동하는지 배울 수 있다. 현대사회의 범세계화는 추상적인 흐름의 공간에서 일어나지 않는다. 이것은 지역적인 것과 글로벌한 것이 만나는 시간과 장소에서 발생하며,

흐름의 통로와 구조는 만들어지고 조직화되어야 한다. 글로벌한 흐름과 모빌리티를 구조화하고 형성하는 것은 바로 숨겨진 '국경 없는 세계에서 지역이 지닌 힘'이다. (Beck 2008, 34)

세계 도시를 다룬 짐멜의 저서에서 시작하여 하워드의 정원도시에 이르기까지, 우리는 도시와 모빌리티, 그리고 사회적·물질적 네트워크 사이를 관통하는 커다란 역사적 변화를 보여 주고자 한다. 지난 세기 동안, 그리고 지난 10년 동안의 가파른 성장을 통해 도시는 다양한 모빌리티 시스템을 통해 네트워크화되었다.

이 책의 저자들은 여러 가지 방식으로, 세계화되고 고도로 이동화되고 네트워크화된 세계에서, 도시의 변화를 이해하고 분석하기 위해 노력하였다. 이들은 가상 모빌리티와 그 모빌리티들이 공간, 상호작용, 움직임movement, 커뮤니티, 정체성, 테크놀로지, 물질성 및 도시의 사회적 틀을 변화시키는 방법에 강조점을 두었다.

미미 셸러는 모빌리티를 통해 네트워크화된 상호작용이 가능해지는 방식에 초점을 맞춰, 이것이 어떻게 어버니즘에 스며들고 우리가 전체적으로 연구해야 할 글로벌한 '제3의 공간'을 구성하는지를 보여 준다. 디지털 네트워크 및 위치 데이터에 대한 광범위한 무선 액세스는 도시 모빌리티, 통신 관행 및 공간을 근본적으로 재구성할 수 있는 새로운 잠재력을 제공한다. 이는 예를 들어 스마트시티나 사물인터넷 같은 개념을 통해 새로운 '모바일 미디어가 창조한 세상mediality'이라는 현상을 만든다. 이는 서로 대화하면서 특정한 모빌리티 또는 분류의 발생을 확실하게 하는 소프트웨어 시스템의 대규모 발생으로 구성된다. 이는 공공서비스, 예를 들어 건강 및 사회복지, 그리고 무인 자동차 및 지능형 고속도로와 같은 자동화된 운송 수단에도 적용된다. 위치인식 스마트폰을 통해(휴대전화 설정으로 필터링된 특정 위치를 통해 인도되면서) 개인들은 가상 네트워크의 일부가 되기도 하고 생성된 네트워크의 일부가 되기도 한다.

고도의 정치적인 방식으로, 모빌리티 시스템은 또한 보안 국가의 감시기구 및 그로 인해 예측되는 불안을 초래한다. 이것은 부유한 국가들Global North과 기술적으로 최첨단화된 도시뿐 아니라 가난한 국가들Global South과 배제된 변방excluded margin에서도 발생한다. 셸러는 이것을 남반구 또는 기타 소외된 공간 사람들이 전자 그리드 또는 무선통신 셀, 비공식인 서비스, 네트워크를 만들고 활용할 방법을 찾는 '세계의 그늘Global shadow'로 규정하였다. 그러나 이러한 과정은 매우 모호하다. 새로운 가능성은 사람들이 네트워크 자본을 창출하고, 전력 사용량을 고정시키거나 송금을 하려고 휴대전화로 무선통신 인프라에 접근할 때 등장한다. 유럽 국경을 넘으려는 이민자들은 무선통신이 연결된 휴대전화에서 도착하거나 여행할 장소에 대한 지도와 팁을 찾는다. 재난 지역을 찾아 돕고자 하는 사람들은 그들을 재난정보학crisis informatics과 연결해 주는 모바일 정보기술을 이용해 목적지에 도달할 수 있다.

크리스티앙 리코페Christian Licoppe는 네트워크화된 도시 모빌리티의 흥미로운 측면에 대해 논의하였다. 셸러와 마찬가지로 그는 '모바일 매체성mobile mediality'에 관한 논의에 깊은 인상을 받았다. 그는 도시 내 공공장소에서 드러나는 사회성의 일부 측면에 대해 논의하는데, 이러한 장소들은 특히 '위치인식 미디어locative media' 사용자들과 관계가 있다. 특정 모바일 앱과 장치를 통해 이러한 테크놀로지를 사용하는 사람들을 주변에서 흔히 발견할 수 있다. 그들은 서로 잘 모르지만 완전히 익명은 아닌 것이, 일부 프로필이나 개인정보가 일반적으로 위치정보 매체를 통해 디지털 방식으로 제공되기 때문이다. 리코페는 이런 종류의 우연한 만남을 '가명의 이방인'과 그들의 구체적인 모습 사이의 만남으로 기술한다. '소심한 만남timid encounter'은 네트워크화된 도시 환경에서 가명의 이방인들이 갖는 만남의 특징이다. 그들은 공공장소에 구현된 물리적 상호작용과 화면상의 온라인 상호작용이 뒤얽힌 다양한 방법으로 만남을 갖는다. 마지막으로 리코페는 미래의 스마트시티가 여전히 '이방인을 위한 장소'로 남아 있는 현대의 대도시처럼 '가명의 이방인을 위한 장소'가 된 미래의 스마트시티와 함께, 위치기반 미디어의 확산이 어떻게 도시 경험을 재구성할 수 있는지를 보여 준다.

존 어리는 역외이전offshoring 세계에 대해 쓴 장章에서, 대부분 보이지 않고 종종 인식되지도 않지만, 그럼에도 불구하고 소위 '보물섬들'에서 자금 이체 및 자본 모빌리티의 반半법적이거나 불법적인 관행이 이루어지는 강력한 네트워크의 글로벌한 현상을 소개한다. 독일 신문 쥐트도이체 차이퉁Süddeutsche Zeitung과 영국 가디언Guardian이 최근 발표한 '파나마 보고서Panama Paper'는 슬프고 혼란스런 소식을 전해 준다. 역외이전의 세계는 도시 조건과 깊은 관련이 있는데, 그 주된 이유는, 송금된 돈은 절대로 그 돈이 생성된 환경 또는 역외이전을 하는 행위자들을 생산적인 거주자가 되게 하는 인프라나 기관에 전달되지 않기 때문이다. 역외이전은 현대사회의 일반적인 원리가 되어 버려, 역내onshore와 역외offshore를 명확하게 구분하는 것은 불가능하다. 이것은 도시 관계, 주택공급 및 가격, 일의 성격에 많은 영향을 미친다. 역외이전의 출현으로 공적인 것은 다양한 방식으로 사사화私事化되고 포획되거나 상업화되었다. 세계화에 뿌리를 둔 낙관론(개방성과 다양한 공공재를 창출할 것이라는 낙관론)은 완전히 틀린 것으로 판명되었다. 오히려 세계화는 자원, 실천, 사람들, 그리고 돈이 비밀리에 한 나라의 영토에서 다른 나라의 영토로 옮겨지는 다양한 역외이전의 비밀스러운 세계들을 만들어 냈다. 이 세계들은 새로운 모빌리티 시스템을 통해 가능해졌다. 역외 세계는 네트워크화된 도시의 공공재를 유지하는 데 사용될 돈을 제공하는 과세를 회피한다. 이 자금은 도시 관계, 주택공급과 가격, 노동의 본성을 바꾸는 데 쓰일 자산이다.

여기에서 우리는 역외 세계들과 다양한 종류의 민주적이고 세계적인 조직들이 벌이는 쟁투의 장을 볼 수 있다. 도시들은 다양한 방식으로 이런 현상들과 싸우면서, 역외이전 현상에 피해를 입지 않고 그것을 지배할 방법을 찾으려 한다. 이 싸움의 승패는 매우 중요한 결과를 가져올 것이다. 다양한 디스토피아적인 미래가 경고하듯 우리는 아직 아무것도 보지 못했으며, 21세기는 민주주의와 관련해 더 나쁜 결과들을 가져올 '극단적인 역외이전'의 시대가 될지 모른다. 우리는 탄소시대 이후의 미래를 준비해야 할지도 모른다.

모니카 뷔셔Monika Büscher, 자룰라 케라시두Xaroula Kerasidou, 카트리나 페테르센Katrina Petersen, 레이철 올리펀트Rachel Oliphant는 네트워크화된 도시 모빌리티의 렌즈를 통해 재난을 바라본다는 것의 의미를 묻는다. 이들의 글은 위험 거버넌스를 실행할 때 어떤 도구를 사용할 것인가 하는 문제에 주의를 환기시킨다. 이와 관련된 실천들은 서로 연결된 인프라, 넷중심netcentric 조직들, 그리고 스스로 조직화된 모바일 대중들로 특징지어지는 특수한 형태의 네트워크화된 도시성을 구성한다. 모빌리티, 특히 가상의 모빌리티는 재난에 영향을 받은 사람들이 서로 간에, 그리고 미디어 및 비상기구들과 강력하게 연결되도록 해 준다. 이것이 종종 정보의 과부하를 가져와 비상기구의 대응 능력을 손상시키기도 하고, 용의자들의 통신 모니터링을 염려한 관련 기관들이 현장 위치 트위트 자제 요청을 하게도 한다. 이것은 조절하고 대응하기 어려운 의사소통과 상호의존 및 책임 상황을 만든다. 뷔셔 등은 신뢰 구축과 정보교환 조정의 핵심은 정보관리의 실행이라고 주장하며, 위기에 처한 공동체는 정적인 공동체가 아니라 특정 사건과 관련하여 역동적으로 진화하는 공동체임을 지적한다.

스티븐 그레이엄Stephen Graham은 매우 중요하지만 종종 간과되는 수직운송 기술의 역할에 초점을 맞춘다. 그는 엘리베이터가 결코 주변적인 도시 현상이 아니라 도시 공간의 문화정치에 필수적인 복잡한 모빌리티 체계임을 보여 준다. 특히 초고층 건물들에 도입된 혁신은 디지털 테크놀로지와 상호작용하여 각각의 엘리베이터에 승객을 할당해 전체적인 이동을 줄이고 이동 속도를 증가시킨다. 엘리베이터를 타고 이동하는 것은 오랫동안 도시 근대성의 문화적 관념을 구성하는 중심적 요소였으나, 엘리베이터 모빌리티는 불평등하게 분포되어 있다. 엘리베이터의 설계뿐만 아니라 유지와 관련해서도 상당 부분 그러하다. 르 코르뷔지에의 아이디어에 영감을 얻은, 대규모의 사람들이 수직으로 세워진 높은 탑과 같은 주택에 같이 사는 근대의 꿈은, 이러한 수직 모빌리티를 필요로 하기 때문이다. 이러한 주택공급 프로젝트는 오늘날 많은 도시에서 볼 수 있는데, 그 공간에는 주로 저소득층 사람들이 살고, 엘리베이터는 "특히 아이가 있거나 모바일 능력이 떨어지는 사람들에게, 극단적인 고립과 강요된 침잠이라는 디스토피아적인 악몽"이 되어 버렸다.

다른 한편, 초고속 엘리베이터는 도시의 성장과 번영을 나타내는 대리 지표이기도 하다. 수직운송에 대한 접근성에 존재하는 사회적 불평등은 초고속열차나 비행기 비즈니스석과 같은 분열된 지형으로 나타나고 있다. 훨씬 더 눈에 띄지 않지만, 광산에서도 엘리베이터는 필수적인 장비일 뿐만 아니라 종종 삶과 죽음의 문제와 관련된 것이기도 하다. 초고층 건물들에서 엘리베이터가 중요한 것처럼, 깊은 탄갱에서 자원을 체계적으로 채굴할 때에도 더 크고 더 빠른 엘리베이터의 역할은 핵심적이다.

빈센트 카우프만Vincent Kaufmann은 최근 몇 십 년간 사회적/직업적 통합에서 모빌리티가 점점 더 중요한 측면이 되어 가는 현상을 다룬다. 모바일 능력은 사회적 지위와 성공의 중요한 차원이 되었다. 지난 10년간 많은 유럽 도시들에서 차량을 소유하고 사용하는 사람들이 50만 명 이상 줄었다. 카우프만은 문헌 리뷰를 통해 이런 명백한 역설을 탐구하고, 새롭게 나타나고 있는 경향들에 기반하여 미래 모빌리티의 세 가지 이념형의 윤곽을 그려 보인다. 카우프만은 흥미로운 관찰을 통해 현대사회가 모빌리티 및 운송과의 관계에서 급격한 변화를 맞이할 시점에 있음을 보여 준다.

카타리나 만더샤이트Katarina Mandersheid는 모빌리티 연구 방법론 논의에 개입하는 동시에, 그러한 논의를 통해 모빌리티를 가능하게 하는 인간과 과학기술과 물질성 사이의 상호관계를 이해할 수 있는지를 살핀다. 그러면서 연구의 실행은 단순히 경험세계를 기술하는 것만이 아니라, 세상에 영향을 미치고 또 세상을 만들어 가는 기술로 이해되어야 한다고 주장한다. 이러한 배경에서 그녀는 모빌리티 연구가 미시적 수준의 구술사 방법을 활용하는 질적 연구에 기반해야 한다고 지적한다. 만더샤이트는 이론과 방법론이 멀티레벨 통계뿐만 아니라 ANT나 STS 같은 기술과 상호작용하는 양상을 면밀히 관찰하는 것이 유익하다고 제안한다. 이렇게 함으로써 더 넓은 구조적 배경에서 개인의 실천 맥락을 알 수 있게 되고, 모빌리티의 개념화에 기여하고, 어쩌면 그것을 변화시킬 수도 있을지 모른다.

이 책의 마지막 장은 칸츨러Canzler, 카우프만, 케셀링의 2008년 책에 실렸던 글을 재수록한 것이다. 이 글은 코스모폴리탄 관점에서 모빌리티 연구의 도전을 알리는 선언문으로 볼 수 있다. 이 글에서 울리히 벡은 사회과학이 '방법론적 민족주의'의 분석적 감옥에서 벗어나서 급진적인 '방법론적 범세계주의cosmopolitanism'로 전환해야 한다고 주장한다. 그렇게 해야만 일상의 문화에 영향을 미치는 세계적인 위험의 동학, 국가 간 관계, 새로운 불평등, 그리고 세계화된 이미지와 상징들에 분석의 초점을 맞출 수 있다. 여기서 두 가지 핵심적인 이슈가 제기된다. 유럽화Europeanization의 과정과 도시와 공간의 범세계화가 그것이다. 이 두 가지 모두에서 국가 단위의 설명과 정당화 방식은 실패할 수밖에 없다. 여기에서 도출되는 질문들은 다음과 같다.

코스모폴리탄 관점에서 바라본 모빌리티는 어떤 점이 새로운가? 코스모폴리탄 관점에서의 응시는 모빌리티 개념의 틀과 현실 및 관련성relevance을 어떻게 변화시키는가? 벡은 분명하게 네트워크와 스케이프scape 및 흐름들이 이동화된 위험사회를 일련의 범세계화된 사회들로 변화시킬 힘을 가지고 있고, 또 그러한 힘을 만들어 낸다고 파악한다. 그래서 이것이 장소들과 관련해 어떤 결과를 가져오는지를 질문하면서, 그 장소들을 근대사회의 범세계화가 발생하는 '흐름의 장소들places of flows', 지방과 도시 영역들이라 명명한다. 사회과학에서, 울리히 벡(2016)이 가장 최근작에서 '근대 세계의 변형metamorphosis'이라 표현한 변화를 이해할 힘을 되찾을 수 있는 방법은 모빌리티 관련 접근법뿐이다.

2장

네트워크화된 어버니즘의 세계화
: 엘리트와 서발턴 모빌리티의 뒤얽힘

미미 셸러Mimi Sheller

네트워크화된 상호작용들이 도시의 사회생활과 작업 방식, 운송 체계, 그리고 공적 공간들에 점점 더 확산되고 있다. '발전된' 세계의 기술적인 투자가 이루어진 곳이면 대도시건 농촌 배후지건 마찬가지다. 어디에서나 국가 안전을 담당하는 기관들은 이제 모든 종류의 데이터와 이동을 상세히 조사할 수 있게 되었다. 수많은 건물과 공적 공간, 자동차와 환승역에서, 슬럼가에서나 태양에너지를 사용하는 농촌 마을에서나 전화기와 컴퓨터, 케이블, 전력선, 무선전화 기지국과 위성을 통해 도시 및 도시 밖extra-urban─각각의 뒤섞인 인프라들, 물질성, 공간적 실천들을 포함하여─의 이동성/부동성im/mobility과 의사소통 실천 간의 관계가 지속적으로 재형성되고 있다. 이에 따라 새롭게 나타나는 네트워크화된 어버니즘networked urbanism 은, 모빌리티와 의사소통이 역동적으로 생산되고 분배되고 소비될 뿐만 아니라 도전받고 강요되고 회피될 수 있도록 만들어 주는 불균등하게 나열되는 사람들과 장치들, 체계, 코드, 법률과 규제 그리고 영토성으로 구성된다(Parks and Starosielski, 2015).

　　어버니즘의 지리학이 고정된 장소를 의미한다는 사실에도 의문이 제기되는 '행성적 도시화planetary urbanization'〔지구적 규모의 광대한 영역들이 도시적 공간 편성의 확장을 통해 지구적 노동 분업 속으로 재설계되고 통합되는 과정〕의 시기에, 이렇게 네트워크화된 인프라로 연결되는 세계적인 도시화 속에서, 전 지구 사람들은 이 인프라를 둘러싸고 (그리고 그것을 넘어서는) 매일의 모빌리티를 통해 다른 이들과 상호작용하고, 자원에 접근하고, 돈을 이동시키고, 장벽을 넘고,

네크워크 자본을 창조하는 새로운 방법들을 만들어 내고 있다. 따라서 오늘날 모빌리티를 연구한다는 것은, 그것이 어디에서 발견되든지 간에, 네트워크화된 이동통신 기술과 위치기반 미디어와 네트워크화된 어버니즘에 관여하게 됨을 뜻한다. 따라서 도시를 연구하기 위해서는 도시 내/외부 그리고 도시화하는 전 세계(심지어는 지구 밖)의 교차점들에서 변화하며 서로 연관되어 있는 여러 형태의 모빌리티 실천과 물적 하부구조, 연결된 도시 공간들을 이해해야만 한다.

이 장은 위치기반 모바일 미디어 실천에 대한 최근의 이해에 비판적 모빌리티 이론에 기반한 접근법을 결합시켜, 엘리트와 서발턴subaltern의 네트워크화된 어버니즘을 전 지구적으로 연결하는 물질적 관계들을 좀 더 깊이 이해해 보고자 한다. 이 글에서 전 지구적인 네트워크화된 어버니즘을 사고하는 틀은 세 가지다.

첫 번째는 세계의 '키네틱 엘리트kinetic elites', 그리고 모바일 미디어와 위치표시 데이터의 일상적인 사용이 '모바일 미디어가 창조한 세상mobile mediality'으로 이론화되고 '감응도시sentient cities'나 '사물인터넷Internet of Things'이라는 관념들로 표현되는 새로운 관계들을 낳는 방식을 들여다보는 것이다.

두 번째는 '전 세계의 낙후된 지역global shadows', 그리고 '밑으로부터 만들어진' 네트워크화된 어버니즘에 쓰이는 기술과 하부구조 및 모델들이 가난한 나라들global south을 포함하는 세계의 배제 지역들에 적용되는 방식을 살펴보는 것이다. 이 지역에서도 사람들은 공공기관이 공급하는 전력을 사용하고 무선통신에 접근하는 새로운 방법을 찾고 있으며, 모바일 송금과 같은 비공식적 서비스를 창출하고 있다.

세 번째는 이 두 가지 형태의 네트워크화된 어버니즘 사이의 마찰과 연계, 그리고 키네틱 엘리트와 가난한 서발턴이 사실상 하나의 네트워크화된 전 지구적 '제3의 공간'을 형성하는 방식을 보여 주고자 한다. 이 공간은 우리가 전체적으로 연구해야 할 대상으로서, 기존 영역들 사이의 경계와 틈, 그리고 공통의 플랫폼에서 발견되는 곳들이다.

이 분석에 사용할 방법은, 시공간을 생산하고 그 자체로 사회적 질서와 권력을 구성하는 체화된 공간적 실천으로서 커뮤니케이션의 중요성을 조사하는(Friedrich Kittler, James Carey, Michel Foucault로부터 영향 받은-Packer 2003, 2012 참조) 미디어에 대한 '물질주의적 접근법'이다(Packer and Wiley, 2012). 커뮤니케이션은 실행되는 것일 뿐만 아니라, 수행적인performative 것이기도 하다. 비판적 모빌리티 이론은 이와 유사하게 모빌리티와 커뮤니케이션 체계의 물질적 인프라와 '정박지들'moorings(Sheller and Urry, 2006; Hannah, Sheller, and Urry, 2006)—석유, 카본, 금속 채굴에 기반한 오래전의 미디어 고고학에 기반하여 네트워크화된 어버니즘을 전 지구적 정치경제 및 지리생태학geo-ecology과 다시 연계시키는(Urry, 2011, 2013)—에 대한 관심을 촉발했다. 따라서 현 시점에서 네트워크화된 어버니즘 연구는, 전 지구적으로 도시 공간과 하부구조를 재형성하고 있는 새로운 차원의 이동성/부동성의 근본적인 상호관계를 이해하기 위해, (금속, 물, 에너지, 그리고 그 결과로 만들어지는 쓰레기 등에 관한) 전 지구적인 지리생태학과 (이민자들, 군대, 인도적인 원조의 이동을 다루는) 전 지구적 차원의 지리정치학을 포괄해야만 한다.

이제부터 네트워크화된 어버니즘을 사고하는 세 가지 틀에 대해 서술할 것이다. 우선, 세계의 부유한 나라들Global North에 있는 (또는 그 지역들과 연계된) 가장 강력한 도시 중심들과 엘리트들에 초점을 맞춘다. 그 다음으로, 가난한 지역들과 여타 주변부에 위치한 상대적으로 주변적인 도시들과 관심을 받지 못하는 '그늘 속의shadow' 인구들을 다룬다. 마지막으로, 행성적 도시화 과정에 배태된, 전 지구적으로 네트워크화된 어버니즘의 혼종적인 제3의 공간을 제시한다.

네트워크화된 어버니즘 1: 키네틱 엘리트들

네트워크화된 어버니즘을 사고하는 첫 번째 틀은, 그것이 상상되고 또 전 지구적 중심인 대도시의 초연결지점hyper-connectivity에 존재하게 된 방식에 관한 것이다. 이 지점들은 (종종 IBM이나 Google과 같은 주요 기업들의 관심을 받아) '스마트시티smart city', '감응도시sentient city', '연계된 모빌리티connected mobility' 등으로 기획되고 개발된 곳들이다. 존 어리와 내가《도시의 모바일 기술Mobile Technologies of the City》에서 주장하였듯이, "그러한 특수한 모빌리티와 '분류sorting'가 가능하도록 서로 대화할 필요가 있는 특정한 소프트웨어 시스템들이 대규모로 만들어져 왔다"(Sheller and Urry, 2006: 7). 사람들과 정보, 그리고 실체와 데이터 양자 모두가 소프트웨어 내부의 이 테크노스케이프technoscape들을 통해 이동한다. 이것이 다양한 이론가들이 '감응도시'(Crang and Graham, 2007), '네트워크화된 어버니즘'(Graham and Marvin, 2001: 30~33), '네트워크화된 장소'(Varnelis and Friedberg, 2006), '넷의 지역성net locality'(Gordon and de Souza e Silva, 2001), '디지털 도시스케이프들'(de Souza e Silva and Sutko, 2009)로 묘사하고 있는, 그리고 이 책에서 '네트워크화된 도시 모빌리티'로 표현되는, 배태된 그리고 디지털 방식으로 증강된 어버니즘이다.

네트워크화된 어버니즘이란 실제로 무엇을 의미하는가? 그것은 어떻게 지역적으로 배태되고 도시 공간과 모빌리티의 경험으로 구현되는가? 이미 10여 년 전에 카지스 바넬리스Kazys Varnelis와 앤 프리드버그Anne Friedberg는 〈장소: 네트워크화된 장소〉에서 다음과 같이 주장했다.

현대 생활은 어디에나 존재하는 네트워크에 지배된다. 이동전화의 전 지구적 확산과 선진 세계에서의 광대역 고속통신망의 성장으로 기술적 네트워크가 시시각각 더욱더 접근 가능해지고, 더 보편화되고 이동 가능해졌다. 항상 가동 중이고 항상 접근 가능한 네트워크는 우리의 장소 개념에 일련의 광범위한 변화를 가져왔고, 특정한 지역들을 전 지구적인 연속선global continuum과 연결시킴으로써 가깝고 멀다는 감각을 변화시켰다. (Varnelis and Friedberg, 2006. 미출간)

이들에 의하면, 이러한 전 지구적인 장소들의 연계는 "현실 공간과 가상공간의 일상적인 합성, 이동적 장소 감각mobile sense of place의 발달, 인기 있는 가상 세계의 탄생, 사회-공간 모델로서의 네트워크의 부상, 지도 제작 및 추적 기술의 사용 증대"(같은 글)를 가져올 것이다. 이런 변화에 관한 초기의 설명들은 다소간 긴박한 느낌의 과장된 것들이었지만, 새로운 기술적 트렌드의 출발점이자 장소가 이동하는 감각의 출현을 예언하는 것이었다. 이제 스크린과 센서는 어디에든 나타나고, 사용자와 함께 이동하며, 아민Ash Amin과 스리프트Nigel Thrift에 의하면, "도시 환경 어디에나 존재하는 요소가 될 것이고, 가장 일상적인 디바이스도 어느 정도의 계산 능력 및 다른 디바이스와 통신하는 능력을 갖고, 따라서 정보 흐름의 소리informational hum를 항상 들을 수 있게 될 것이다"(2002: 102).

이와 같은 정보 흐름의 소리가 네트워크화된 어버니즘의 기반이자, 거버넌스를 증진시킬 것으로 예상되는 데이터 개방형 도시Open Data Cities와 빅데이터 이용의 꿈으로 나아가는 기획의 목표가 되어 가고 있다. 예를 들면, IBM Smarter Cities는 "2020년이면 모든 공공 서비스가 디지털화되고 통합되어 시민들이 이를 통해 상호작용하는 방식을 변화시키게 될 것"이라는 전형적인 기술적 전망을 보여 주었다. 여기에는 긴급 서비스, 의료 기록, 보건 및 사회복지, 운전자 지원, 인허가 업무 등이 포함된다.[1] 고밀도의 광대역 초고속통신

---

1 https://www.youtube.com/watch?v=p3qOpU7QttY

망은 개방형 데이터 도시의 가능성을 점점 더 높이고 있다. 역동적인 도시의 하부구조 내에서, 즉각적인 가격 계산 알고리즘을 장착한 스마트 그리드 형태의 전력공급 같은 도시 차원의 서비스, 유비쿼터스 컴퓨팅 형태의 빅데이터, 그리고 자동화된 운송(무인 자동차와 지능형 도로intelligent highway)이 센서와 알고리즘 및 학습 과정을 통해 실시간으로 사용 가능해질 것이다. 윌리엄 미첼이 얘기하듯이, "이제 프로세싱 파워를 갖추지 못한 어떤 것도 존재할 필요가 없으며, 어떤 것도 연계되지 않은 채로 존재할 필요가 없다. … 네트워크화된 지능은 모든 곳에, 모든 물적 시스템에 배태되어 있다"(2003: 101). 도시 전체의 다양한 시스템들은 스스로의 작동에 관한 지속적인 기억을 갖고, 서로의 상태에 관해 소통하고, 변화하는 필요에 따라 스스로를 변화시키기 시작했으며, 애덤 그린필드Adam Greefield(2006)의 표현에 따르면 번거로운 '에브리웨어everyware'로 진화하고 있다. 미래에 대한 전망이 이러했다면, 실천은 어떠했는가?

모든 스마트폰 이용자가 제작에 참여하는 지도와 위치인식 기능이 있는 모바일 디바이스를 갖게 된 오늘날, 위도와 경도로 표시되는 개인의 위치는 인터넷으로 들어가는 입구가 되었다(de Souza Silva and Sheller, 2015). 이런 논리에 따라, 위치는 개인이 접근할 수 있는 정보의 종류 및 가깝고 먼 거리의 공간과 상호작용하는 방식을 결정하는 필터로 작동한다. 위치인식 기술의 보편화로 인해 누구나 자신의 위치를 설정하고, 이동 중에도 사회적 네트워크를 유지할 수 있게 되었으며, 인접한 장소로 이동하는 가운데 다른 사람 및 정보와 연결되는 방식도 변했다. 이제 우리는 더 이상 가상공간으로서의 '사이버 스페이스'에 들어가지 않는다. 이제 우리는 그것을 휴대하고 다니면서 잠재적으로 그것에 스며들어 있으며, 그것은 일종의 증강현실로서 '항상 가동 중'인 상태에 있다. 이제 우리는 이동 중에도 그것이 지원하는 다양한 내용에 접속할 수 있으며, 위치인식은 점점 더 차량, 공항, 대중 수송 교통망, 그리고 차량에 접근하여 그것을 공유하는, 걸을 만한 거리인지를 알려 주고, 지역의 대안적 교통수단을 탐색하는, 일련의 애플리케이션들에 통합되고 있다(Sheller and Urry, 2006; 일례로 Citymapper.com을 보라).

이동전화, GPS 수신기, RFID tag는 우리와 네트워크화된 장소 사이의 상호작용을 매개하고 우리가 이 공간들에 들어가는 방식에 영향을 미치는 위치인식 모바일 기술들 중 단지 몇 가지 사례일 뿐이다. 웨어러블 기기들로 인해 이러한 (정보 흐름의) 소리들은 점점 더 우리의 신체와 가까워지고 있으며, 우리의 심장박동, 걸음 수, 스트레스 수준 등이 계산 가능한 코드/공간으로 통합되어 가고 있다. 새로운 모바일 기기들에 의해 커뮤니케이션이 확장되고 실행되면서, 이것이 이른바 '모바일 미디어가 창조한 세상'이라 부르는 일상의 실천이 되어 가고 있다(Sheller, 2013b). 이것은 디지털 방식으로 매개되는 움직임에 의해 형성되는 새로운 공간성으로 이해된다. 모바일 미디어가 창조한 세상을 가능하게 하는 것은 이를 뒷받침하는 위성, 이동전화 기지국, 와이파이, 인터넷 프로토콜, 스마트폰, 스마트 건물, 그 밖의 서로 연결된 커뮤니케이션 하부구조들의 배치다. 새로운 모바일 미디어가 창조한 세상은 현대의 도시문화와 도시 공간의 근본적인 차원을 변화시키는, 퇴행적인 동시에 재생적인 문화적이고 공간적인 실천들에 필요한 조건들을 창출한다. 그것은 또한 20세기의 과학기술과 영토성에 기반한 움직임과 권력과 통제를 다뤄 온 기존의 모빌리티 체제에 대한 잠재적인 도전을 제기하는 것이기도 하다.

궁극적으로 점점 더 자동화되고, 보편화되고, 또 확산되어 가는 '코드/공간'의 '형질변환transduction'을 통해 물질적 모빌리티와 디지털 모빌리티 간의 혼종적 인터페이스가 만들어지고 있다(Kitchin and Dodge, 2011). 키친과 닷지는 '형질변환'을 "반복적이고 변혁적인 실천들이 이루어지는 영역들의 끊임없는 갱신"으로 규정한다(같은 글: 263). 공간은 나이절 스리프트가 '구성된 환경enacted environments'이라고 부른 이러한 계산과 컴퓨테이션computation의 배경 하에 활성화되고 존재하게 된다. 그러한 체계는 반동적이라기보다는 예측적이다. 보편적인 데이터 감시와 나이절 스리프트(2008)가 '퀄큘레이션qualculation'이라고 부른 지속적인 실시간 계산 형식들은 점차 감응적이고, 잠재적으로 적응적인 것으로 이해되는 인공 세계를 창조한다. 이는 '네트워크화된 대상networked object'이라는 개념으로 이어진다(Bleecker and Knowlton 2006). 모든 것에 감지기가 심어져 있고, 편재하는 커뮤니케이션 네트워크에 연결되어 있다. 소프트웨어는 '에브리웨어everyware'(Greenfield 2006)이지만, 어디에도 없는 것으로 경험된다. 편재하는 클라우드, 곧 보이지 않는 하부구조와 지정학적 권력관계들은 행성 자원, 원거리

노동, 수리, 유지 등의 물질적 기반으로부터 분리되어 있다.

이것은 소프트웨어가 스마트하고 지적인 환경에 조정을 위임하거나 또는 이미 학습된 습관과 일상을 유지하기 위해 알지 못하는 사이에 그 환경에 기대게 되면서, 일상적인 모빌리티 실천에 근본적인 변화가 있다는 것을 시사한다. 다른 말로, 코드/공간은 모바일 습관을 활용한다. 스리프트는 현 시대의 주요한 사회기술적 특징 다섯 가지를 다음과 같이 묘사한다. ① "항상 이동의 외양에 특권을 부여하는 구조화된 지속성," ② 제스처 인식과 상호작용적 표면, ③ "세계가 정보 오버레이에 태그되면서 지속되는 움직임이 위치인식을 가능하게 하는" 어웨어니스awhereness, ④ 실시간으로 '상호작용적 구성'을 가능하게 하는 끊임없는 피드백, ⑤ "인지가 점점 더 사람과 사물 사이의 연합 경험이 되어 가는 것이다(2011, 8~11). 네트워크화된 미래의 어버니즘은 여전히 구성적인 혼종 공간의 이 모든 측면들을 탐색할 테지만, 이것이 이 새로운 코드/공간의 새로운 특징들로 보인다.

그러나 '감응도시'는 또한 그 도시가 배제하고, 우회하며, 차단하는 사람들로부터 새로운 '어웨어니스'를 분리시키면서, 안보국가의 감시 장치와 예측 불안이 계속하여 몰입적이고 보편적으로 존재하게 한다(Graham and Marvin 2001). 그러면 테러리스트를 찾거나, 밀수꾼들을 찾거나, 불법 이민자 또는 열이 나는 사람들을 찾거나 간에, 모빌리티 체계는 매우 정치적인 방식으로 불안과 공포와 안보화의 중요한 지점들이 된다. 이것이 세계의 부유한 곳에서 권력의 자리로부터 상상되는 네트워크화된 어버니즘 영역의 스케치다. 모빌리티 연구는 전 지구적으로 엘리트들의 네트워크화된 어버니즘을 규정하면서, 물리적 공간과 디지털 공간이 혼합된 영역들을 경험적으로 조사하는 새로운 이론적 시각과 새로운 모바일 방법을 제공한다.

그럼에도 불구하고, 어버니즘은 새로이 등장한 복잡하고 전 지구적인 네트워크화된 연결 체계요, 지배적인 모바일 체제이자 중요한 대응적 실천counter-practices이다. 세계의 부유한 나라들과 기술적으로 가장 발전한 어버니즘 형태를 다루는 것으로는 충분치 않다. 우리는 새로이 등장하는 네트워크화된 어버니즘 형태들이 초거대도시, 슬럼, 농촌 주변부, 채굴 산업, 쓰레기처리장, 보이지 않는 노동을 보유한 세계의 가난한 나라들과도 연결되는 방식도 이해해야 한다. 다음 절에서는 서발턴들이 모빌리티와 연결 기술들과 인프라를 전유함으로써 등장하게 되는 네트워크화된 어버니즘의 폭넓은 비전이라는 주제로 눈을 돌린다.

네트워크화된 어버니즘 2: 서발턴의 전유

세계의 가난한 나라들에서, 모든 글로벌 도시들의 주변부에서, 그리고 제임스 퍼거슨(Ferguson, 2006)이 신자유주의적 세계질서의 "전 지구적 그림자"라고 부른 지역들에서, 모빌리티와 커뮤니케이션에 대한 불안한 접근이 야기하는 도전들은 불균등한 네트워크 자본에 대한 가장 분명한 윤곽을 보여 준다. 모빌리티 연구의 또 다른 줄기는 전 지구적으로 네크워크화된 어버니즘의 비특권 지역들의 모빌리티, 국경 통제, 모바일 커뮤니케이션, '지적' 하부구조, 감시 분야에서 일어나고 있는 기술적·사회적·문화적 발전을 이해하는 새로운 접근법에 기여한다. 특히 일부 연구자들은 이러한 네트워크화된 하부구조들이 거버넌스의 힘과 저항의 힘으로 어떻게 확대되고 전유되는지에 초점을 두고 있다(예를 들어, Graham and Marvin 2001; Packer 2008; Vukov and Sheller 2013). 주변화된 사람들과 버려진 장소들은 신호 트래픽을 붙잡든지 아니면 신호 트래픽의 논리와 영토성 및 배제를 방해하든지 간에, 어떻게 해서 '신호 트래픽' 속에 스스로를 삽입시키는가?(Parks and Starosielski 2015)

어버니즘을 구성하는 모빌리티 체계는 운전자의 위반 딱지 발급과 면허, 오일과 석유의 공급, 전기와 물 공급, 주소와 우편 체계, 도로 안전과 공공안전 프로토콜, 역 환승, 웹사이트, 송금, 화물 보관소, 항공교통 관제, 바코드, 다리, 시간표, CCTV 감시 등을 포함한다(Sheller and Urry 2006, 5-6 볼 것). 이 체계들의 일부는 물리적 인프라와 관계되고, 다른 것들은 정보 체계와 관련되지만, 모두 지역을 거슬러 흐르고 영토에 골을 내는 일종의 세계통화global currency를 가지고 있다. 일부는 신체, 자동차, 오일 또는 물과 같은 것들을 이동시키는 것과 관련되고, 일부는 데이터, 코드, 이미지 같은 것들을 이동시키는 것과 관련이 있다. 물리적 모빌리티 체계와 정보적 모빌리티 체계는 복잡하고 새로운 구성configuration에 단단히 결속되어 가고 있다. 그래서 모빌리티 체계는 점점 더 복잡해지고, 더 상호적이 되며, 컴퓨터와 소프트웨어에 점점 더 예속되어 가고 있으며, 동시에 위치적으로 명확한 전 지구적인 신체적·물질적 맥락에 깊이 배태되어 있다. 그 결과, 최근 우리 눈엔 보이지 않는 모바일 네트워크와 컴퓨터 서버의 하부구조 연구(Farman 2015), 해저케이블 부설 연구(McCormack 2014: Starosielski 2015), 위성과 신호 전송의 지리학 연구(Parks and Schwoch 2012: Parks and Starosielski 2015)는 물질성, 차이, 불균등, 그리고 권력관계를 강조하고 있다.

세계적이고 지역적인 모빌리티와 커뮤니케이션의 역동적인 편제는 다양한 종류의 불균등한 위상, 격동, 분열, 차별적 속도, 마찰을 드러낸다고 할 수 있으며, 이는 동시에 '아래로부터'의 방해에 필요한 핸들, 채널, 주파수를 제공한다. 그러므로 이동전화를 통한 복잡한 모빌리티 체계, 커뮤니케이션 체계, 정보 체계의 재구성은 단순히 하부구조나 통제 체계뿐만 아니라, 공적인 것 그 자체, 그것의 의미, 그것의 공간, 자기조직화와 정치적 동원 역량, 그리고 그것의 다양한 유동적 형식들과도 관련이 있다. 마닐라Manila와 킹스턴Kingston에서처럼 카이로Cairo에서도 정치적 동원에 결정적인 방식으로 공적 영역과 사적 영역을 연결시켜 주는 것이 바로 이동전화의 편재성과 이동성이다. 대체 어떤 종류의 사회적 실천과 물질적 실천이, 동일한 물리적 지형을 지나 이동하지만 상이한 헤르츠 지형에 연결되듯, 일반적인 단절 가운데서도 고도의 연결을 유지시킬 수 있는가?(Sheller 2016a 볼 것) 그리고 서발턴 대중이 이미 하부구조적 가능성을 전유해 왔다면, 이것이 어떻게 기존의 사회적·정치적 행위 양식과 도시 거버넌스 강화 및 민주화를 위해 개조되고 세워질 수 있을 것인가?

실제로 하부구조적 접근에 대한 사람들의 요구와 모바일 연결 가능성을 잇는 새로운 '대처 기술work arounds'을 사용하여 네트워크 자본을 창출하는 새로운 가능성들이 등장하고 있다. 일부 '세계의 낙후된 지역' 사례들에서, 《이코노미스트》지가 묘사한 케냐 키베라 Kibera〔케냐 나이로비시에 위치한 슬럼가〕에서 벌어진 변압기 사용은,

　　도시 배전망을 사용하는 수상쩍은 유형들에 의해 이루어지고 있다. 그들은 안전 문제에는 별로 세심하지 않으며, 과도하게 충전한다. 그러나 적어도 키베라는 아프리카의 다른 지역들과 달리 전력을 가지고 있다. 가게에서 팔리는 청량음료는 시원하다. 지붕들은 TV 안테나로 뒤덮여 있으며, 이동전화도 서구에서만큼이나 보편적이다 (Economist 2013-2014, 11).

유사하게 상점들이 문을 닫을 때면,

　　그들은 현금영수증을 들고 근처 이동전화 가게로 간다. 케냐의 전화회사들은 은행만큼 빠르다. 그들은 예금을 하고 송금을 한다. 수십 년 동안 은행으로부터 배제당한 후, 슬럼가 거주민들은 이제 그들의 돈을 빨리 그리고 자주 움직인다. 그들은 더 이상 돈을 매트리스 밑에 보관하지 않는다. (같은 글 13)

또 다른 인프라 전유 사례를 들자면, 산스크리트어로 '모두를 위한 물'을 뜻하는 사르바잘Sarvajal이라는 회사는,

인도 농촌지역에서 7만 명 이상의 사람들에게 깨끗한 마실 물을 판매한다. 이 회사는 작은 마을들에 이동전화처럼, 한도를 계속 보충할 수 있는 태양열 동력의 물 자동판매기를 설치한다. 기계들이 SMS를 통해 데이터를 중앙 서버로 보내면, 사르바잘은 책임지고 깨끗한 물을 규칙적으로 공급해 준다(같은 글 23).

첫 번째 사례에서, 에너지 하부구조는 텔레비전과 전화를 작동시키는 것과 같은 다른 필요를 위해 전유된다. 두 번째 사례에서는 이동전화 회사들이 은행 업무와 송금 통로로 이용된다. 세 번째 사례에서는 완전히 새로운 종류의 네트워크가 깨끗한 물 공급을 위해 설치되어 있다. 다른 사례들도 매우 많다. 예를 들어 Energize the Chain은 아프리카 농촌지역에 모터사이클로 백신을 배달하는데, 냉장 상태를 유지해야 하는 백신의 보관에 무선 기지국들의 전력을 사용한다.[2] 이러한 사례들은 모두 디지털 접근과 물질적 필요를 혁신적인 방식으로 혼합하여 네트워크화된 어버니즘의 다른 비전을 제시한다. 그러나 스마트시티를 둘러싼 것들이 전 지구적으로 네트워크화된 엘리트들의 비전을 형성하였듯이, 이코노미스트 같은 언

---

2 www.energizethechain.org/

론사들은 정보통신기술ICTD; Information and Communications Technologies for Development의 개발 목적 활용을 둘러싸고 '이익을 위한 것이 좋은 것'이라는 메시지를 내고 있다. 리사 파크스Lisa Parks가 예리하게 질문하듯이, "개발을 위한 정보통신기술 연구가 어떻게 기술적 통합과 적용, 즐거움에 대한 결정론적인 의제를 한가하게 제기하는 데 반대하여, 〔정치 관계들을 재정리하는〕 기술적 잠재력과 가능성의 도입에 초점을 맞춘 상호작용들을 마련하는 데 사용될 수 있을까?"

　다른 곳에서도 분석했듯이, 작은 농촌 마을에 사는 아이티인들조차 '모바일 머니' 혁신을 통해 외국으로부터의 송금을 조직하는 것을 포함하여(Baptiste, Horst, and Taylor 2011), 많은 다른 목적에 기여할 정교한 모바일 커뮤니케이션 기술을 보유하고 있다(Sheller 2016a). 아이티 디아스포라들 사이에서는 여러 종류의 다양한 위치정보 순환뿐만 아니라 송금이 2010년 지진 이후 이어진 복구 노력에서 매우 중요한 요소들이었다. 모바일 머니 자체가 원격 은행거래remote banking와 개인 대 개인 송금 목적을 위한 중요한 휴대전화 네트워크 전유이며, 이는 수신자의 위치식별 가능성과 특정한 물리적 위치에서 데이터를 돈으로 전환시키는 기술에 달렸다. 하부구조를 일상적인 사회적 실천으로 전용하는 다양한 기술 전유를 통하여(McFarlane, Desai, and Graham 2014), '위로부터의' 통제와 '아래로부터의'(Horst 2013) 전유나 해킹, 시스템 조종game the system〔원하는 결과를 얻거나 시스템을 보호하기 위해 만들어진 규칙과 절차를 그 시스템을 조종하는 데 사용하는 것〕 노력 사이에는 언제나 현재 진행형의 갈등이 있다. '인프라화infrastructuring'

를 둘러싼 투쟁을 통해(Star 1999), 사용자들은 연결을 위한 균열과 새로운 가능성을 창출할 수 있으며, 이는 국가적 공간과 스칼라 관계 scalar relation,[3] 거버넌스와 통제에 중요한 영향을 미칠 수 있다(Horst and Miller 2006; Baptiste et al. 2011).

무선 브로드밴드broadband〔통신과 방송, 인터넷 등을 결합한 디지털통신 기술로 하나의 전송 매체에 여러 개의 데이터 채널을 제공할 수 있다.〕가 점점 접속 가능해지고 감당할 만한 것이 되면서, 전 세계에서 점점 더 많은 사람들이 이런 종류의 모바일 인터페이스에 접근하고 있으며, 인터넷에 접속하는 기기는 점점 더 컴퓨터가 아니라 모바일 스마트폰이 되고 있다. 위치인식 기술을 통해 이러한 모바일 디지털 네트워크 안에서 지속적으로 우리 자신의 위치를 파악할 수 있고 또한 타인에 의해 우리의 위치가 파악될 수 있다는(또는 우리의 위치를 감출 수 있다는) 것은 우리가 우리를 둘러싼 인터넷과 물리적 공간을 이해하는 방식을 근본적으로 변화시킨다(Gordon and de Souza e Silva 2011; de Souza e Silva and Sheller 2015). (정지, 기다림, 멈춤뿐만 아니라) 점점 더 많은 이동 형식들이 물리적이고 디지털적인 위치인식 가능성의 여러 측면들을 결합하고 혼합한다. 게다가 사람들과 사물들 모두 위치인식이 가능하고, 위치정보 화폐로 거래할 수 있으며, 이를 통해

---

3 [옮긴이주] 스칼라는 크기와 방향을 가지는 벡터에 대비되는 개념으로 크기만 있고 방향을 갖지 않는 양, 곧 좌표 변환에 의존하지 않는 물리량을 뜻한다. 방향 없이 크기만 가진 물리량이라고 할 수 있다. 그래서 스칼라는 벡터를 정의하는 필수 요소이고, 스칼라 관계는 그러한 물리량의 관계이다.

새로운 종류의 혼종적 환경을 창조한다. 물론 연결되지 않거나 차단하는 선택, 곧 하이퍼로컬hyper-local〔아주 좁은 범위의 특정 지역에 맞춘〕 선택도 이러한 가능성의 영역 가운데 한 입장이다.

모바일게임에 대한 연구에서 크리스티앙 리코페Christian Licoppe와 요리코 이나다Yoriko Inada(2012, 2015)는 혼종적 생태계 개념이 물리적 환경과 디지털 환경을 함께 융합하는 새로운 종류의 디지털 생태계를 묘사하기 위해 인간-컴퓨터 상호작용HCI 연구 영역에 도입되었다고 언급한다. 가장 넓은 의미에서 혼종적 생태계 개념은 모바일게임이든, 스마트폰 사용이든, 네비게이션이든, '주변 놀이ambient play' 〔가상공간과 실제 공간을 오가며 게임하는 것〕이든, 활동 과정에서 온 스크린과 오프스크린 사이를 오가는 스크린에 의해 매개되는 모든 종류의 상황을 포함한다(Hjorth and Richardson 2014).

그러나 이러한 혼종적 생태계들이 어떻게 세계의 가난한 지역에서 펼쳐지는지 연구한 사례는 드물다. 그러한 혼종적 생태계들을 통한 항행이 클래퍼튼 마붕가Clapperton Mavhunga(2014)가 아프리카의 맥락에서 '일시적인 노동공간transient workspaces'이라고 묘사했던 기업적 실천과 합쳐진다면 어떻게 될까? 그런 경우, 근접성을 인식하는 걷기에 대한 미시적인 현상학적 해명은 모빌리티, 식민지 권력, 그리고 차이에 대한 심층적인 거시적 역사와 교차한다. 마붕가는 짐바브웨에서 일상적 혁신의 형태들이 모빌리티와 커뮤니케이션 기술에 대한 우리의 관념을 어떻게 심화시키는지 보여 준다. 유사하게, 리사 파크스는 잠비아의 농촌지역에서 문제적으로 유지된 무선 이동전화 기술과 상수도 기반시설과 에너지 접근의 교차뿐만 아니라(Parks 2015), 몽골에서 모바일 커뮤니케이션 접근을 제공하는 '걸어 다니는 전화 노동자들'을(Parks 2014) 묘사한다. 이동전화나 모바일 머니와 같은 새로운 기술들이 어떻게 해서 그러한 일시적인 노동공간에서 일어나는 기존의 문화적 실천들, 순간적인 물질적 인프라, 그리고 도시/농촌의 허술한 즉흥성의 실천과 창조적으로 결합되고 있는가?

모빌리티 연구는 문화와 생생한 경험, 의미가 기술적 체계에서 가장 중요한 요소들이라는 것을 상기시켜 준다(Cresswell 2006). 어떠한 행성적 도시화 네트워크이든지 기술, 실천, 인프라, 네트워크, 그리고 이 모든 것들의 집합assemblage뿐만 아니라 그것들에 관한 내러티브, 이미지, 이야기들로 이루어져 있다. 도시 연구에서 비판적 모빌리티 사고는 사람들이 '이동 중의 협상'과 '이동적인 의미 부여'에 관여하는 곳에서(Jensen 2010), "모빌리티와 하부구조를 (잠재적인) 의미 있는 상호작용, 즐거움, 그리고 문화적 생산의 장소로 재개념화"할 것을 요청한다(Jensen 2009, 139). 그러므로 우리는 세계의 가난한 나라들에 걸쳐 네트워크화된 어버니즘의 맥락에서 그러한 의미 있는 상호작용, 문화적 생산 그리고 이동적인 의미 부여가 어떻게 일어나는지 더 광범위하고 복합한 이해를 도모할 필요가 있다. 그러한 혼종적이고, 일시적이며, 네트워크화된 어버니즘의 의미에 대하여 어떤 다른 글로벌한 이야기들을 할 수 있을 것인가?

네트워크화된 어버니즘 3: 전 지구적인 혼종적 제3공간

네트워크화된 어버니즘에 대한 세 번째 틀 안에서, 우리는 위에서 묘사된 첫 번째와 두 번째 형식이 사실상 별개의 영역이라기보다는 상호연관되고 공생적이라는 것을 인식할 수 있다. 전 세계의 중심부 권력metropolitan power〔식민지에 통치권을 행사하거나 식민지 제국을 건설한 국가〕의 중앙에 있는 키네틱 엘리트들의 네트워크화된 어버니즘은 노동자, 농부, 슬럼 거주민, 난민, 밀입국자, 그리고 다양한 주변화된 그리고 잠재적으로 취약한 사람들이 어떻게 해서든지 모빌리티에 접근하고 이용하려고 하는 세계의 낙후된 지역들에 사는 서발턴의 네트워크화된 도시화urbanization와 부딪치고 맞선다. 서발턴의 네트워크화된 어버니즘은 엘리트 독점적인 하부구조의 분열적 영토성에 저항하면서 하부구조와 국경을 넘는 흐름들에 침투하며, 먼 주변부들을 연결시킨다. 위로부터의 관점에서, 이것은 그렇게 전 지구적으로 네트워크화된 어버니즘의 안보화와 관리 문제, 곧 '거번모빌리티governmobility'의 문제가 된다(Bærenholdt 2013). 아래로부터의 관점에서 이것은 탈출, 저항, 심각한 움직임serious play, 그리고 푸코적인 의미에서 모세혈관 권력의 문제일 것이다(Sheller 2016b 참조).

예를 들어, 피터 애디Peter Adey는《비행 생활Aerial Life》(2010)에서 "현대의 공항, 국경 지역, 보안 공간 그리고 일상에서 생체측정학의 등장은 영토가 아니라 매개체에 초점을 맞추면서 위험한 모바일 대중들을 식별하고 관리하는 수단으로서 생물학적이고 신체적인 데이터를 체계적으로 사용하는 것을 의미한다"고 주장한다(Adey 2010, 88-89). 생체측정학은 전 지구적으로 네트워크화된 어버니즘의 매개체이며, 이 어버니즘 안에서 '신분이 확인된 여행자trusted traveler' 프로그램에 등록하고 자기-선택하는 형식들과 데이터로 쓸 수 있도록 준비된data-ready 신체를 제시해야 하는 여행객의 책임 등 이 모든 것이 지도화mapping, 가시화, 그리고 측량하는 식민지적 실천 위에 구축된다(Amoore 2006; Amoore and Hall 2009; Salter 2008). 데이터 감시 능력은 영토의 지도화와 국경을 넘는 모빌리티의 규제를 통해서뿐만 아니라 국경 검문소에서 스스로 노출하여 자기 정보를 등록하는 규율되고 인종화된 신체에 대한 생명정치적 관리를 통해서도 (신)식민지적 거버넌스를 가능하게 한다. 그러나 국경의 이동성이 증가하고 소프트웨어를 통해 통제되면서 밀수, 인신매매 외에 '경계 없는' 운동가들의 저항이 일어날 새로운 잠재성이 생겨났다(Mountz 2010; Vukov and Sheller 2013). 예를 들어, 최근에 유럽연합의 국경들에 도착하는 이민자들은 모바일 기술을 통해 고도로 네트워크화된 이들로 묘사된다. 그들은 모바일 기술을 통해 가족과 연락을 유지하고, 지도와 지역 정보를 다운로드하며, 어디로 갈지, 어디에서 보호소를 찾을지, 어떻게 위험을 피할지 등을 소셜미디어에서 찾는다. 중동과 북아프리카의 전쟁을 피해 국경을 넘는 난민들은 모바일 기술의 사용에서 유연한 기술을 가진, 잘 갖춰진 초국가적 주민들이다.

두 번째로, 우리는 도시 하부구조와 '지각능력sentience'의 구조 안에 배태되어 있는 전 지구적인 네트워크화된 어버니즘을 생각해 볼 수 있다. 게오르크 짐멜의 '도시 신진대사urban metabolism' 개념과 앙리 르페브르Henri Lefèvre의 '리듬분석rhythmanalysis' 개념(Lefebvre 2004)을 기반으로 하여, 모빌리티 이론가들은 신체들과 객체들이 그들 움직임의 리듬, 그들의 속도 그리고 동시 발생을 통하여 도시를 형성하며, 또한 형성된다고 주장한다(Edensor 2011; 2014). 동시에 빅데이터는 퀄큘레이션qualculation[4]의 항시 예측 알고리즘에 따라 점점 그러한 도시 리듬을 포착하고, 가시화하며, 그에 따라 행동하는 방식으로서 포용되고 있다. 그래서 우리 자체가 추적tracking 모빌리티가 일어나는 장소가 되어 가며, 비밀 보안요원들에게 쉽게 도청당하고 풍부한 위치 데이터가 채굴될 뿐만 아니라 대응적 실천과 대안적 사용의 가능성에도 열려 있는 네트워크화된 도시 커뮤니케이션 인프라를 목격한다.

모빌리티와 장소 만들기place-making에 대해 역사가들은 다양한 교통수단을 중심으로 모이는 리듬, 힘, 분위기, 정동affects, 형태들을 강조한다(Edensor 2014; Adey 2010). 전 지구적 신진대사에 대한 이러한 접근법은 이제 터키에서 떠나 그리스의 레스보스섬에 도착하는 고무보트의 리듬과 힘, 정황 또는 이민자들이 영불해협 터널Channel Tunnel에

---

[4] [옮긴이주] 질quality에 기반한 합리적 판단. "나이절 스리프트Nigel Thrift는 컴퓨터의 기능이 고도로 발전하면서 단순 기계적 계산 능력이 엄청나게 향상된 것은 물론, 자체 판단 능력까지 가미된, 즉 컴퓨터 스스로 인지하여 계산할 수 있게 되었다고 설명한다. 컴퓨터 소프트웨어가 일상생활 공간에 보편적으로 하지만 비가시적으로 내장된 유비쿼터스 컴퓨팅 환경(배경)에서 이루어지는 그와 같은 컴퓨터의 계산 능력과 활동이 퀄큘레이션이다. 퀄큘레이션은 스리프트가 말하는 이동—공간movement–space이 구성되고 작동하는 기술적 조건이다." 존 어리, 《모빌리티》, 강현수·이희상 옮김, 아카넷, 2014, 292쪽 옮긴이주 5번.

진입하는 장소인 칼레Calais에서 커지는 압력, 또는 북아프리카를 떠난 보트가 관광객들이 '노는 장소'인 섬의 해변에서 약간 벗어난 지중해에서 가라앉을 때 발생하는 우울한 인명 손실로까지 확대될 수 있다(Sheller and Urry 2004). 이민자 억류와 난민캠프 사례에서 우리는 어떻게 해서 봉쇄와 모빌리티가 공동 생산되는지 명확하게 볼 수 있다. 앨리슨 마운츠Alison Mountz와 동료들은 다음과 같이 말한다.

우리는 국가적 · 초국가적인 억류의 풍경 안에 자리잡은 경계짓기와 배제뿐만 아니라 봉쇄와 모빌리티의 역설이라는 이슈를 발견한다. … 억류는 모빌리티를 완전히 없애기보다는 배제의 기술들을 통해 모빌리티를 규제하기 위한 근거의 일부로서 기능한다.(Mountz, Coddington, Catania, and Loyd 2012, 524)

그래서 도시와 도시 밖의 네트워크화된 동원과 동원 해제를 이루는 일종의 전 지구적 신진대사를 형성하는, "관리된 모빌리티, 동원되고 동원되지 않는 대중, 탈구되고 다시 배치되는 사람들의 원칙"(Loyd, Mitchel-Eaton, and Mountz 2016, 4)이 등장한다.

셋째로, 공간성과 물질성과 함께 모빌리티 연구 안에서 시간성temporalities에 대한 관심이 증가하고 있다. 느림, 부동不動, 기다림, 정지의 시간성은 모두 체화되고, 운동적이며, 감각적인 환경의 인간 항해가 결정적인 위치를 차지하는, 폭넓고 감각적인 이동과 거주의 지리학의 일부이다(Bissell 2007; Jensen 2010; Vannini 2014). 키네틱 엘리트들과 그들에게 고용되어 일해야 하고, 그들이 사용할 수 있도록 땅을 비워 주어야 하며, 그들을 피해야 할 수도 있는 전 세계의 낙후 지역들에 사는 사람들의 리듬과 시간성(Birtchnell and Caletrio 2014) 사이에는 충돌interference이 있다. 어떤 때에는 자본이 순환되는 빠른 시간성이 멀리 떨어진 장소들에서 일이 처리되는 느린 속도와 충돌한다. 다른 때에는 의도적으로 느려진 관광의 시간성이 먹고 살기 위해 물건과 서비스를 파는 사람들의 서듦과 갈등한다. 세계의 가난한 지역들에서 급성장하는 메가시티들의 리듬과 감각은 전 지구의 네트워크화된 어버니즘으로 넘쳐흐른다. 모바일 커뮤니케이션 기술과 모바일 머니와 같은 실천들을 중심으로 한 혁신은 또한 낙후된 주변부와 메트로폴리탄 중심부와 안전통로를 연결시키는 네트워크화된 어버니즘의 새로운 시간성과 리듬을 허용한다.

넷째로, 특히 한 집단의 모빌리티는 심각하게 손상된 반면 다른 집단은 도움을 요청하려고 하는 재난의 경우에, 불균등한 물리적/커뮤니케이션적 연결성과 차단성의 이상한 결과가 있을 수 있다. 내가 다른 곳에서 지진 이후 아이티에서의 경험조사 연구에 기반하여 묘사했듯이(Sheller 2013a, 2016a), 당시 아이티에는 인도주의적 대응 인력, 기술자들, 군인들이 정보 수집, 위치정보 태그geotagging〔사진이나 동영상 등 디지털 매체 내에 최신 지리 정보를 삽입시키는 것〕, 매핑mapping뿐만 아니라 소통을 위한 다양한 종류의 모바일 정보기술을 갖추고 도착했다. 게다가 유엔 평화유지군은 위성방송 수신 안테나와 라디오 또는 무선 기지국을 포함한 매우 강력한 커뮤니케이션 하부구조를 갖춘 기지가 있었다. 인도주의적 대응 인력은 유엔 기지에서 회의를 했으며, 소통하고 정보를 공유하기 위해 인터넷 연결이 되는 이동전화와 노트북 컴퓨터를 사용했다. 그러나 그들 역시 물리적·언어적·하부구조적인 접근 장벽들을 통해 자신들의 모빌리티 권력을 영토화하면서 지역 사람들을 배제했다.

이 이동적이고, 입지적이며, 소통적인 하부구조는 비상대응을 '디지털 인도주의 조직,' 크라우드소스crowd-sourced 정보, 그리고 오픈소스 매핑을 포함하는 '위기정보학crisis informatics'이라고 알려진 전체 분야에 연결시켰다. 우샤히디Ushahid[5]와 같은 집단들은 오픈소스 GIS 매핑 플랫폼으로 데이터를 모으고, 검증하며, 선별하는 작업을 했다(haiti.ushahidi.com). 이런 종류의 오픈 매핑 플랫폼 프로젝트는 잠재적으로 미시 수준의 재난 소식과 정보를 위치별로 접근 가능하고 탐색 가능하게 만들어, 이해 당사자들이 구체적인 장소나 정보 유형에 집중할 수 있게 한다. 이제 이러한 네트워킹 도구들은 위기를 지도로 시각화하고 재난에 대응하는 전 지구적 인도주의 조직들에게 매우 중요한 것으로 여겨지며, 실제로 상의하달식 조정을 보완하는 일종의 상향식 '사회적 집단지성'으로 묘사되어 왔다(Büscher, Liegl, and Thomas 2014). 그러나 이러한 자원들을 어떻게 주변인들에게 전유시킬 수 있을까?

---

5 [옮긴이주] 스와힐리어로 증언 또는 목격이라는 뜻으로, 핸드폰 문자, 이메일, 트위터 등 다양한 채널로 취합된 정보를 실시간으로 지도로 시각화하는 오픈소스 플랫폼.

어쩌면 세계의 부유한 나라들의 키네틱 엘리트들이 배제된 주변부로 모바일 자원을 확대할 수 있는 다른 방법들이 있을 것이다. 버치넬과 호일은 3D4D로 알려진 발전 프로젝트를 위한 3차원 프린팅 기법이 "전 세계의 가난한 지역들에서 단절된 공급망, 무너진 경제 시장, 그리고 재난 현장과 가난한 집단이 드러내는 시민적 특징의 취약성을 해결할 방책을 제시한다"고 주장한다(Birchnell & Hoyle 2014, 7). 그러면서 3차원 프린트를 이용해 플라스틱을 의수義手와 탯줄 쥠쇠 같은 물건으로 재활용하는 iLap/Haiti의[6] 사례를 포함하여, 3D 프린팅이 어떻게 "세계의 가난한 나라들에서 상향식 발전의 선택지"로 사용되고 있는지 보여 주는 놀라운 사례들을 제공한다. 그러나 이러한 전자적 상호작용성interactivity의 혼종적 공간들은 사람들이 이미 가지고 있는 역량과, 이것을 어떻게 해서 그들의 네트워크 자본을 강화하고 기존 행위 양식을 확대하는 방식으로 만들지에 대한 더 세밀한 관심을 요구한다(Sheller 2016a).

풀뿌리 발전 네트워크를 만드는 데 커뮤니케이션 기술을 사용하는 것은, 외부로부터 첨단기술을 도입하기보다는 기존 기술을 전유하고 사람들의 필요에 그 기술을 적응시킬 조직된 공동체가 있을 때에만 효과가 있다. 디지털 접근권의 민주화는 단지 오픈 맵과 크라우드소스 데이터 구축의 문제만이 아니다. 이것은 사람들이 에너지, 해저케이블, 무선 기지국, 모바일 위성 연결에 합류하는 네트워

---

6 www.ilabhaiti.org.

크화된 장소에서, 신체와 물건과 정보를 물리적/가상적 장소들로 이동시키는 곳에서, 모바일 머니를 실제 토지와 물과 주거에 대한 접근권으로 바꾸는 곳에서, 사람들로 하여금 중간에서 만날 것을 요구한다. 그럴 때에만 행성적 도시화는 삶을 향상시킬 수 있다.

결론

지금까지 전 지구적으로 네트워크화된 어버니즘의 세 가지 비전에 대해 논의했다. 이를 통해 현재 새롭게 등장 중인 혼종적 생태학을 중심으로, 다양한 종류의 행성적 도시 공간성에 영향을 주고 그 공간성을 생산하는 물리적/디지털적 연결성에 관한 지배적인 담론들과 문화적 실천들은 어떤 것이 있는지 일부나마 보여 주려고 했다.

나는 우선, 네트워크화된 어버니즘은 (과도하게) 발전된 세계의 키네틱 엘리트들이 사용하는, 세계의 발전된 지역들의 기술적으로 가장 발전된 장소들을 가리킨다고 전제했다. 하지만 우리는 비단 세계의 낙후된 지역들에서뿐만 아니라, 네트워크화된 새로운 기술을 가지고 '세계를 구하는' 일부 기업과 인도주의 프로젝트들에서도 그러한 모빌리티와 네트워크 기술이 전유되고 있음을 목격했다. 그래서 하는 이 두 가지 형식의 네트워크화된 어버니즘이 마찰로 가득한 갈등이든 공생적 협력관계이든 상호 관련성 안에서 이해되어야 한다고 제안했다. 하부구조에 대한 접근이 아무리 분열되고 불균등하다 해도, 궁극적으로 우리는 전 지구적으로 진행 중인 하나의 네트워크화된 도시화 과정 가운데 존재한다.

이 논의를 통해 얻을 수 있는 교훈은 무엇인가? 모빌리티의 물질적 자원 기반을 자연착취적 산업에서 심층 생태학 쪽으로 바꿔 나가야 하며, 그러려면 식민지 역사와 지구적 지리학, 신제국주의의 측면에서 모빌리티 연구를 심층 역사화해야 한다는 것이다(Sheller 2014). 이는 불균등한 모빌리티 연구에 푸코적인 시각이 필요하다는 인식으로 불러온다(Sheller 2016b). 그 시각은 다음을 포함한다.

- 분기分岐하는 경로와 차별적 접근이 존재하는 이동의 주권적 영토를 형성하는 식민지적·제국적·군사적 장치의 역사들에 대한 '계보학적' 관심
- 분열된 하부구조와 불균등한 (비)모빌리티 형태들을 뒷받침하는 자원 추출과 에너지 사용의 심층 지리생태학에 대한 '고고학적' 관심

육체 이동, 통신 이동, 상상 이동, 가상 이동, 사물의 물리적 이동 (Urry 2007, 47-48) 등 모든 종류의 모빌리티는 항상 자연환경과 안정적인 삶의 방식에 재앙적 피해를 끼쳐 추가적인 이주와 도시화, 이동으로 몰고 가는 지구적 물질성에 기반하고 있다.

그래서 나는 인간과 비인간의 모빌리티가 얼마나 깊이 상호연결되어 있고, 복잡하고 광범위한 행성적 도시화 체계의 일부인지를 보

여 주면서, 모빌리티와 커뮤니케이션에 대한 심층 행성적·지리생태학적 관점을 옹호할 것이다. 네트워크화된 어버니즘은 일부 기업들이 묘사하듯이 단순히 '더 나은 세계를 건설하는' 문제만이 아니다. 그것은 불균등한 생존율을 보이는 행성 공간의 형질변환과 전체 세계를 더 공정하고 평등한 혼종적 생태계로 재상상하는 아래로부터의 투쟁의 일부이다.

3장

이동하는 '가명의 이방인들'
: 디지털 방식으로 증강된 위치인식 도시 속 공공장소에서 우연한 만남이 어떻게 사회성을 구성하는가

크리스티앙 리코페|Christian Licoppe

20세기의 근대, 산업화된 메트로폴리스는 서로 알지 못하는 모바일 신체들의 대규모 유동이 그들의 일상적 모빌리티 과정에서 어우러지는(Whyte 1980) '이방인들의 도시'(Lofland 1998)로 묘사되어 왔다. 20세기 사회학에 따르면, 메트로폴리탄 공공장소에 대한 도시 모빌리티 특유의 구성적 특징은 공공장소에서의 만남이 대개 알지 못하는 익명의 이방인들을 포함하리라는 기대였다(이로 인해 지인과의 계획되지 않은 만남은 특이하고 눈에 띌 만한 사건이었다). 여기서 '이방인stranger'은 짐멜이 일찍이 이 개념(Simmel 1971)을 사용했던 사례에서 의미했던 바와 같은 타자성alterity을 포함하지는 않지만, 우연히 마주치게 되는 사람들이 낯설다는 사실은 강조한다. 이것은 애초의 기대값이 정반대인, 곧 친숙한 얼굴과 아는 사람들을 만나리라는 마을 또는 작은 공동체 관점(외부인과의 만남을 매우 두드러지게 만드는)으로부터의 전환이었다. 고프먼Erving Goffman은 공공장소에서 일어나는 익명의 이방인들 사이의 초점 있는 만남과 초점 없는 만남의 조직을 체계적으로 분석하고, 체면을 중시하고 타인들을 간섭하지 않는 규범적 기대의 중요성을 강조했다. 이 지점에서 고프먼의 예의 바른 무관심civil inattention은 도시 공공장소에서 일어나는 이방인들과의 만남을 관리할 때 전제하는 도덕적 기대이자 중요한 실천적 자원으로 보인다(Goffman 1971).

현대 메트로폴리스를 이렇게 익명적 이방인 무리의 결합nexus으로서 재현할 때 함축된 전제는, 그들이 서로에 대해 어떤 사전적 지식을 획득하거나 획득해 온 수단도 갖지 않은, 이동하는, 연결되지 않은 신체들이라는 것이다. 그러나 오늘날의 도시 거주자들은 그들 주위를 인식하는 새로운 형식들을 매개하는, 네트워크화된 모바일 기기를 갖고 있을 것으로 추정된다. 나는 그중에서도 위치기반 모바일 미디어에도 접근 권한이 있는 사례를 관심 있게 살펴볼 것이다. 여기서 위치기반 미디어는 암묵적으로 또는 명시적으로 사용자의 위치를 사용하고 나타내는, 역동적으로 진화하는 애플리케이션이나 서비스의 종류를 의미한다. 위치기반 미디어 애플리케이션은 현재 매우 다양한데, 모바일게임, 위치감지 추천 애플리케이션, 위치감지 소셜네트워크, 모바일 데이팅, 동적인 차량 공유 애플리케이션 등 애플리케이션마다 그 접근성 면에서 엄청나게 다양한 위치인식 또는 근접인식을 제공한다.

그러나 이 모든 종류의 위치기반 미디어는 하나의 공통된 핵심 특징을 공유한다. 바로 현재 우리의 도시 환경에 대한 우리의 지식을 역동적인 방식으로, 디지털적으로 증강시키기 위해 설계되었다는 것이다(이는 이 지식이 사람들이 도시에서 이동할 때마다 업데이트된다는 것을 의미한다). 비록 기존의 위치기반 미디어가 틈새시장에서 실패할 수도 성공할 수도 있고, 커뮤니케이션 연구(de Souza e Silva and Sutko 2009; Wilken and Goggin 2012; Farman 2013; de Souza e Silva and Sheller 2014; Hjorth and Richardson 2014)와 인간-컴퓨터 상호작용HCI 연구(Benford et al. 2003; Brown and Laurier 2012)가 보여 주듯이 우리 일상의 실천에서 느리고 불규칙한 진전을 이루고 있을지라도, 위치기반 미디어의 사용이 광범위해지면 어떤 종류의 사회적 행동이 도시에서 발전할 수 있는지 궁금할 것이다. 왜냐하면 지나가는 사람이 더 이상 익명적인 이방인이 아닐 수 있기 때문이다.

이런 종류의 사고 실험을 계속하기 위하여, 위치기반 모바일 미디어의 사용을 도외시하는 사람들이 어떠한 사전 지식도 없는 이방인을 만날 수 있는 첫 번째 상황을 고려할 것이다. 내가 특별히 주장하려고 하는 바는, 위치기반 미디어의 발전 이전에는 내가 '가상의 지인들virtual acquaintances'이라고 부르는 사람들 사이의 만남은 미리 계획되어야 했으며, 그러한 만남은 만나기 전에 일정 형태의 사전 정보나 상호작용을 필요로 했다는 점이다. 디지털 네트워크의 발전과 도시 서비스들의 '우버화Uberization'[1]로 이러한 만남은 흔한 것이 되어 가고 있지만, 위치기반 모바일 미디어는 (일부 프로필을 사용하게 하거나 스크린 채팅을 제공함으로써) 우리 주변의 사람들을 인식하게 하고 그들에 대한 지식의 출처를 제공하면서 특유의 반전을 일으킨다. 위치기반 모바일 미디어의 등장으로 이제 이러한 만남은 더 이상 계획될 필요가 없어졌다. 왜냐하면 위치기반 미디어 사용자들은 그들의 도시 모빌리티가 그들을 데려가는 곳 어디에서든지 그들과 가까이에 있는 '가명의 이방인들pseudonymous strangers'(예를 들면, 들어본 적은 없지만 그들의 존재를 인식하게 되면 온라인으로 확인할 수 있는

---

1 [옮긴이주] 차량과 승객을 직접 연결해 주는 모바일 차량 공유 서비스인 우버Uber에서 나온 신조어로, 소비자와 공급자가 중개자 없이 인터넷 플랫폼을 통해 직접 연결되는 공유경제 시스템을 말한다. 현재 여행 및 숙박 공간Airbnb, 법률시장 등 다양한 산업 영역에서 우버화가 빠르게 진행되고 있다.

사람들)이라고 부를 만한 존재들을 '발견'할 수 있기 때문이다. 그러므로 위치기반 모바일 미디어가 발전하고 많이 보급되면, 우리는 도시 연구의 근본적인 교의教義를 다시 생각해 봐야 할 것이다. 도시는 이방인들을 위한 장소가 아니라, 가명의 이방인들을 위한 장소가 되고 있다. 그것은 애초에 가명의 이방인들을 만날 것이라는 기대가 깔려 있는 공공장소이다.

이 주장에 경험적 기초를 제공하기 위해, 나는 이 영역에서 빠르게 성장하고 있는 최첨단기술로부터 취한 사례들과 나의 광범위한 현장 연구에 기대어 세 가지 유형의 위치기반 모바일 미디어를 더 자세히 다루고자 한다. 특히 일본의 개척적인 〈모기Mogi〉 게임에 초점을 맞춰(Licoppe and Inada 2006, 2010), 내가 논의하려는 첫 번째 유형의 애플리케이션은 초기 실험들로부터(Benford et al. 2003) 현재 부상하고 있는 구글 기반의 〈인그레스Ingress〉(Morel 2014) 같은 위치기반 게임의 대규모 플랫폼들에 이르는 위치인식 게임들이다(Hjorth and Richardson 2014). 또한, 현재 게임 플레이의 동적인 스크린 맵을 제공하는 완전한 위치인식 게임들과 달리, 사용자들이 〈드래곤퀘스트Dragonquest 9〉처럼 와이파이나 블루투스로 감지하는 터미널의 알림을 통해서만 서로의 근접성을 인식하는(Licoppe and Inada 2015) 근접기반proximity-based 게임 플레이도 고려할 것이다.

둘째로, 독창적인 닷지볼Dodgeball[2]이 제공한 통찰로부터(Humphreys

---

[2] 구글의 휴대전화용 소셜네트워크서비스로, 2009년 서비스가 중단되었다.

2007: 2010) 현재 모바일 소셜네트워킹 플랫폼들, 특히 〈포스퀘어 Foursquare〉(Frith 2013; Frith 2014; Licoppe and Legout 2014)에 이르기까지, 위치 검증과 다양한 형식의 공간적 추천을 결합시킨 소셜네트워킹 애플리케이션의 사례를 들여다볼 것이다. 마지막으로, 게이 커뮤니티 〈그라인더Grindr〉(Blackwell, Birnholtz, and Abbott 2014; Brubaker, Ananny, and Crawford 2014)와 떠오르고 있는 〈틴더Tindr〉와 〈모모Momo〉와 같은 근접성에 민감한 데이팅 애플리케이션의 최근 형식들을 논의할 것이다. 〈그라인더〉의 경우, 근접인식은 가벼운 하룻밤 관계casual hook-ups(Race 2014)를 활성화시키는 방식으로 사용되는 것으로 보이며, 그래서 가명의 이방인들과의 성적인 만남을 야기할 수 있다(Licoppe, Rivière, and Morel 2015). 이 광범위한 경험적 스펙트럼을 기반으로, 먼저 가명의 이방인들 사이의 만남 사례와 그 만남의 특징을 살펴보고, 둘째로 위치기반 모바일 미디어의 확산과 함께 네트워크화된 도시 사회성이 가져올 수 있는 변화들을 추론해 보고자 한다.

'가상의 지인들'과의 계획된 면대면 만남

이런 만남들을 분석하기 위해서는 먼저 서로 모르는 당사자들 사이의 특별한 만남, 곧 이전에 한 번도 만난 적이 없고(그래서 대개 서로를 알아볼 수 없는), 하지만 서로에 대해 어느 정도는 알고 있는 두 사람이 실제로 만나는 연계된 만남을 고려하는 것이 유용하다. 그러한 만남은 이방인과 대충 아는 타인들을 포함한다. 그(녀)는 우리가 직접 만난 적이 없기 때문에 이방인이며, 얼굴을 보고 서로 알아보지 못할 것이다. 비록 멀리 떨어져 있고 직접 만난 적은 없어도, 일정한 형식의 커뮤니케이션을 자주 나눴기 때문에, 그(녀)는 아는 사람이다. 예전에는 그러한 원거리 상호작용이 서신을 통해 이루어졌지만, 오늘날에는 전화나 전자 커뮤니케이션에 의존한다. 시각적 친숙함과 친분이라는 뚜렷한 범주와 관련하여, 그러한 (전에 본 적은 없지만, 듣거나 말해 본) 가상의 지인은 '친숙한 이방인'(Milgram 1992)에 대조될 수 있다. 친숙한 이방인은 반복된 모빌리티와 만남의 과정에서 얼굴은 친숙해졌지만 상호작용은 없거나 없다시피 하여 개인 정보의 공유는 불가능한, 모르는 사람이다. 반면에 가상의 지인은 시각적으로 친숙하지 않지만, 이전의 상호작용이나 다른 상대들의 언급을 통해 그(녀)에 대한 어느 정도의 개인적 지식은 갖고 있다. 가상의 지인은 선의를 가진 친구가 직업이나 다른 개인 서비스를 위해 만나도록 추천한 모르는 사람일 수도 있고, 어떤 물건을 교환하자는 광고에 응답한 사람일 수도 있고, 온라인으로 만나 결국 면대면 만남을 가진 가상 관계일 수도 있다.

과거에는 그렇게 가상의 친분이 있는 이를 면대면으로 만나는 경험은 드문 일이었다. 그러한 만남은 거의 항상 주의 깊은 계획(과 만남 프로젝트)을 수반할 것이다. 그 주인공들은 전에 직접 만난 적이 없기 때문에, 만남을 계획하지 않고 우연히 같은 자리에 있게 되어도 서로 몰라볼 것이기에 알아차리도록 하려면 매우 특별한 상황이 필요할 것이다. 초기의 전형적인 사례는 신문에 개인 광고를 내어 공공장소에서 첫 번째 데이트를 계획하는 사람들일 것이다(Cooks 2009). 그러한 사례는 ① 그러한 만남을 가능하게 하고 의미 있게 하는 데 미디어가 하는 역할과 ② 가상 지인들 사이의 첫 번째 면대면 만남에 대해 양쪽이 가지는 전형적이고 핵심적인 관심사, 곧 잠재적으로 잘못 알아차릴 요소가 있지만 이방인들의 무리 가운데서 전에 만난 적은 없으나 이미 상호작용은 했던 누군가를 알아봐야 하는 문제를 강조한다. 다음 인터뷰 발췌문에서, 웹 기반 데이팅 사이트를 사용해 온 한 여성은 그러한 만남을 묘사하는데, 그녀가 미지의 파트너를 확인하고 알아보기 위해 어떻게 상황적 단서들에 의존했는지, 그리고 그녀의 기대와 그의 외모 사이의 불일치가 어떻게 중요한 이슈가 되었는지 하는 내용을 담고 있다.

한 인터뷰 발췌 (A는 인터뷰 대상자이고 Q는 인터뷰 진행자이다)

A: 그래서 어, 그 사람(그녀는 웃는다), 그 사람을 일 끝나고 레알Les Halles에서 만났어요. 만나기로 하고, 약속을 했죠… 우린 서로 몰랐기 때문에 우리가 거기서 기다리고 있는 유일한 사람들일 거라는 사실을 확신했죠. 그리고….

Q: 카페 밖이었나요, 아니면 안이었나요?
A: 바깥의 모퉁이였어요… 샤틀레 광장Place du Chatelet 모퉁이에 있는 레알에서였어요… 그리고 아 제가 그 남자에 대한 환상을 가지고

있었기 때문에 실망했어요… 저 자신에게 말했죠… 음, 저는 그의 이름에 대해 환상을 가지고 있었고, 그의 이름을 사랑했고, 그의 목소리를 사랑했어요. 그 사람은 우리가 전화로 나누었던 세상 이야기들에 관심이 있는 듯 보였어요. 그리고 어, 음, 그 사람은 제가 신체적으로 기대했던 것과 일치하지 않았어요.

　흔히 옷의 세부 사항과 같은 시각적 단서를 미리 정하는 실천은, 신원확인에 관심을 갖는 것은 타당하지만 실제로 신원을 확인하는 것은 어렵다는 사실의 증거이다. 앞 절과 관련하여 보자면, 그러한 특별한 상황은 설계에 의해서 '주름진folded' 것이라고 말할 수 있다. 연계된collocated 만남에서는 미지의 지인과 계획을 잡아야 하기 때문에, 만족스럽지 못한 상대가 나올 수 있다는 것을 '알고 있다'. 그래서 이전에 있었던 원거리 상호작용의 역사를 통해 만족스럽지 못한 상대의 재현을 충분히 예상할 수 있지만, 그녀의 주위 상황, 곧 지금 여기는 시각적으로 바로 확인할 수 있다. 접근성, 직접적 타자 인식과 이전의 원거리 대화로부터 알게 된 내용들의 공동 관련성의 이중성은 '주름진' 것으로 묘사될 수 있는 상황의 특징이다(Licoppe 2016). 그 결과는 신원확인 과정에서 인지 가능한 것을 이전 원거리 상호작용이나 부재 중 언급들로부터 생겨난 기대들에 일치시키려는 끊임없는 지향이다. 그것은 잠재적 불일치와 어긋남을 강조하고 매우 눈에 띄게 만들며, 그래서 상황의 잠재적 통일성을 위협하고, 상대방에 대한 기대를 조정하고 재정립하는 것을 타당하게 만들 수 있다.

네트워크화된 세계에서 미디어, 특히 디지털 미디어의 중요성으로 되돌아가서, 위 발췌문의 인터뷰 대상자가 웹-기반 데이팅 사이트의 사용자였다는 점은 흥미롭다. 관계적이거나 상업적인 이슈들로 상호작용할 수 있도록 이방인들을 온라인에서 연결시키는 모든 디지털 플랫폼은 서로 면대면으로 만나기 전에 그들이 온라인에서 가상적으로 아는 관계가 될 수 있는 기회를 제공한다. 그러한 만남은 언제 처음으로 만날지 계획되어야 한다. 그러한 랑데부의 맨 처음 단계에서는 (그러한 사람들은 직접 만난 적은 없기 때문에) 인식/신원확인 이슈와, 디지털 프로필 및 이전 교섭들에 기반한 기대감과 즉각적인 감각 증거를 연결시키는 문제가 이슈가 떠오른다. 이러한 소셜네트워킹 플랫폼들이 모바일 기기로 확대되고 사용자 간 직접 접속peer-to-peer 접근법이 모든 종류의 서비스로 일반화되면서, 이 같은 특별한 종류의 만남이 발생할 기회를 더 많이 제공하고 있다.

일례로, 우리는 프랑스의 웹-기반 통근차 공유 플랫폼에 대한 민속지 연구를 진행하며 승객과 운전자가 처음 만나는 상황들을 녹음했다. 대체로 승객은 운전자의 프로필을 온라인으로 사전에 확인했으며, 출발 전에 어딘가에서 만날 약속을 잡으려고 미리 소통을 했다. 이동하기로 약속한 날짜와 시간에 승객은 만나기로 한 지점 주변에서 전에 한 번도 본 적이 없는 (또는 온라인 사진만 가지고 있는) 자동차와 운전자를 찾아서 확인해야 한다. 승객은 휴대전화로 안내를 요청하는 전화를 걸고, 때로는 자동차에 다다르기까지 통화 상태를 유지해야 한다. 이는 오늘날 이런 유의 만남이 지닌 또 다른 특징을 부각시킨다. 그것은 모바일 기기를 통해 '직접적으로', 매개되지 않은 방식으로, 그리고 '간접적으로' 가까이에 있는 사람들과 상호 작용을 할 가능성이다. 이 점은 나중에 다시 다루겠다.

인터뷰에서 승객들은, 이러한 만남의 마지막 접촉과 이전 단계들에서 온라인에서 본 운전자의 프로필과 그들이 과거에 나눈 (매개된) 상호작용을 실제 만남에서 일어난 지각과 일치시키려 한다고 밝혔다. 이 상황은 일반적인 승객들과는 약간 다르다. 왜냐하면 일반적인 승객들은 대개 사전에 온라인으로 서로를 확인하거나 상호작용한 적이 없고, 대개 자동차 주변에서 익명의 이방인으로 만나기 때문이다. 이른바 서비스경제의 '우버화'는 가상의 지인들 사이의 그러한 만남이 도시 공공장소에서 확산할 수 있는 기회를 점증시킨다. 다만 이런 만남이 데이팅인지, 통근차 공유인지, 아니면 이베이 eBay 공동구매인지는 미리 정해져야 한다. 이것이 정확하게 위치기반 모바일 미디어가 중요한 차이를 만들어 내는 지점이다.

위치기반 미디어: 가상의 지인들과 '가명의 이방인들'의 우연한 만남 가능하게 하기

서로 신원을 확인하고 알아보는 과정과 관련된 실천적 문제들 때문에, 가상의 지인들과의 만남은 우연히 예외적으로만 발생할 수 있다. 예전에는 보통 그러한 가상의 지인을 알아보기 위해 그(녀)가 주변에 있다는 사실을 사전에 알아야 했다. 그러나 많은 종류의 위치기반 미디어 덕분에, 이제 사용자들은 다른 사용자들의 근접성과 위치에 대한 감각을 갖게 되었다. 이 기기들의 핵심 특징은, 위치기반 미디어 사용자 주위에 있는 다른 사용자들의 존재나 근접성을 '발견'할 수 있도록, 그래서 우연한 만남이 가능하도록 해 준다는 것이다. 이 만남은 가상의 지인들을 포함할 수 있지만, 대부분은 우리가 '가명의 이방인'이라고 부른 존재들과의 만남이 될 것이다. 그들은 우리가 이전에 한 번도 상호작용해 본 적도 (가상의 지인들과 달리) 이야기해 본 적도 없지만, 그렇다고 완전한 이방인도 아닌, 다른 사용자들이다. 왜냐하면 위치기반 애플리케이션이 대개 (프라이버시 설정 허용 여부에 따라) 사용자의 프로필과 과거 이력, (실제 이름일 수도 있고 가명일 수도 있는) 이름 같은 신상 정보를 사용할 수 있게 해 주기 때문이다. 이런 일은 〈드래곤퀘스트 9〉 또는 〈인그레스〉와 같은 근접성에 민감한 모바일게임, 일반적 목적의 〈포스퀘어〉 같은 위치감지 모바일 소셜네트워킹 애플리케이션, 또는 데이팅 지향적인 〈그라인더〉와 〈틴더〉를 통해서도 일어날 수 있다.

위치기반 기기들이 널리 보급되면, 가상의 지인이나 가명의 이방인들과의 우연한 만남은 가능해지는 차원을 넘어 흔한 일이 되고 있다. 근접인식 또는 위치인식 위치기반 미디어의 사용으로, 동일한 모바일 플랫폼을 사용하는 두 사람이 서로 가까워지면 두 사람의 모바일 기기가 먼저 서로 '알아보고', 모바일 애플리케이션이 알림이나 디지털 맵을 통해 디지털 페르소나로 위장한 서로의 존재를 인식할 수 있게 해 준다. 만약 두 사람이 서로의 존재를 알고 있다는 사실을 무시하지 않고 만남을 시작하기로 한다면, 그들은 물리적으로 만난 적은 없으나 (모바일 애플리케이션에 있는 프로필 그리고/또는 이전의 커뮤니케이션을 통해) 그 사람에 대해 디지털 개념만 갖고 있는 누군가를 시각적으로 인식하는 상황에 있는 자신을 발견하게 된다.

예를 들면, 〈그라인더〉는 근접인식을 중심으로 조직된다. 애플리케이션에 연결하면, 게이 연락처들과 그들의 프로필이 스크린에 뜨며, 공간적 거리에 따라 가장 가까운 사람부터 순서대로 정렬된다. 앞서 살펴본 온라인 데이팅 사례와 달리, 잠재적인 새 파트너와의 만남(또는 '가벼운 잠자리')은 우연히 일어날 수 있다. 다음 발췌문에서 한 사용자는 그러한 만남을 묘사하고 있는데, 그는 게이 바에서 애플리케이션에 연결하여 같은 장소에 있는 생판 모르는 다른 〈그라인더〉 사용자를 '발견한다'(Licoppe et al. 2015).

바에서 제 가까이에 있는 한 남자를 우연히 보게 됐을 때, 그의 실제 모습과 그가 프로필에 올린 것이 완전히 상반되는 것을 발견하고는, 그걸 그에게 말했어요. 그는 프로필에서 훨씬 더 좋아 보였어요. 근데 그건 신체적 외모의 문제가 아니라, 그가 발산하는 느낌의 문제였어요. (프로필을 보면) '개방적인, 친절하고 긍정적인 남자' 같았는데, 바에서는 찡그린 표정에 전혀 느긋해 보이지 않았어요. 그에게 메시지를 보냈지만, 그는 쳐다보고는 응답조차 하지 않았어요. 저는 거의 그 남자 앞에 있었고, 그는 분명히 나를 보았는데, 심지어는 〈그라인더〉에서조차 응답할 배짱이 없었던 거죠.(C. 40세)

이 사례와 온라인 데이팅 인터뷰 사례와의 주된 차이점은, 이전 사례에서는 가명의 이방인들 사이의 면대면 만남이 (미리 마련된) 계획의 산물인 반면, 여기서는 우연히 일어난다는 것이다. 여기서 가상의 지인이나 가명의 이방인들 간 만남의 특유한 모습을 다시 한 번 발견할 수 있다. '발견된' 잠재적 파트너는 그 사람의 모바일 애플리케이션 식별기와 프로필을 통해 스크린에 접근할 수 있고 '알려지며,' 그래서 모바일 애플리케이션에서 만들어진 디지털 인상 impression과 실제 외모 사이의 일치는 다른 사용자에게 중요한 관심사가 된다. 이 상황에서 문제가 되는 것은, 온라인 프로필과 공현전 共現前하는 사람의 관계에 대한 관리다. 〈그라인더〉 사용자는 이 상황이 결절성seamfulness을 자원으로 어떻게 관리되는지 묘사한다. 면대면 대화는 (그들이 서로 인지하였기 때문에) 하나의 가능성이지만, 접촉은 문자메시지로 이루어지며, 그래서 면대면 상호작용은 간과되거나 '회피된' 것으로 보인다. 이 상황에서는 서로 분명하게 알아보고 인사를 나누면서 서로가 가까이 있다는 것을 알고 있음을 인정하는 것이 규범이다(Licoppe and Inada 2010).

그러므로 위치기반 미디어는 온라인 상으로는 연결되어 있지만 직접 만나지는 못했던, 심지어 이전에 온라인 상호작용조차 없었던 가명의 이방인의 발견을 (가상 지인의 사례에서처럼) 계획되지 않은 우연한 일로 가능하게 한다. 이것은 데이팅 애플리케이션에 한정되지 않는 일반적인 특징이다. 다음 발췌문은 파리의 〈포스퀘어〉 사용자들에 대한 현장 연구에서 나온 것이다(Licoppe and Legout 2014). 사용자들이 (지리적 위치와 온라인 설명자에 의해 정의된) 특정한 '장소들'을 확인하는 이 위치인식 모바일 소셜네트워킹 애플리케이션에서, 같은 호텔에 체크인해서 '시장mayorship[3]'을 놓고 경쟁하는 두 〈포스퀘어〉 사용자들은 그들의 만남을 이렇게 묘사한다.

올여름 레위니옹La Réunion에서 휴일을 보내고 있었어요. 에어프랑스 여승무원과 오후를 보냈는데, 그녀가 〈포스퀘어〉에 체크인하고 호텔 프론트에서 나를 찾아와서, "당신이 방금 이 호텔에서 내 시장 지위를 뺏어간 샌드린Sandrine인가요?"라고 말했기 때문이죠. 나는 그렇다고 하고, 그녀의 직업과 다른 많은 것들에 대해 이야기하면서 오후를 보냈어요. 이런 만남은 전에는 가져 보지 못한 진짜 만남이었죠. 제가 〈포스퀘어〉에 있지 않았다면 그녀는 제게 말을 걸지 않았을 거예요.(Sandrine, 45세)

이것은 가명의 이방인들 사이의 우연한 만남의 또 다른 사례이다. 그들은 전에 만난 적이 없고, 같은 〈포스퀘어〉 '장소place'에서 체크인을 했다는 사실만으로 서로를 알았다. 이것은 간접적인 상호작용 형식이다. 상호인식은 만남을 야기한다. 신체적 공현전co-presence

---

3 [옮긴이주] 〈포스퀘어〉 같은 위치기반 서비스는 사용자들을 경쟁자로 만드는 게임의 측면이 있다. 참가자들은 더 많이 참여함으로써 격려와 보상을 제공받는데, 체크인을 하게 되면 점수가 올라가고 점수가 가장 많은 사람이 그 지역의 '시장'이 된다. 필요한 정보를 가공하여 제공하는 푸시 기술은 다른 사용자가 '시장' 자리를 빼앗을 수 있는 근거리에 와 있음을 알려 준다.

과 온라인 공현전 사이의 일치에 대해 밝히는 것은 (직접적인 문의를 통해) 서로 알아보고 대화를 시작하는 데까지만 한정된다. 온라인 프로필과 신체적 외모를 일치시키는 것은 데이팅 애플리케이션에서보다 훨씬 덜 중요한 이슈이다. 위 사건이 말해지는 방식에서, 상황의 결절성은 데이팅 사례에서보다 덜 활발하게 이용된다. 그것은 대화를 개시할 때 촉발되는데, 왜냐하면 (체크인하고 시장 자리를 놓고 경쟁함으로써 수행되는) 디지털 인식을 언급함으로써 대화의 포문을 열기 때문이다.

가명의 이방인들과의 만남이 펼쳐질 때 특징적인 궤적: '소심한 만남'

가명의 이방인들 간의 이러한 우연한 만남들이 면대면 상호작용에서는 상대적으로 단도직입적으로 펼쳐질 수 있지만, 참여자들은 〈그라인더〉 사례에서처럼 성찰적인 하이브리드 생태계에서 펼쳐지는 만남의 결절성이 제공하는 상호작용 가능성에 이미 매우 개방적이다. 예를 들어, 근접성 게임 〈드래곤퀘스트 9〉(플레이어들이 서로 몇 미터 안에 있을 때 알림이 울리고 게임 액션이 가능해지는, 모바일 기기에서 플레이되는 게임)의 플레이어들은 '용감한 만남'과 '소심한 만남'을 구분한다. '용감한 만남'에서는 비행기 승무원이 시장 타이틀을 놓고 경쟁하는 다른 사용자에게 자신을 알리는 〈포스퀘어〉 사례와 약간 비슷하게, 만난 적이 없는 (단지 게임 캐릭터로만 서로 '아는')

상대 플레이어와 물리적으로 가까워졌음을 인식하게 된 플레이어는 상대방에게 자신을 알리고 면대면 대화를 개시한다(Licoppe and Inada 2015). '소심한 만남'에서는 플레이어가 근처에 있음을 알면서도 자신의 존재를 알리지는 않는다. 그(녀)는 게임 플레이를 통해서만 근처에 있는 다른 플레이어들과 상호작용하면서 지나가는 행인처럼 인식되도록 행동하려 할 것이다. '소심한 만남'은 '결절성,'[4] 주름짐,[5] 그리고 상황의 '증거적 경계evidential boundaries'(Goffman1974)[6](신체는 주위 사람들에게 시각적으로 유효하지만, 온스크린 행위는 그렇지 않다.)를 이용한다. 앞서 살펴본 〈그라인더〉 만남은 소심한 만남의 종류이다. 두 〈그라인더〉 사용자는 서로를 인식했을 것이나 그 사실을 인정하지 않기로 선택하고, 그들의 상호작용을 모바일 스크린 안에 한정지었

---

4 [옮긴이주] 예를 들어, 집에서 보던 드라마를 밖에서 휴대폰으로 볼 때, 이와 같은 끊김 없는 미디어 서비스를 '무결절성seamless'라고 표현한다. 결절성은, 미디어는 결절이 없어야 한다는 생각을 뒤집어서 오히려 결절을 이용한 미디어 사용을 강조한다. 곧, '결절성'은 유비쿼터스 컴퓨팅 기술에서 불가피한 기술적 한계를 감추지 않고 오히려 드러내고 이용하는 새로운 접근 방식을 가리킨다. GPS와 WiFi를 사용하는 위치기반 모바일게임에서는 플랫폼에 있는 '결절seam'을 게임 디자인에 통합시켜서, 플레이어들이 네트워크 범위와 신호 강도 등을 고려하여 게임을 하도록 이끈다. 곧, 대개 문제로 여겨졌던 것이 오히려 게임의 중요한 특징이 되는 것이다.

5 [옮긴이주] '주름fold'은 질 들뢰즈가 라이프니츠 철학을 재해석하여 도출한 개념으로, 사물의 존재에 정초하지 않은 '생성'으로 사물의 존재 방식을 새롭게 정의한다. 주름은 입자와 같은 실체가 아니라, 끊임없이 분화하는 잠재성이다. 들뢰즈에 따르면, 주름은 바로 세계를 창조하는 가능성으로, 지금 존재하는 것은 특정한 주름 잡기의 효과, 자극과 반응의 상호작용이다.

6 [옮긴이주] 상호작용 참여자가 근처에서 어떤 일이 일어나고 있는지 인식할 수 있는 범위를 말한다. 곧, 그 범위를 넘어서면 인식이 어려워지는 경계이다.

다. '소심한 만남'에서 소심한 당사자는 의도적으로 스크린 상의 다른 상대와 상호작용하면서 시각적 인식을 회피하거나 명시적으로 인정하기를 피하려고 한다.

'소심한 만남'은 주로 수많은 보행자들과 동일한 위치인식 애플리케이션을 사용하는(그래서 '동일한' 성찰적 하이브리드 생태계에 거주하는) 다른 사람들로 가득 차 있는 공공장소에서 이방인들과의 가명의 만남이 갖는 근본적인 범주적 모호함의 증거를 보여 준다. 위치인식이 가능하고 서로 연결되어 있는 이 도시 거주민들의 경로가 교차할 때, 항상 두 가지 선택이 가능해진다. 하나는 고프먼의 의미에서 예의 바른 무관심으로 통상적인 모바일 이방인이 되는 것이며, 다른 하나는 연결된 동일한 모바일 애플리케이션 사용자들의 경우처럼 디지털 위장 아래 서로의 근접성을 인식하며 좀 더 초점 있는 만남이나 말 혹은 디지털 자원을 통한 대화의 가능성을 모색하는 것이다. '소심한 만남'은 그러한 모호성을 이용하고, 그 모호성은 가명의 만남에서 다른 형식의 행동을 구성한다.

이것은 또한 잠재적으로 위반적인 다양한 행동 유형을 이끌어 낸다. 가벼운 유형이라면, 일종의 모바일 디지털 관음증처럼 다른 주변 사람들이 알아차리지 못하게 상대방의 온라인 프로필을 살펴보는 것이다. 미래의 시인詩人은 시선을 끄는 아름다운 낯선 행인의 프로필을 살펴보려는 유혹을 느낄 테고, 아마도 그러한 만남을 보들레르처럼 묘사하지는 않을 것이다. 같은 이유로 가명의 이방인들과의 만남은 특정한 형태의 취약성을 지닌다.

플레이어들이 각자의 위치와 도시에서 수집하는 가상 물체의 위치를 보여 주는 지리위치 맵geolocated maps을 기반으로 게임을 운영하는 위치인식 게임 〈모기〉 연구에서 우리가 수집한 사례에서(그림 3.1)(Licoppe and Inada 2006), 한 여성 플레이어 C는 스크린에 인식된(메시지 1) 상호 근접성에 기초하여 다른 플레이어와 접촉을 시작했다.

그의 응답(메시지 2)에서, 두 번째 플레이어 D는 그들의 근접성을 인식하고 자신이 첫 번째 플레이어를 보고 있을 수 있다는 힌트를 준다. C의 다음 메시지는 그녀가 그를 보지 못했다는 것을 확인시켜 준다. 이것은 그 상황에서 시각적 비대칭을 두드러지게 한다. 그것을 알아차리고 처리하는 것은 그 상황의 결절성(그들은 면대면 상호작용과 무관하게 문자메시지를 교환할 수 있다.)에 기초하며, 그녀가

1. C : (19:18:20) : 今、近くに居るんだね。😊
   Now we are close aren't we? 😊 ((smiling smiley))

2. D (19:22:36) : 近いね😊もしかして...!見えたかも？
   yes, very close 😊 ((surprised smiley)) I may ...have seen you ?|

3. C (19:24:54) : 見えてた？
   You saw me?

4. D (19:26:17) : ふふふ😊💗|
   He He He 😊 ((smiling smiley)) 💗| ((big heart and small one))

5. C (19:27:54) : 何なに？
   What? what?

그림 3.1 필자가 만든 이미지 형태의 경험 연구 녹취

처한 상황의 통일성 및 일관성과 관련하여 그녀의 관점으로부터 잠재적인 이슈를 제기한다. 그녀는 스크린에서 D를 보고, 그들은 서로의 근접성을 인식했으나, 그녀는 이 매개된 재현을 그를 인식할 수 없는 그녀의 공현전 경험과 조화시킬 수 없다. 이것은 '주름진' 상황에서 흔히 일어날 수 있는 특유의 이슈이며, 이는 '지금 여기'를 인식하는 두 가지 다른 인식 양태에 대한 병행적 지향과 온스크린 경험 및 공현전 경험 사이에 있을 수 있는 괴리를 포함한다. 이러한 관심사들은 D가 먼저 그러한 비대칭이 공공장소에서 일어나는 이방인들 간의 만남에는 동등한 권리가 있다는 규범적 기대를 깨뜨리면서 그에게 줄 수 있는 (메시지 4의 '우월한' 웃음) 권력을 암시하는 다음 메시지에서 표면화되며, 그러한 상황이 그녀로부터 끌어낼 수 있는 잠재적인 불만과 감정들을 발생시킨다.

결국 거절당하게 된 그의 마지막 제안은 이 연속적 맥락에서 마지막으로 그들의 공현전과 온라인 인식 및 상호작용적 상황을 재배열하고 그들을 일치하도록 만듦으로써 주름-관련된 긴장을 해소하려는 제안으로 보인다(그림 3.2).

〈모기〉에 대한 현장 연구에서 가져온 또 하나의 인상적인 사례가 있다. 집에 있는 한 여성 플레이어가 집 근처에서 온스크린에 자주 나타나서 공간적인 근접성을 상호인식하고 있지만 그녀와 접촉하려 하지 않는 플레이어에 대해 다른 친숙한 플레이어들에게 걱정을 표현한다(Licoppe and Inada 2010). 그 의미심장한 '침묵' 때문에, 그는 모호한 인상을 준다. 그는 계속하여 침묵하기 때문에, 이방인이 행동

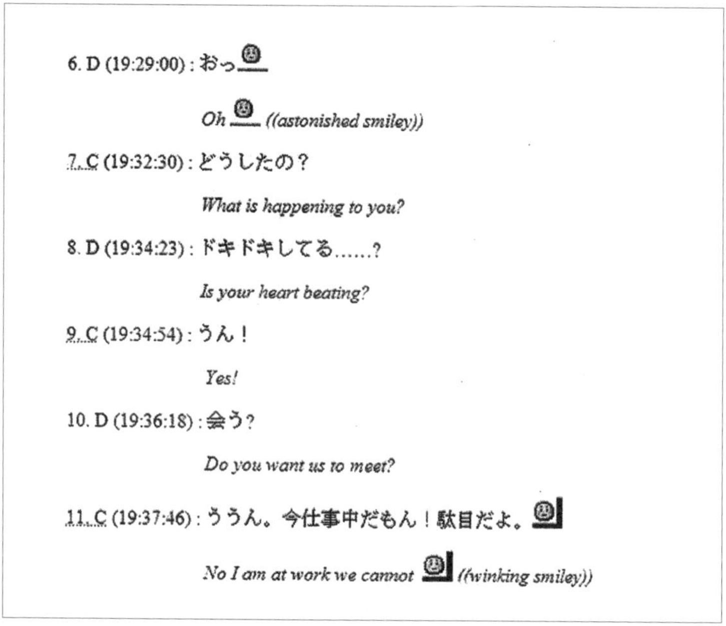

그림 3.2 필자가 만든 이미지 형태의 경험 연구 녹취

하는 것처럼 행동한다. 그러나 그는 게임 안에 있기 때문에, 플레이어로서 행동하기를 (곧, 문자메시지 접촉을 개시함으로써 온스크린 근접성을 인정하기를) 기대받는다. 스크린 상에서 매우 가까이에 있을 때, 예의 바른 무관심은 플레이어로서의 선택지가 아니다. 인류학은 우리에게 범주적 경계를 넘어서는 것은 흔히 위험한 것으로 인식된다고 보여 주었다(Douglas 1966). 이 범주적 애매성은 그녀의 입장에서 볼때 이 플레이어의 행동을 모호하고 위반적인 것으로 만든다. 그녀입장에서는 그가 '스토커'(이 맥락에서는 '침묵'하지만 스크린에는 반복적으로 가깝게 나타나는 플레이어를 묘사하는 것으로 재정의된 범주) 같

은 잠재적으로 위험한 존재로 인식되고, 그래서 다른 플레이어 친구들에게 도움을 구하게 되는 것이다. 위치인식 게임의 세계 안에서 고프먼의 침묵하는 이방인 역할을 하는 것은 모든 플레이어들에게 이해 가능한 방식으로 불안을 야기할 수 있다. 다른 범주화와 관련 행동 유형들을 적절하게 만드는 특별한 형식의 결절성이, 동시에 가명의 만남이 위반이나 위협으로 인식될 수 있는 행동 형식들의 장소가 될 수 있는 방식이 되는 것이다.

결론

나는 도시 사회성과 관련하여 위치-민감 기술과 근접-민감 기술의 중요한 특징이 어떻게 스크린에서 주변에 있는 다른 사용자들의 반복되고 계획되지 않은 발견을 가능하게 하는지 보여 주었다. 다른 사용자들의 가시성은 대개 프로필과 전자 커뮤니케이션 자원들로 보충된다. 그렇게 디지털적으로 알려질 수 있기 때문에, 그러한 '발견 가능한' 행인들은 단지 고프먼의 메트로폴리스를 채우고 있는 익명의 이방인들만이 아니라 '가명의' 이방인들이기도 하다. 그러므로 가명의 이방인들과의 우연한 만남의 확산은 고도로 네트워크화된 도시 환경에서 위치기반 미디어 사용의 발전과 일부 그러한 경험을 두드러지게 하는 경향의 결과이다. 그 조직, 기대되는 사회적 행동, 그리고 그것들이 창조적이거나 위반적인 태도로 발전할 수 있는 방식, 이 모든 것은 상황의 결절성(행인의/예의 바른 무관심과 모바일 애플리케이션 사용자/모바일 대화자와 같은, 행위와 커뮤니케이션의 구별된 매개, '증거적 경계,' 각기 다른 범주화 기기들과 범주-한정적category-bound 행동의 관련성)과 (주위 세계에 대한 '직접적인' 접근과 스크린에 매개된 접근과 관련하여 불일치로서 인식할 수 있는 일부 배열configuration과 그러한 불일치의 관리를 적절한 이슈로 만드는) 적절해진 상황의 형식을 기반으로 한다. '소심한 만남'과 같은 일부 행동들은 또한 서로의 근접성과 디지털 아우라aura에 민감한 모바일 터미널을 가지고 거리를 따라 움직이는 위치기반 미디어 사용자가 대개 소수에 불과하다는 사실에 근거한다.

오늘날 위치기반 미디어의 사용이 광범위하지 않기 때문에, 가명의 이방인들과의 우연한 만남은 (매개되지 않은) 고프먼과 더 일반적인 도시 연구가 자세히 분석했던 상호작용 질서인 익명의 이방인들과의 만남의 종류보다 더 드물 것이다. 그러나 위치기반 미디어의 사용이 아주 흔해져서 모든 도시 주민들이 디지털적으로 연결되고 서로 위치를 인식하게 된다면, 도시는 '이방인들의 장소'라기보다 검색 가능한 프로필을 가진 발견 가능한 '가명의 이방인들'의 장소가 될 것이다. 도시 공공장소에서의 사회성 조직과 관련하여, 완전한 스마트시티는 거리에서 만나는 이방인이 오프스크린과 온스크린에서 접근 가능한 가명의 이방인이어서 공공장소 또는 증강된 공공장소에서 상호행위의 관리에 깊이 영향을 주는 그러한 도시일 것이다. 물론 모든 온스크린 근접성에 주목하고, 발견되는 모든 행인의 프로필을 참고하는 것은 싫증나는 일일 수 있기 때문에, '예의 바른 무관심'은 여전히 어느 정도 유효할 수 있으나, 그것은 체화된 근접성에 최소한의 응시를 허락하고, 지나가는 행인에 대한 가용한 정보를 온라인으로 살피고 그에 따라 행동하는 것은 삼가는 다른 종류의 관리되는 예의 바른 무관심일 것이다.

4장

역외 Offshoring 세계들

존 어리 John Urry

기후변화, 인구성장, 음식과 물 부족, 그리고 많은 소규모 공유지 뿐만 아니라 지구의 글로벌 공유지들global commons[1]을 위협하는 에너지 경쟁으로 인해, 공동으로 소유되는 것들의 운명이 오늘날처럼 문제적으로 보였던 적은 없다(이에 관한 더 자세한 논의는 Urry 2014 볼 것). '공공적인' 것으로 여겨졌던 많은 것들이 다양한 방식으로 사사화私事化되고, 둘러막히고, 상업화되어 왔다. 공유지와 관련된 연구와 지식마저도 상업적인 기밀로 유지되며, 대중에게 잘 알려지지도 않고 면밀한 공개 검토를 받는 일도 드물다. 물론 이러한 사사화는 집합적 소유와 안녕과 사용에 맞서는 투쟁과 상상 없이는 일어나지 않았다.

각기 다른 종류의 실체들이 어떤 방식으로든 '공공의 것'으로 소유되고, 관리되고, 상상되는 물질적·담론적·이데올로기적 과정들이 있다. 이 장에서는 제대로 탐구되지 않았던 공적인 것을 둘러싼 투쟁 영역의 요소들을 조사한다. 특히 '공동으로' 소유하고, 관리하고, 상상하기 위해 역외 세계들의 중요성을 탐구한다. 브리튼 캐틀린Brittain-Catlin은 "오늘날 글로벌경제와 밀접하게 결속되어 있는 역외 세계와 비밀스런 장치와 숨겨진 실천들로 이루어진 그 세계의 네트워크에는 부정적이고 어두운 정신이 만연해 있다"고 묘사한다 (2005, 118).

어떤 경우에는 역외 세계들이 다양한 공유지의 사유화를 수월하

---

1 [옮긴이주] 일반적으로 인류 공통의 자원이라 할 초국가·글로벌 자원 영역. 해저·대기·오존층·삼림 등의 지구환경을 인류가 공유하는 재산으로 보고, 그 개발에 따른 의무도 함께 부담해야 한다는 국제 환경법상의 개념.

게 하고자 전략적으로 발전되었다. 새로운 물리적 · 경제적 · 가상적 국경이나 경계들이 특히 '부유한 계급'이 주도한 투쟁을 통해 생성되어 왔다. 최근에 워런 버핏Warren Buffett은 "계급전쟁이 있습니다, 그래요, 그런데 전쟁을 일으키고 있는 것은 저의 계급, 곧 부유한 계급이에요. 그리고 우리가 이기고 있습니다"(Farrell 2013에서 인용)라고 주장했다. 그 전쟁의 일부는 많은 새로운 역외 세계들을 만들어 냄으로써 수행되고 있다.

1980년대 이래로 많은 상호의존적인 지구화 과정들이 눈에 띄게 등장하는 것을 볼 수 있었다. 돈, 사람, 관념, 이미지, 정보, 기타 대상들의 지구적 이동이 광범위하게 유익했다는 주장이다. 현대사회 대부분의 측면들은 무국경성borderlessness과 많은 새로운 종류의 공유지 형성을 통해 긍정적으로 변화되어 왔다고 여겨졌다. 1990년에 오마에Kenichi Ohmae는 이 국경 없는 세계를 다음과 같이 묘사했다.

관념과 개인과 투자와 산업의 자유로운 흐름 … 정보의 힘이 지역 공동체, 학문적 · 전문적 · 사회적 제도, 기업 그리고 개인들에 직접적으로 관여하게 되면서, 상호연결된 경제의 등장은 국가의 주권을 약화시킨다.(1990, 269)

첫 번째 기후변화에 관한 정부간 패널IPCC: Intergovernmental Panel on Climate Change 보고서(1990)의 발간, 신종 사업, 코스모폴리탄 정체政體들, 국제적 우호 관계, 가족생활, 국제적 이해理解, 그리고 정보와 커뮤니케이션 개방성 확장과 함께, 무국경성은 공유된 지구라는 새로운 감각을 생성시켰다. 사람들은 사회들이 이러한 관념, 정보, 사람들의 흐름을 통해 활성화됨으로써 더 '코스모폴리탄'적이 될 것이라고 믿었다. 특히 경제적·사회적 삶을 변형시킨 가상 세계들을 초래한 웹Web의 역할이 컸다. 다양한 '가상 공유지들'의 발전은 진보적인 개방적 '공유' 미래뿐 아니라 1990년대의 낙관주의에도 기여했다.

그러나 1990년대의 첫 10년간은 장기간의 낙관적인 무국경 미래의 선발대가 되지 못했다. 이 모든 움직임에는 어두운 면이 많이 있다는 것이 판명되었다. 국경을 넘어 이동하는 것은 단지 소비재와 서비스, 그리고 더 개방된 공유지만이 아니었다. 환경 위험, 여성 인신매매, 마약 운반책, 테러리스트, 망명 신청자, 국제 범죄자, 외주 인력, 노예 상인, 부동산 투기자, 밀입국 노동자, 쓰레기, 금융 리스크, 비과세 수입 등도 국경을 넘어 이동하고 있다. 다수의 국경과 경계가 발전되고 점증하면서, 국경을 넘는 이 모든 흐름은 공동 이익의 성취를 더욱 어렵게 만들었다.

사실상 역외이전Offshoring은 다양한 '비밀 세계'가 놀랄 정도로 확산되어 왔다는 것을 보여 준다. 세계화는 개방성과 다수의 공유지가 아니라 바로 그 반대를 초래했다. 구체적으로 역외이전은 자원, 업무, 사람, 돈을 한 국가 영토에서 다른 국가 영토로 이동시키고, 그것들을 비밀주의 사법체제secrecy jurisdictions 안에 감추는 것을 의미한다. 그것은 규정, 법, 세금, 규제, 또는 규범을 회피하는 것과 관련된다. 이 모든 것은 불법적인 방식으로 규정을 깨뜨리거나 규정을 피하는 것, 또는 법의 정신을 거스르는 것, 또는 한 사법권의 법을 사용하여 다른 사법권의 법을 손상시키는 문제이다. 역외 세계들은 비밀과 거짓에 의존한다고 말할 수 있다.

이 세계들은 새로운 모빌리티 체계로 가능해졌다. 이 모빌리티 체계는 컨테이너 기반의 화물 수송, 비행기 모빌리티, 인터넷과 가상 세계, 자동차와 대형 트럭 운행, 새로운 전자 송금 체계, 국가적인 규제 회피를 지향하는 조세와 법·금융 전문가들, 그리고 빈번하게 합법적·불법적 월경越境을 하는 '이동하는 삶mobile lives'을 포함한다.

이 역외이전 세계는 역동적이며, 사회들 사이와 사회들 내부의 경제적·사회적·정치적·물질적 관계를 재조직화한다. 인구와 국가는 비밀스럽게 유지되고 환가換價 불가능한 자들, 업무, 사람, 돈을 점점 더 많이 찾는다. 세계질서는 개방 세계의 정반대이다. 역외이전 세계는 은폐의 세계요, 부유한 계급 안에서 그리고 부유한 계급을 위해서 조직되는 비밀 정원의 세계이다. 그리고 역외이전은 생산직, 쓰레기, 에너지, 고문, 감시, 쾌락, 이산화탄소 배출, 재산소유권, 그리고 특별히 비과세 수입과 부富 등의 역외이전된 세계들이 많이 있다는 것을 보여 준다.

이러한 역외이전된 세계들의 대부분에 핵심적인 것은 정보, 돈, 무역, 이미지, 연결 그리고 객체들을 특별히 딥웹deep web[2]이나 다크

---

2 [옮긴이주] 보이지 않는 웹invisible web 또는 숨겨진 웹hidden web이라고도 하며, 일반적인 검색엔진으로는 드러나지 않는, 곧, 표층 웹surface web에 속하지 않는 월드 와이드 웹 컨텐츠를 말한다. 검색엔진이 찾을 수 없는 모든 웹 페이지라고 볼 수 있다.

웹dark web[3]을 통해 어둠 속에 숨어 있는 경로들을 따라 디지털적으로 이동할 수 있게 하는 가상환경이다. 가상환경은 과거 수십 년을 특징 지었던 생산, 소비, 사회성의 역외이전과 탈장소화의 중요 부분이다.

'역외이전'의 과정은 해외 자원에 의존하는 단순한 과정에서부터, 역내에 있으나 역외 지위를 누리며 은폐되는 과정, 문자 그대로 먼 바다로 지평선 너머 비밀스러운 그래서 흔히 불법적인 과정에 이르기까지 다양하다. 역외이전은 현대사회의 발생 원리가 되어 왔으며, 역내에 있는 것과 역외에 있는 것 사이에 뚜렷한 구분선을 긋기란 불가능하다.

여기서 핵심적인 것은, 흔히 주요한 공동 자원으로 여겨져 왔던 물의 과정이다. 70억 인구가 단지 지구 표면의 4분의 1에 몰려 있다. 대양大洋들은 역내에 가시적이었을 것들을 비밀스러운 것으로 변환하는 방법들을 제공한다. 거의 모든 해양계는 보이지 않는 '불법의 바다'이다(Langewiesche 2004). 대양에는 규제되지 않은 낮은 세금과 큰 즐거움을 보장하는 규제되지 않는 '보물섬들'이 많이 있다. 바닥까지 내몰린 노동조건을 가진 편의치적선便宜置籍船의 깃발flag of convenience[4]을 휘날리는 배들이 있다. 대양은 많은 가난한 이주민들

---

3 [옮긴이주] 공공 인터넷을 사용하지만 접속하려면 특정 소프트웨어를 사용해야 하는 오버레이 네트워크overlay network인 다크넷darknet에 존재하는 월드 와이드 웹 컨텐츠. 다크웹은 암호화된 네트워크에 존재하며 전통적인 검색엔진을 이용해 발견하거나 전통적인 브라우저를 이용해서는 방문할 수 없는 일련의 웹사이트 집합체이다.

4 [옮긴이주] 세금 부담의 경감, 인건비 절약 등을 위해 선주가 소유할 선박을 자국에 등록하지 않고 제3국에 편의적으로 등록한 선박.

이 생명을 잃는 곳이다. 대양은 프랑스 영토의 두 배가 된다고 하는 태평양의 거대 쓰레기 지대를 포함하여, 가히 전 지구적인 쓰레기 폐기장이다. 그리고 규제되지 않는 기후로 인해 불법의 바다는 더 강한 태풍, 허리케인, 폭풍 해일, 해수면 상승, 홍수로 인한 범람과 같이 고조된 통제 불능의 상황에 인간들을 예속시킨다. 바다는 부유한 계급을 위한 신자유주의적 파라다이스요, 정부·세금·법이 거의 없는 그리고 강력한 선박과 그들의 회사들만이 생존하는 세계의 비전이다. 나머지는 흔히 문자 그대로 바닥에 가라앉는다. 대양은 정말로 국가에 의해 소유되거나 지배되지 않는 멋대로의 공간이다. 그것은 대개 대담하고, 자유로우며, 규제되지 않는다. 현대의 대양은 공유지의 비극을 예증한다.

더 값싼 곳에서의 역외 생산, 체계적인 조세 채무 감경과 그로 인한 불평등 강화, 많은 비밀 역외 회사들의 창립, 새로운 형태의 금융화 생성, 노동력을 소외시키는 새로운 방식의 전문직 양성, 친구/가족의 시야에서 먼 새로운 쾌락의 장소, 국가로부터 사회 기반 시설 투자 유치, 신자유주의적 구조조정을 통한 위기 이용, 시장화 증진을 위한 다양한 담론의 동원, 그리고 보안을 포함하여 새로운 '필요'에 기반한 놀라울 만한 신상품 창출 등 수많은 역외 실천들이 있다. 이 모든 것은 돈, 수입, 부, 사람들, 쓰레기, 충성심을 여기저기로 움직일 수 있는 전 지구적 자유로부터 유래한다. 밝고 어두우며, 개방되고 비밀스러운, 자유롭고 파괴적인 이 아찔한 '모바일' 세계는 '공동의' 이해관계 안에 규제하기 어려우며, 흔히 그것이 당연하게도 그 세계의 핵심이다.

　이것은 우연이 아니다. 다양한 비밀결사 조직들과 모임들에서 전후 자본가계급은 전후 케인스주의가 지배적이었던 오랜 기간 동안에 역외 세계의 발전을 모의했다. 특히, 1947년 세계 최대의 조세 피난지였고 현재도 그러한 국가인 스위스에서, 은행 고위 관계자가 학자들을 제네바 근처 몽펠르랭Mont Pélerin의 비밀 모임에 불러모았다. 이 회동은 프리드리히 하이에크Friedrich Hayek의 인도 아래 자유주의를 재활시키기 위해 조직되었다. 이 모임과 스위스 은행의 자금 지원으로 이후 형성된 몽펠르랭회Mont Pélerin Society는 당시에 지배적이었던 케인스주의에 대항하여 전 지구적인 반격을 개시하는 데 핵심 역할을 했다. 국가경제가 개별 기업과 부유한 개인들의 특정한 이익에 반대되는, 어떤 면에서 공유지라는 생각 때문에, 케인스주의는 많은 종류의 국가개입주의에 대한 지지를 뜻했다. 전후 시기 동안 부유한 계급은 역외 세계들을 조성하는 데 애초에 상상한 것 이상으로 성공했다.

　특히 1980년대 이래로 스위스뿐만 아니라, 저지섬Jersey, 키프로스Cyprus, 마카오Macao, 케이맨제도Cayman Islands, 모나코Monaco, 파나마Panama, 두바이Dubai, 리히텐슈타인Liechtenstein, 싱가포르, 홍콩, 지브롤터Gibraltar, 런던, 델라웨어Delaware를 포함하여, 현대사회의 4분의 1 이상을 대표하는 세계 60~70개의 조세회피처로 그리고 조세회피처를 통한 자금과 부의 이동이 놀랍도록 확대되어 왔다(Shaxson 2011). 이 '비밀주의 사법체제들'은 많은 외환관리소의 종료와 함께 1980년 즈음부터 세계경제를 신자유주의화하는 데 핵심적 역할을 했다. 역외에 있다는 것은 역내에서 경험되는 높은 국가-높은 세금의 삶과 대비하여 파라다이스에 있는 것이다. 조세회피처들은 탈출과 자유의 장소요, 낮은 세금, 부의 관리, 탈규제, 비밀, 그리고 흔히 멋진 해변을 가진 파라다이스이다.

거의 모든 주요 회사들이 흔히 수백 개에 이르는 역외 계좌/자회사를 가지고 있다(골드만삭스는 4천 개를 가지고 있다고 한다). 세계무역의 절반 이상이 이들을 거쳐 가며, 거의 모든 순자산가들이 세금절세 '계획'을 가능하게 하는 역외 계좌를 소유하고 있다. 그리고 유럽의 100대 기업 가운데 99개가 역외 자회사를 이용하고 있다. 역외 이전된 자금은 1968년 미화 110억 달러에서 2010년 (전 세계 연간 수입의 거의 3분의 1에 해당하는) 21조 달러로 증가했다. 천만 명 이하의 사람들이 현재 이 (미국과 일본의 GDP를 합한 금액에 달하는) 21조 달러의 역외 재산을 소유하고 있다(Tax Justice Network 2012). 이것은 슈퍼리치들의 권력과 부의 원천이다. 거의 모두가 자신의 재산을 비밀스런 자금 이동과 '역외' 소유에 기대고 있다.

샥슨Nicholas Shaxson은 역외이전이 현재 권력 세계가 작동하는 방식임을 보여 준다. 역내에 머무는 돈은 대체로 여전히 세금을 내는 '힘 없는 사람들'에게만 해당하는 예외적인 경우이다. 대부분의 큰돈은 역외에 있다. 미국은 세계에서 가장 중요한 비밀주의 사법체제이다. 델라웨어라는 작은 주에는 하나의 빌딩 안에 21만 7천 개의 회사가 있는 곳이 있다. 우리는 세계에서 가장 크고 가장 비윤리적인 빌딩이라고 결론 내릴 수 있을 것이다(Shaxson 2011, 146). 공식적으로 거래되는 미국 회사들의 50퍼센트 이상을 포함하는 백만 개 이상의 기업체가 델라웨어에 설립되어 있다.

성공적인 역외 조세회피처는 대개 다음과 같은 특징이 있다. 수입, 이윤 또는 유산에 세금을 부과하지 않아야 한다. 은행은 다양한 통화currencies를 제공하고, 온라인으로 운영해야 하며, 직접 방문을 요구하지 않아야 한다. 은행의 신규 계좌는 최소한의 서류만 요구해야 한다. 다른 나라들과 국가 간 조세정보교환협약Tax Information Exchange Agreement을 맺지 않은 은행 비밀법이 있다(약 40개의 조세회피처가 이러한 협약을 맺지 않았다). 은행 계좌는 '익명의 회사주 지참인anonymous bearer share corporation'으로 개설할 수 있어서 사람들의 이름이 어떠한 공공 등기 명부나 데이터베이스에 나타나지 않는다. 조세회피처는 비밀을 유지하고 적절하게 처리하려고 한다. "질문도 하지 않고, 거짓말도 하지 않는다." 그래서 역외는 대부분의 주류 은행과 금융기관들을 포함하고 있지만, 대부분의 큰돈은 역외에 있다. 이러한 역외 세계로부터 발생하는 연간 조세 손실이 미화 수천억 달러에 달한다. 역외 세계들은 또한 중소기업들이 경쟁하기 힘들게 만든다.

현대 기업들은 마치 러시아 인형처럼 비밀과 은폐라는 여러 겹의 층으로 설립되어 있다(Urry 2014, 2). 홍콩의 조세회피처에 기반을 두고 있는 Goldman Sachs Structured Products (Asia) Limited라는 회사가 있다. 이 회사는 다른 조세회피처인 모리셔스Mauritius에 등록되어 있는 Goldman Sachs (Asia) Finance라는 다른 회사의 통제를 받는다. 이 회사는 홍콩에 있는 또 다른 회사에 의해 운영되며, 그 회사는 또 뉴욕에 위치한 회사에 지배받는다. 이 회사는 주요 조세회피처인 델라웨어에 있는 다른 회사에 의해 통제되고, 그 회사 역시 델라웨어에 있는 또 다른 회사인 GS Holdings(Delaware) L.L.C. II에 의해 운영된다. 이 회사는 결국 전 세계에 걸쳐 미화 340억 달러의 매출액을 산출하고, 거의 3만 명에 달하는 직원을 고용하고 있는 골드만삭스 그룹의 자회사이다. 이러한 소유 사슬은 단일 회사인 골드만삭스 안에 있는 수백 개의 사슬 가운데 하나이다(www.goldmansachs.com/who-we-are/index.html을 보라).

그래서 한 논평가는 억만장자의 경우에는 "당신은 어느 곳에도 살지 않으며, 당신의 돈도 그러하다. 아니면 당신은 어디에서나 살고 있으며, 당신의 돈도 그러하다"라고 말한다(Urry 2014, 85에서 인용). 이 세계는 전 세계에 걸쳐 있는 집들, 끊임없는 비즈니스 출장, 사립학교들, 간헐적인 모임들을 중심으로 구성되는 가족생활, 개인 레저 클럽, 호화로운 지상 교통수단, 공항 라운지, 개인 전용기, 호화로운 목적지, 다른 슈퍼리치들과 조우하는 구별된 사치의 장소들을 바탕으로 하는 빠른 해외 이동을 포함한다. 장소, 재산, 그리고 권력은 서로 밀접하게 연결되어, 공유지를 회피하고, 복잡한 사적 경로들을 생성하면서, 그러한 네트워크화된 그리고 흔히 감추어진 부유한 계급을 형성하고 유지하고 있다.

불평등은 보호해야 할 강한 이해관계를 생성시켜 왔으며, 그렇게 불평등하게 분배된 전 지구적 수입과 부의 기반들은 더욱 확대되고 있다. 역외이전은 그러한 불평등한 이해관계의 핵심적인 부분이다. 그리고 '서비스'에 대한 접근이 점차 각 개인의 수입과 부에 의존하고 있기 때문에 그러한 불평등은 매우 중요하다. 이러한 것들이 불평등하면 할수록, 사람들이 어떻게든 평등하게 여겨질 기회는 적어진다. 거의 모든 것의 맹렬한 시장화는 공정, 봉사, 의무, 사회성과 같이 사람들이 서로를 향해 행위하게 할 수 있는 많은 다른 이유들을 몰아낸다.

역외이전은 규제 회피를 의미한다. 대부분의 역외이전 실천들은 부수적인 것이 아니라, 여러 교차하는 역외 세계들을 형성하고 유지하는 데 기여하면서 규제를 피하고, 비밀을 유지하고, 그리고 역외로 '탈출'하기 위해 체계적으로 설계되고 합법적으로 강화된다. 엘리트들은 많은 종류의 형식적·비형식적 제재를 회피할 수 있으며, 그들의 수입과 부를 더욱 확대할 조건을 마련할 수 있다. 이러한 접근 불가능성은 엘리트들로 하여금 특별히 그들의 행위가 일어날 것으로 보이는 사회들에서 자신들의 행위에 대한 책임을 덜 지게 한다. 그들은 문자 그대로 무책임하다. 이런 엘리트들은 빌더버그 그룹Bilderberg Group의 역외 연례 회의 같은 비밀결사 조직으로 만난다 (Urry 2014, 20). 엘리트들은 역외 레저 유흥 장소들에서 만남을 가지며 공간적으로 순회하면서, 역외 세계와 그 담론들을 더 확대할 연결망을 발전시켰다. 사적인 회의들과 더 공적인 싱크탱크들은 이 역외 세계와 그 기업·개인·정책 세계 수혜자들을 함께 조직화하는 데 기여했다.

대략 2000년 이래로 부유하고 권력 있는 이들에 의한 조세 회피와 조세회피처의 역할 문제가 조세에 대한 대응-정치의 등장에 핵심이 되어 왔다. 새천년이 시작되는 즈음에, (조세회피처가 어떻게 전 지구적 가난에 기여하는지에 대한 옥스팜Oxfam의) 많은 비판적인 보도, (역외 감시기구Offshore Watch와 같은) 비정부기구들의 캠페인, (조세회피처에 대한 전 지구적 캠페인을 벌인) 세계사회포럼World Social Forum의 개입, (월스트리트저널이나 이코노미스트와 같은 친기업적인 신문에도 실린) 미디어 스토리, (국제탐사보도언론인협회International Consortium of Investigative Journalists와 같은) 새로운 종류의 탐사 역량 등 새로운 방식의 조세정치가 등장했다. 또한 OECD와 EU의 ('불공정한 조세 경쟁'을 제한하는) 역할 증가, 미디어에 재무 데이터가 유출되는 비율의 증가, 그리고 공격적인 조세 회피/기피에 '추악하게' 관련된 기업들에 (가장 최근에는 2016년 초 구글) 대한 공적인 확인과 그에 대한 비판이 증가했다. 세금은 분명하게 사적인 이슈에서 주요 공적 이슈로 이동했다.

이러한 조세 대응-정치, 곧 공유지의 이해관계에 대한 주장은 이제 마구 쏟아지고 있다. 세금은 더 이상 자신과 자신의 회계사만의 사적인 문제가 아니다. 많은 직접적인 행위, 비정부기구들의 활동, 공식 정부 보고서들, 그리고 새로운 행동주의가 '탈세'의 다양한 형식과 측면들을 폭로하고 비판했다. 지역 회사들이 정상적으로 세금을 완납하는 반면 초국가적 기업들은 그렇지 않기 때문에, 그러한 탈세는 수입과 부가 생성되는 곳에서 수익에 세금을 부과하는 능력을 감소시키는 것으로, 그리고 공평한 경쟁의 장을 약화시키는 것으로 보인다.

조세 회피자 실명 공개는 빠르게 전 지구적 운동으로 발전하고 있는 주요 정치 이슈이다. 이것은 국제탐사보도언론인협회가 기업 데이터와 개인정보와 이메일들로 꽉 차 있는 컴퓨터 하드드라이브를 메일로 받은 2013년 초에 드러났다. 그것은 총 260기가바이트 이상의 데이터였고, 10개의 역외 관할구역에 관한 것이었으며, 12만 2천개 이상의 역외 회사들의 세부 사항과 거의 1만 2천 개의 중개자들(대행사들 또는 '소개자들') 그리고 역외 회사 뒤에서 운영하고 소유하고 이익을 얻거나 은폐하는 이들과 관련된 약 13만 개의 기록을 담고 있었다. 그것은 역외 기업을 설립하는 이들이 흔히 중국, 홍콩, 러시아 그리고 구舊소련 공화국에 살고 있다는 것을 보여 주었다. 많은 직위들이 이른바 현지 이사대행nominee directors에 의해 유지되고 있으며, 그들의 이름은 수백 개의 기업에 등장한다. 현지 이사대행들은 수수료를 받고 자신들도 잘 알지 못하는 기업들의 임원으로 자기 이름을 빌려 주는 사람들이다.

학자들은 이러한 세금 이슈를 일반화하기 시작했다. 대기업들과 부유한 개인들은 스캔들에 굶주린 미디어와 시위자들의 접근을 막기 위해 흔히 '세금 세탁'을 추구하면서, 그들의 세무 입장을 방어하도록 강요받고 있다. 일종의 공유지로서 이러한 조세 이슈는 점차 공격적인 조세 회피와 고의적인 투명성 및 공개 조사 기피로 비판받는 세계 주요 브랜드들을 위협하고 있다. 광범위한 조세 회피자 실명 공개의 증가는 특히 몇몇 도시들 안에서 공유지의 반격력을 드러내고 있다. 쓰레기, 탄소 배출, 고문당하는 신체들과 같은 많은 다른 측면의 역외이전은 또한 점증하는 저항의 대상이다.

　사회과학은 이 위험에 처해 있는 역외 세계들을 등한시하고 있다. 그러한 역외이전과 투명성의 부족은 민주주의와 저탄소의 미래로 되돌아갈 수 있는 사회들에 유해하다. 게다가, 역외는 경제 강국들의 중심으로부터 문자적으로 역외일 필요가 없다. 역외는 어디에나 있다고 말할 수 있다. 한 회사의 역내는 다른 회사의 역외이다. 그리고 어떤 면에서 이러한 강력한 세계는 그처럼 어디에도 위치하고 있지 않다. 리처드 머피Richard Murphy는 다음과 같이 강력하게 쓰고 있다.

　　어떻게 해서 불법적 금융 흐름이 그와 같은 위치들을 통하여 흐르지 않고 비밀주의 사법체제들이 창조해 내는 비밀 공간을 통하여 흐르는가. 그들은 마치 규제되지 않는 에테르ether에 있는 것처럼 그들의 존재를 가능하게 하는 데 익숙해진 장소들 및 그 주위를 떠돈다.(2009, 7)

　결과적으로 서로 겹치는 이 많은 '비밀 세계,' 이 '규제되지 않는 에테르ether'는 단일 국민국가들에 의해 규제될 수 없으며, 실제로 전혀 규제될 가능성이 없다. 많은 비밀의 세계는 그러한 규모로 거의 길들이기 불가능한 '규제되지 않은 에테르'를 통해 발전해 왔다.

많은 것들이 역외로 옮겨져 왔다. 시야에서 사라지고, 법적으로 보호되고, 잠재적인 민주주의적 관리 감독·통제·규제에 예속되지 않는다. 이 역외 세계는 민주주의에 해롭다. 실제로 흔히 엘리트들에게 이익을 주려는 숙주 권력에 의해 설립된 많은 주요한 '역외 사회들'은 매우 비민주주의적이다(영국과 케이맨제도, 중국과 마카오, 프랑스와 모나코 등). 그러한 역외이전은 국민국가를 통해 조정된 통치와 특별히 민주적인 통제의 기초 위에 규제하고 법률을 제정하려는 노력들에 대한 지속적인 공격을 수반한다.

신자유주의적 자본주의는 잠재적인 민주적 구조들의 체계적인 해체를 야기해 왔다. 돈, 금융, 제조업, 서비스, 안보, 쓰레기, 탄소 배출의 역외 흐름은 투명한 통치에 대재앙이다. 그러한 투명성은 분명한 역내 자원을 인지하고 그 자원을 통제하는 시민들을 통해 정책들을 결정하고 실행할 수 있는 논의와 대화를 필요로 한다. 선한 통치를 위해 절대적으로 요구되는 것은 투명성이며, 케인스(1933)가 1930년대에 경고했듯이 비밀유지 관할구역이 가로막고 있는 것도 바로 이것이다.

돈과 다른 많은 자원들이 보이지 않게 되고 책임지지 않게 되면서, 민주주의의 역외이전이라고 할 현상이 나타나고 있다. 민주주의는 돈과 자원들을 특정한 사회의 구성원들 사이에서 분명하고 투명하며 책임 있는 논쟁의 대상이 되게 할 것을 요구한다. 민주주의를 위해 어떤 활동들은 '국내로' 돌아와야 하며, 시민들의 이익이 최

우선으로 여겨져야 할 필요가 있다. 사회의 구성원들이 고유한 활동과 자원들을 다시 스스로 민주적으로 통제할 수 있도록 하기 위해 많은 것들이 역내로 되돌아와야reshoring 한다. 이것은 물론 전 지구적 질서 안에서 엄청나게 어려운 요구 조건이다.

이와 관련해 세금정의네트워크Tax Justice Network(와 EU)는 흥미로운 정책을 제안했다. 기업에 대한 과세가 전 세계에 있는 기업들을 하나의 실체로 간주하는 인식에 기반하여 이루어져야 한다는 것이다. 회사들은 각 국가 내에서 경제적으로 실제로 존재하는 만큼의 통합 회계와 할당 활동들을 함께 해당 국가에 제출해야 한다. 이때 경제적인 실제 존재는 고용된 직원의 수와 회사 고정자산의 지리적 위치와 매출가액의 공식formula에 기반한다. 그러면 기업 유형에 따라 각 국가에서 '국가별' 조세 보고에 따라 세금을 부과하는 것이다.

역외이전은 또한 이산화탄소 배출 증가를 다루는 효과적인 정책들을 개발하는 데에도 문제를 일으킨다. 저탄소 미래를 위해 에너지를 감축하기 위해서는 국내와 전 세계 사람들 간의, 특히 아직 태어나지 않은 아이들을 포함하는 미래 세대를 향한 현 세대의 강한 상호 부채의식을 요구한다. 이러한 공적이거나 사회적인 부채의식의 필요성은 (1997년 유네스코의 '미래 세대에 대한 현 세대의 책임에 관한 선언'과 같은) 많은 글로벌 문서들에도 강하게 표현되어 있다. 그러나 이것은 역외이전 문제와 관련해 훨씬 더 대처하기 힘든 도전이다. 이러한 부채의식은 세계 여러 곳에서 금융 부채로 인해 압도되어 왔다. 충분한 조세수입 없이는 탈탄소의 미래는 불가능해 보인다. 왜냐하면 공적 자금과 강한 공적 이익 개념이 저탄소주의를 계획하고 조직하는 데 필수적이기 때문이다. 역외이전과 증대된 불평등은 경제 및 사회들의 효과적인 에너지 감축을 불가능하게 한다.

이러한 새로운 질서는 다중적 은폐와 많은 비밀과 일부 거짓말의 질서이다. 역외이전은 사회들 안에서 그리고 사회들 사이에서 '민주주의'와 공정 개념을 침식시킨다. 역외이전은 책임 있는 국가들, 기업들 그리고 공중들 사이에 공유되고 개방적인 전 지구적 협약을 전제하는 이산화탄소 배출 증가율의 감속을 저해할 뿐만 아니라 일종의 레짐regime 쇼핑을 초래한다.

그래서 우리는 역외이전이 현대사회의 일반 원칙이 되어 왔으며, 역내에 있는 것과 역외에 있는 것 사이에 명확한 구분선을 긋는 것이 불가능하다는 것을 목격한다. 이것은 도시 관계, 주택공급과 가격, 그리고 노동의 본질에 많은 결과를 가져온다.

여기에 역외 세계들과 다양한 종류의 민주주의적이고 전 지구적인 조직들 사이의 주요한 갈등 영역이 있다. 이러한 갈등들이 위험한 결과를 가져올 가능성은 정말로 높다. 그리고 다양한 디스토피아적인 미래들이 상기시켜 주듯이, 이것은 아직 아무것도 아니며, 21세기는 민주주의와 탈탄소 미래의 발전 가능성에 더 어두운 결과를 가져올 '극단적인 역외이전'의 세기일 수 있다.

5장

네트워크화된 어버니즘과 재난

모니카 뷔셔Monika Büscher
자룰라 케라시두Xaroula Kerasidou
카트리나 페테르센Katrina Petersen
레이철 올리펀트Rachel Oliphant

이 연구는 SeeInCore 프로젝트 유럽연합 제7회 프레임워크(Grant no.:261817)와 BRIDGE 프로젝트(Grant no.:261817)의 지원을 받은 연구의 일부다. 영감과 폭넓은 논평 및 제안을 해 준 동료들에게 감사한다. 특히 폴 허스트Paul Hirst, 마이크 쿠네르트Maike Kuhnert, 마이클 리글Michael Liegl, 옌스 포트바움Jens Pottebaum, 크리스티나 쉐퍼Christina Schäffer에게 감사를 표한다. 익명의 논평자들도 위험사회 관련 논쟁에 폭넓게 참여할 수 있도록 매우 통찰력 있는 격려를 제공해 주었다. 그들의 논평에 깊이 감사 드린다.

재난의 영향을 받는 사람들이 서로 간에, 미디어를 통해, 그리고 재난 관련 당국을 통해 긴밀하게 연결되는 네트워크화된 어버니즘 Urbanism의 세계에서 경보가 실패하는 이유는 무엇인가? 위험에 관한 지식이 대비 태세로 전환되지 않는 이유는 무엇인가? 정보의 모빌리티에 대한 이해가 그토록 빈약한 이유는 무엇인가? 이 장에서는 재난관리, 정책, 모빌리티, 설계 연구로부터 얻은 통찰의 종합, 그리고 재난과 관련된 네트워크화된 모빌리티가 어떻게 대비 태세로 전환되기 어려운 커뮤니케이션, 상호의존성, 책임성의 복잡한 지형을 산출하는지를 탐구하는 과학기술학science and technology studies, STS에 기초한다. 우리의 분석은 협력을 위한 사회적 및 디지털 기술의 이해와 발전을 목표로 하는 재난 대응 담당자, 엔지니어, 테크놀로지 디자이너들과의 협동연구에 도움을 주며 그로부터 도움을 받은 것이다(Petersen, et al. 2014).[1] 우리는 네트워크화된 새로운 파트너십에 주목함으로써, 네트워크화된 어버니즘의 사례로서 위험 거버넌스 실행을 탐구할 일련의 중요한 도구를 제공하고자 한다.

2005년부터 2014년까지 10년 동안 17억 명이 재난의 영향을 받았다. 이 재난의 90퍼센트가량은 기상과 관련된 홍수, 태풍, 폭염 등으로 일정 정도 예측 가능한 것들이었다. 그러나 재난의 영향권 안에 있는 거주자들은 위험이 예상되는 상황에서 시민들이 가장 두려워

---

1 최근의 두 프로젝트로 SecInCore(www.secincore.eu)와 BRIDGE(www.bridgeproject.eu/en)를 들 수 있다.

하는 재난 목록의 최상위에 속하는 위험에 관한 경보를 받고도 적절한 주의 조치를 취하지 않았다. 예를 들어, UN 재해위험감소사무국 UNISDR: United Nations Office for Disaster Risk Reduction이 발표한 최근 보고서의 주요 방침은 왜 재난지역 거주자들이 제때 대피하지 않는지를 연구하는 것이다(UNISDR 2015). 2014년 시리아와 아프가니스탄에서 647만 명이 고향을 잃어버린 유명한 재난이 있었음에도, 유럽 및 기타 지역에서는 2015년 난민 위기에 대비하지 않았다(OCHA, 2015). 대비 태세 확산을 알리는 정보가 개인 및 조직체에 고지 또는 시행되지 않는 경우도 적지 않다. 동시에, 정보가 너무 자유로이 공유되는 것도 문제다. 예컨대, 미디어와 방관자들이 피해자들의 안전과 긴급 서비스를 위태롭게 하는 정보를 공표하는 경우가 빈번하다(e.g. BBC 2015: Oh, Agrawal, and Rao 2010).

우리는 재난 상황에서 네트워크화된 어버니즘의 주요 차원을 좀 더 면밀히 탐구함으로써 정보의 흐름이 왜 해체되는지에 대한 답을 어느 정도 파악할 수 있다(그림 5.1). 최근의 연구 결과를 보면, 응답자의 69퍼센트가 재난 관련 당국이 위기 관련 정보망을 모니터하기를 기대하는 것으로 나타난다. 심지어 재난 관련 당국이 소셜미디어 상의 긴급구조 요청을 모니터할 역량이 없으므로 불가능하다고 강조하고 있음에도, 시민 10명 중 3명은 긴급구조 요청 트윗을 보내면 도움을 받을 것으로 기대하고 있다(Hughes, St. Denis, Palen, and Anderson 2014). 재난 상황에 대한 사람들의 보고, 이를테면 2015년 11월 13일 파리 공격 이미지들이나 파리 시민들이 피해자들에게 피난처를 제

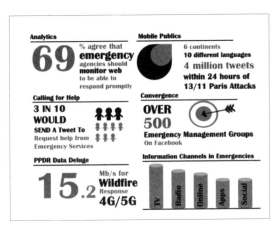

그림 5.1 네트워크화된 커뮤니케이션
출처: Mashable(2011), Ferrãos and Sallent(2015), and Goel and Ember(2015).

공한 곳의 이름을 딴 해시태그(#porteouverte)처럼 스스로 조직한 대응 계획 등도 여기에 포함된다. 파리 공격 후 첫 24시간 동안 6대 주에서 4백만 개가량의 트윗이 쏟아졌을 정도로 모니터해야 할 정보량이 엄청났다. 페이스북에는 5백 개가 넘는 긴급구호 단체가 있는데, 이는 잘 알려진 수렴현상— 재난 사이트에 사람들이 모이는—이 현재 가상공간 및 지구적 차원에서 상당한 비중을 차지하고 있다는 증거이다(Hughes, Palen, Sutton, Liu, and Viewbeg 2008). 이러한 행위의 이면에 숨은 동기는 늘 그러했던 대로일 수 있다. 즉, 도움을 주고, 친구와 친척을 찾으며, 예외적 사건을 목격하는 것 말이다. 그러나 그 실행과 기대는 변화하고 있다.

온라인과 디지털 앱, 소셜미디어가 재난정보 채널로 확립된 것은 이러한 변화를 가져온 일부 이유이다. 전통적인 TV 및 라디오와 달리, 디지털 미디어는 다대다many-to-many 커뮤니케이션, 실시간 보고, 직접 대화를 가능케 함으로써 더 즉각적이고 쌍방향적인 재난 커뮤니케이션에 대한 기대를 높였다. 이 같은 시민들의 재난 관련 경험, 실행, 기대의 정보화는 공공보호 및 재난 대응PPDR: Public Protection and Disaster Response 조직의 정보화를 수반한다(Büscher, Perng, and Liegl 2015). 이러한 변화를 더 가속화한 것은 테크놀로지 사용에 관한 핵심적 결정이었다. 이를테면 2015년 말에 EU는 공공보호 및 재난 대응에 롱텀 에볼루션LTE: Long-Term Evolution 무선 초고속 데이터와 빅데이터 분석을 도입했다(Ferrãos and Sallent 2015, 79; Lund 2015).

이 장에서는 재난 상황에서 네트워크화된 어버니즘이 전통적 재난관리 유형에 변화를 초래하는 도전으로 귀결되는 위험, 회복력, 새로운 사회기술적 상호작용 유형과 관련된 공중公衆의 구성을 둘러싼 논의들에 의존함에 따라 어떤 의미를 갖게 되는지를 탐구한다. 우리는 새로운 위험 거버넌스 파트너십에 참여하는 것이 어떤 의미인지를 묻는 대신에, '겸허의 기술technologies of humility'(Jasanoff 2003), '위험 공동체'(Beck 1999), '신뢰 네트워크network of trust'(Mosley 2009) 같은 개념적 자원들을 조합하여 위험에 대한 하향식top-down 또는 상향식bottom-up 대응을 넘어서는 해법을 생각해 보고자 한다.

네트워크화된 파트너십

위험사회가 재난의 세기로 드러남에 따라(eScience 2012), 위험을 둘러싼 조직적·공적 실행에도 변화가 일어났다. 재난적인 사회기술적 사고accidents(체르노빌, 보팔), 자연기술적 재난(후쿠시마), 기후변화 같은 인류세人類世Athropocene의 사회환경적 위협은 인간성의 취약함과 위험에 대한 책임성에 대한 인식을 증대시켰다. 근대과학은 지식과 진리에 대한 독점적 지위를 상실했고(Beck, 1992), 다양한 새로운 공중은 위험에 관한 의사결정에 목소리를 내겠다고 요구하고 있다. 사회와 전문가의 관계는 양가적이 됐으나, 과학기술에 대한 비난은 여전히 (유일한) 해법인 것처럼 보인다.

이는 과학, 거버넌스, 미디어, 공중의 관계를 재구성해 왔다. 공중은 종종 재난의 위험과 관련해 구성된다. 공중public은 직접적으로 영향 받은 사람들의 집단(허리케인 카트리나의 피해를 입은 뉴올리언스 거주자들)의 형태 또는 영향 받은 사람들과 연결된 광범위한 집단(2010년 대지진 이후 구호 활동을 조직화하는 데 주된 역할을 담당한 전 세계의 아이티 디아스포라)의 형태를 띨 수 있다(Munro 2013). 또한 재난의 위험을 둘러싼 공중의 형성은 결속된 미디어 공중(예컨대 2004년 남아시아 지진해일 이후 1,400만 달러에 달하는 기부금을 모금한 사람들)(Older 2014) 또는 활동가들(이를테면 사법적 조치를 위해 30년 이상 활동해 온 정보와 행동을 위한 보팔 그룹) 같은 국제적 공동체(Fortun 2011)를 포함하기도 한다. 유럽 22개국을 대상으로 한 연구에 따르면, 이러한 집단들이 재난 대응에 참여하는 방식은 매우 다양한 것으로 나타난다(Bossong and Hegemann 2015).

그렇다면 다음과 같은 질문이 제기된다. 이 다양한 당사자들은 어떻게 상호작용을 해야 하는가? 이는 재난의 예측불가능성을 다루기 어렵다는 점 때문에 명령과 통제의 하향식 접근법에 대한 신뢰가 침식되어 온 재난관리, 정책, 사회과학 분야들에서 격렬한 논쟁거리다. 이러한 접근법은 책임의 위계적 분업화와 수직적 커뮤니케이션 라인 위에서 기능한다. 현장에서 직접 활동하지 않는 전략적 의사결정자들이 더 직접적으로 참여하는 다른 사람들의 활동을 조정하는 목표와 과업에 관한 의사결정을 내린다. 위험에 대한 분석, 대비, 대응에 관한 책임은 "대개 조직체의 어깨 위에만 지워져 있으며, 공중은 기술적 정보의 수동적 수용자로 인식된다"(Scolobig, Prior, Schröter, Jörin, and Patt 2015, 2). 이는 유연한 지역적 관리를 저해하며 재난 구호 서비스의 공동체 회복력 촉진 역량을 감소시킨다(Birkland 2009, 430). 명령과 통제 접근법이, 리프만 식의 공중에 대한 불신을 반영해, 공중은 재난을 이해하거나 그에 대응할 능력이 없는 존재라고 가정하는 잘못된 모델 위에서 작동하기 때문이다(Plantin 2011).

연구 결과를 보면, 이러한 가정에 따르는 일방적인 위험 커뮤니케이션 모델은 대비 태세의 실패, 이를테면 이 장 서두에서 UN 재해위험감소사무국이 진단한 것처럼 재난지역 주민들의 대피 기피 경향 같은 결과를 초래한다. 명령 및 통제 체계에서 경보는 가족, 이웃, 친구, 가축, 반려동물과 함께 대피하고 재산을 남겨 놓으라는 결정에 담긴 복잡한 관계성을 고지하지 않는다(White et al. 2014). 더욱이 명령 및 통제 접근법에 대한 의존은 특정 위험에만 협소하게 초점을 맞추고 그것의 체계적 본질을 간과하는 결과를 낳는다(Jasanoff 2010).

UN의《재난 위험 감소를 위한 센다이 프레임워크 2015~2030Sendai Framework for Disaster Risk Reduction 2015-2030》에서 제시한 주요 원칙 중 하나는 "재난 위험 감소는 전 사회적 참여와 파트너십을 요한다"는 것이다(UNISDR 2015, 13). 공중이 위험과 관련해 어떻게 형성되는지를 고려하지 않은 채 그저 바깥과 윗선에서 공중을 보호하고 서비스를 제공하기란 어려운 일이다.

스콜로빅Scolobig과 버크랜드Birkland 같은 정책분석가들, 그리고 《센다이 프레임워크》를 펴낸 UNISDR 같은 국제기구들은 공중을 중심에 둔 접근법이 지역적 지식을 촉진하고, 위험에 대한 더 민주적이고 광범위한 이해를 가능케 하며, 그럼으로써 더 효과적인 대비와 대응 역량을 키우기 때문에 이러한 약점에 대응할 수 있다고 가정한다. 그러나 이러한 접근법은 경제적, 정치적 이유 때문에도 발전한다. 세계 최고最高의 상해보험회사로 꼽히는 뮈니히REMunich RE에 따르면, 2011년은 역사상 가장 큰 비용이 들어간 해로 특징지어지며(Chen et al. 2013), 위험관리의 책임 일부를 개인과 공동체에 배분하라는 압력이 증가하고 있다. 오스트레일리아 태즈메이니아에서 들불wildfire과 희소 공공자원의 예측 불가능성 및 불확실성 관리를 위해 사용된 '들불 부상자 관리 접근법wildfire triage approach'은 그러한 예다. 재난 관련 당국은 들불이 퍼져 나가는 특정 패턴에 따라 거주민들에게 재산 보호가 어렵다는 정보를 실시간으로 고지한다(미리 하는 것이 아니라). 이러한 가능성에 미리 대비하느냐 마느냐는 거주자들의 선택에 달렸다. 당국은 이러한 위험관리의 책임 공유를 "역동적인 위험 환경 속에서 모든 시민에게 공정하고 균등한 수준의 보호를 보장하기 위해 동원할 수 있는 자원이 부족하다는 점에 기인한 적정한 대응 유형"(Scolobig et al. 2015, 6)으로 간주한다.

이 시점에서 서로 모순된 이데올로기적 에너지들이 합쳐진다. 한편으로는 심화된 '제도화된 개인주의'(Beck 1999, 9)가 위험에 대한 통제력 상실의 지표가 된다. 벡이 말한 '세계 위험사회world risk society'에서 '제조된 불확실성manufactured uncertainties'은 보장 가능성과 하향식 거버넌스를 넘어서며, 개인과 공동체에 책임을 부과함으로써 절망의 고도로 불평등한 분배를 역설적이게도 구조적 문제이자 동시에 개인의 선택과 책임의 문제로 만들어 버린다. 다른 한편으로는 거주자들, 그리고 그들의 지역적 지식 및 실행과의 대화 및 더 깊은 교류가 '위험 공동체'를 구성할 민주적 모멘텀을 창출함에 따라 나타나는 '절망에 배태된 희망'이 있다(Beck 1999). 위험, 책임, 부담을 공유하는 비영토적 공동체 및 잠재적인 탈영토적 공동체가 만들어지는 것이다. 이는 "타인들이 부담하는 위험과 더불어"(Beck 1999, 16) 살아가야 하는, 그러나 위험을 생산하고 그로부터 이익을 얻는 사람들과 그 결과로 고통받는 사람들 간의 연관성을 좀 더 가시적이며 논쟁할 만한 것으로 만들 가능성과 더불어 살아가야 하는 사람들의 정치적 공동체다.

네트워크화된 접근법은 이러한 이데올로기적 마찰이 빚은 파장에 편승해 특히 도시적 맥락에서 대두된다. '넷 중심적netcentric' 작동 원리는 공공 보호 및 재난 구호 영역에서 "이질적 행위자들 간의 정보 교환 활성화"(Boersma, Wolbers, and Wagenaar 2010, 1)를 위해 발전되었다.

뵈르스마와 그의 동료들이 이 접근법에 관해 연구한 네덜란드에서는 이것이 "기존의 명령 및 통제 패턴과의 단절... [그리고] 새로운 커뮤니케이션 네트워크 활성화"(Boersma et al. 2010, 1)에 기초하고 있다. 이와 관련해 조직 및 기술 변화의 파고를 헤쳐 나가는 더 나은 수단을 제공하는 것은, 새로운 네트워크화된 인프라의 문제만이 아니라 우리가 SecInCore 프로젝트에서 발전시킨 설계처럼 역동적으로 조합된 다양한 관련 행위자들을 인식하고 그들과 협력하는 새로운 실행의 문제이기도 하다.

첸 등(Chen et al. 2013)은 국제 공공-민간 파트너십을 검토하여 여덟가지 협력 유형을 확인했는데, 그중 세 가지는 공공과 관련이 있다. 첫째, 정부-공동체 협력을 통한 회복력 구축government-community collaborative resilience building은 비공식적인 사회적 네트워크의 활성화를 추구하는 것이다. 미국 연방긴급사태관리청Federal Emergency Management Agency의 '긴급 상황 관리를 위한 전 공동체적 접근법Whole Community Approach to Emergency Management'(FEMA 2011)이 그 사례라 할 수 있다. 이는 "전 공동체의 실제적 요구를 이해하고 그에 부응하기, 공동체의 모든 부분에 참여하고 역량 부여하기, 공동체 내 원활한 작동 강화하기"(FEMA 2011, 23)라는 세 가지 원칙을 따른다. 그러나 이 접근법은 특히 도시 공동체가 유동적이며 지구적으로 네트워크화된 상황에서 공동체를 제한되고 고정적이며 지역적인 것으로 잘못 인식하기도 한다(Büscher, Liegl, and Thomas 2014).

첸 등은 미 연방재해본부FEMA: Federal Emergency Management Agency의

전 공동체적 접근법과 상반되는 정부-시민사회 파트너십governmant-civil society partnership이라는 두 번째 모델을 제시하면서, 회복력을 높이려는 정치적 헌신이 인구 전체가 참여하는 연례 허리케인 대비훈련에 기여하는 쿠바의 경우를 예로 든다. 쿠바의 '대비 태세 문화'에 핵심적인 것은, 보건 관련 종사자나 교사 같은 지역공동체 구성원들에게 명확하고 항구적인 시민 보호 역할을 할당하는 '생선 비늘 역할구조fish-scale role structure'이다(Karucu et al. 2013). 이 구성원들은 지역 수준의 회복력 계획과, 훈련 및 실제 긴급 상황에서 조정자 역할을 담당한다. 이는 지역 근린 또는 공동체 기반 회복력 체계와 공식적 명령 및 통제 모델 사이에 마치 생선 비늘과 같은 "이중적 역량을 발휘하는 개인 대응자의 마인드를 통해 가상적으로 통합된"(Chen et al. 2013, 135) 유연한 중첩을 산출한다. 또 다른 정부-시민사회 파트너십으로는 불교 교단인 자제회慈濟會와 대만 정부가 체결한 합의각서MOA: Memoranda of Agreemant 또는 장기적 합의가 있다. 그러나 원촨汶川현 대지진 이후 NGO들과 중국 정부가 한 것 같은 임시적 조정 시도는 자원 분배를 늦추는 등의 문제로 효율성이 떨어진다.

    첸 등이 제시하는 세 번째 공적 파트너십 범주는 다대다 네트워크 파트너십many-to-many network partnership이다. 마찬가지로 상이한 당사자들 간의 간극을 메우는 것을 목표로 하는 이 범주는 공식 기구와 NGO를 제외하고 단기적이며 유동적인 공중을 포괄하는데, 이때 공중은 공동체가 매일 사용하는 디지털 및 모바일 기술을 통해 특정 관심사를 중심으로 일시적으로 결집한다. 앞으로 논의하겠지만, 이들은 네트워크화된 어버니즘을 구성하는 특정한 이해관계로 연결된다. 새로이 떠오르는 유동적 공중을 고찰하기 전에, 새로운 네트워크화된 파트너십 개념의 전제들부터 더 상세히 살펴보자.

초기적 문제?

일부 분석가들은 위험의 규정과 관리를 위한 책임 분배의 어려움을 '초기적 문제teething problems'로 묘사하는데, 이는 그것이 "개인과 공동체가 위험을 알고 그에 직면하며, 자신의 권리를 지키고, 충분한 정보에 기초한 선택을 내리며 의사결정 과정에서 적극적 역할을 할 것"(Scolobig et al. 2015, 4)을 요하기 때문이다. 그러나 경험적 수준에서 공동체가 실제로 더욱 관여하고자 하는지 의문이 제기되면 문제는 심화된다. 스콜로빅 등(2015)에 따르면, 많은 공동체들이 실제로 그렇지 않다고 한다. 그리고 상이한 행위자들이 상이한(때때로 언급되지 않는) 기대에 기초해 있는 경우에는 책임 소재가 불분명해지면서 공동체로 하여금 공식 기구가 큰 위험으로부터 자신들을 보호해 줄 것이라는 잘못된 가정을 하도록 하며, 공식 기구에는 믿을 수 없는 추정에 근거해 '자신의' 공동체가 잘 대비하리라는 기대를 심어 줄 수 있다. 스콜로빅 등은 일련의 사례 연구를 통해 이해관계 갈등의 심화된 난점을 드러낸다. 산사태 위험에 처한 이탈리아의 마을 거주자들이 회복 조치를 놓고 공개토론을 하는 과정에서 공동 토지 소유자와 개인 토지 소유자의 이해관계를 조정하지 못하고 산사태 대비를 위한 투자 조치에도 합의하지 못했다. 이 사례는 더 일반적인 문제의 지표가 되기도 한다. 공식 기구와 전문 자문위원은 고도로 분화된 이해관계와 관련된 공중의 다양한 지식 수준에 맞춰진, 목표에 부합하는 정보를 제공하기 위해 투쟁한다. 스콜로빅 등은 다음과 같이 결론짓는다.

공식 당국이 공중 중심의 효과적인 재난 위험관리를 시행하려면 사회적 동학에 대한 더 주의 깊은 관찰자가 될 필요가 있고, 상이한 호혜적 책임에 대한 기대가 갖는 함의를 이해하는 더 능력 있는 의사 전달자가 될 필요가 있으며, 위험에 처한 사람들과의 장기적 관계 형성과 대화에 참여할 필요가 있다.(Scolobig et al. 2015, 8)

이는 통찰력 있는 제언이다. 그러나 이들은 이해관계 갈등과 커뮤니케이션 문제를 초기적 문제로 한정함으로써 이 단계를 거추장스러운 것으로 만들어 버린다. 즉, 이 문제들이 효과적 참여 과정으로 들어가기 전에 제거돼야 함을 함의한다. 하지만 이러한 '문제들'이 실제로 불가피하며, 네트워크화된 위험 공동체에서 유용한 협력을 위한 중요한 구성 요소임을 보여 주는 심화된 동학도 존재한다.

겸허의 기술

우리는 위험 관련 연구를 더 깊이 탐구하기 위해 자사노프Jasanoff

의 '겸허의 기술'이라는 과학기술학 개념을 사용할 수 있다. 그녀는 "정교한 계산 유형을 통한 계산 불가능한 것의 통솔"을 목표로 하는 명령 및 통제는 무분별한 자만심의 발현이라고 논한다(Jasanoff 2010, 19). 그리고 이에 대응하여 재난 위험관리로부터 민주적 위험 거버넌스로의 이행을 주장한다. 이는 명령 및 통제를 포기하는 것이 아니다. 앞서 언급한 정책학자들과 마찬가지로, 자사노프는 공식적 활동에 대한 보완으로 공중의 참여를 논한다. 그러나 이는 네트워킹보다 위험 거버넌스로의 이행에 관한 것이다. 자사노프는 세계 위험 사회에 관한 벡의 논의에 공감하면서, 위험 거버넌스는 전문성과 지역적 지식에 대한 광범위한 관여뿐만 아니라 취약성과 회복력이 어떻게 개인 및 공동체들에게 불평등한 영향을 미치는 정치적 선택을 반영하고 발현시키는지에 관한 이해 또한 필요한지를 보여 준다.

그녀의 분석에서는, 스콜로빅 등이 고찰한 이해관계 갈등과 정보 수용 설계의 난점은 파트너십이 기능하기 전에 극복되어야 할 문제가 아니다. 합의가 갈등과 난점의 제거를 요한다는 생각은 확실히 잘못된 것이다. 과학기술학 연구에 따르면, 과학과 정책은 공중(그리고 따라서, 와인(Wynne 2007)의 말을 빌리면 그 자신)을 오해하는 일이 빈번하다. 공중(제아무리 구성된 것이라 해도)은 위험을 더 잘 이해할 수 있는 위치에 있으며 더 성찰적인 경우가 많은데, 이는 전문가들이 활동하는 기구들이 현실을 반영하지 못하는 구조, 사회적 관계, 지역적 조건에 관한 가정에 기초하여 활동하기 때문이다(벡(Beck 1999, 10) 또한 참조하라).

랜틴(Plantin 2011)과 쿠친스카야(Kuchinskaya 2012)는 이를 후쿠시마와 체르노빌을 예로 들어, 우리가 '신뢰 네트워크'의 측면에서 상세히 논의한 것처럼 구체적으로 탐구한다. 여기서 중요한 것은, 위험에 대한 풍부하고 광범위하게 공유된 인식의 획득은 공중에게 전문가가 사용하는 것과 똑같은 정보를 제공하고 공중이 전문가와 똑같이 해석·이해·결정하리라 기대한다고 해서 되는 문제가 아니라는 것이다. 상이한 관점들로부터 상이한 정보, 지식, 의사결정이 도출되고, 위험 그 자체도 흔히 상황 맥락과 독립적인 것으로 간주되긴 하지만 객관적 사실이 아니라 사회 내부로부터 비롯된다는 것이다(Wynne 1996).

학계 전문가는 물론이고 현지 전문가도 단일한 진리 또는 전체적 이해를 제공할 수는 없다. 각각은 상대방을 제외한 채 좋은 의사결정에 관한 불완전한 기초를 제공한다(Wynne 2007). 위험 거버넌스는 불가피한 실재의 분절을 다루는 새로운 방식을 요한다. 위험에 관한 다양한 해석과 이해 갈등, 소통의 어려움이 발생할 것이며, 위험을 다루는 데 필수적인 다양한 위험 인식을 탐구하는 접근법은 네트워크화된 파트너십 구축에 구성적으로 활용될 수 있다. 다양한 해석은 이러한 파트너십이 작동하기 전에 제거되어야 하는 방해물이 아니다. 설계에 참여하는 학자 및 실행가들은 이러한 논의에 공감하여 사회기술적 설계 과정을 어떻게 형성할지, 그리고 이러한 실행들을 제거하기보다 그에 참여하는 방식으로 주도적 다원주의를 가능케 하는 기술을 어떻게 형성할지를 탐구한다(Stroni 2013). 자사노프의 인식론적인 겸허의 기술은 특히 가치 있는 개념적 자원 네 가지를 제공한다. 먼저 이를 간략히 요약한 후, 위험을 둘러싼 다원적인 대화와 논쟁 그리고 위험 공동체 구축 역량을 어떻게 증진시킬지 심화된 이해를 발전시키고자 한다.

첫째, 위험을 더 광범위하게 규정하고 다중인과적 복합성에 관한 통찰을 추구하는 것은 겸허함을 고취시킨다. 또한 성찰과 반복적 수정을 촉진한다. 보팔시의 위험관리 실패[2]에 관한 포춘(Fortun 2011)의 연구는 이러한 인식론적이며 도덕적인 기술의 가치를 보여 준다. 유니온 카바이드 인디아Union Carbide India Limited에서 발생한 재난을 평가할 때 특정 시점에 유해 화학물질이 개인의 신체에 미치는 영향을 개별 성분에 기초해 판단하는 것만으로는 충분치 않다. 다양한 성분과 장기적 상호의존성 간의 상호작용이 반드시 고려되어야 하며, 위험 및 피해에 관한 평가는 시간이 지남에 따라 바뀔 수 있다. 그러나 이러한 규정이 위험의 체계적 본질을 밝히기는 해도, 이렇게 확장된 신중함이 위험의 관계적 속성까지 평가하는 것은 아니다.

자사노프가 말하는 두 번째 겸허의 기술은 취약성에 초점을 맞춘다. 벡(Beck, 1999)의 비판을 반영하여 위험관리 실행을 위험 거버넌스와 대비시킴으로써 새로운 분석적 감수성을 발전시키는 것이다. 위

---

2 [옮긴이주] 보팔은 인도에서 가장 큰 주인 마디야 프라데시 주의 주도州都로, 1984년 12월 2일 밤 이곳에 있던 화학약품 제조회사인 미국의 다국적기업 유니언 카바이드 공장에서 농약 원료 42톤이 누출되어 인근 주민 2,800여 명이 사망하고, 20만 명 이상의 피해자가 발생했다. 20세기 최악의 가스 누출 참사로 불린다.

험관리는 취약성의 범주를 전문가 분석에 기초해 협소하게 규정하는 경우가 많다. 그에 비해 위험 거버넌스는 스스로 취약하다고 판단하거나 취약하다고 간주된 사람들과의 협력을 통해 취약성을 이해하고자 한다. 이러한 접근법은 다양한 취약성을 드러내 줄 뿐만 아니라, 그렇지 않았으면 인식조차 되지 않았을 역량을 끌어내기도 한다. 예를 들어, 2004년 남아시아 지진해일 당시 상이한 공동체들이 매우 다양한 유형의 파괴에 직면했다. 취약성과 역량에 초점을 맞추면 역사, 공간, 사회적 연계 같은 요인들이 "인간 사회의 회복력을 결정하는 중요한 역할을 수행함"(Jasanoff 2010, 32)을 알 수 있다.

셋째, 자사노프는 위험의 분배에 대한 집중이 겸허의 효과적인 기술이 될 수 있음을 보여 주는데, 이는 위험과 피해가 어떻게 기존의 단층선들을 따르는지를 명확히 밝혀 주기 때문이다. 1995년 시카고 폭염에 관한 클라이넨버그(Klinenberg 2002)의 연구와 허리케인 카트리나 이후의 뉴올리언스에 관한 하트만과 스콰이어(Hartman and Squire 2006)의 연구는 이러한 단층선들이 어떻게 한 이웃의 죽음을 초래하고 길 건너 다른 이웃의 목숨을 지켰는지를 보여 준다.

위험의 불평등한 분배에 대한 관심은 네 번째 겸허의 기술인 숙의적 학습deliberative learning과 결합되어 집합적 성찰, 그리고 설명 및 접근법에 대한 평가를 가능케 한다(Jasanoff 2003, 242). 숙의적 학습은 "전문가의 지식(형식적 실험에 기초한)과 그와 관련된 보통 사람들의 지식(경험에 기초한)이 서로 배제하지 않는 상황에서의 사회적 학습" 유형, 즉 앞서 언급한 과학기술학에서 말한 지식에 관한 논쟁 및 참여적 설계와 조응하는 상호작용 프레임워크를 제공한다(Stroni 2013, 52ff).

2014년에 갈등 및 박해로 인한 난민의 수가 830만 명 증가하여 전 세계적으로 총 5,950만 명에 이르렀을 때(OCHA 2015), 위험관리 관점은 이 위기에 대한 적절한 인식을 고양시키는 데 실패했다. 겸허의 기술은 이러한 사태에 대해 그 복합적 원인 및 잠재적 결과의 측면을 세심하게 규정하고, 취약성 및 대응 역량을 증진하며, 위험의 분배에 관한 심사숙고를 촉진하는 데 기여했을 것이다. 더 나아가, 위험 거버넌스는 재난이 닥치기 전에 부정의injustice의 단층선에 주목함으로써 위험공동체의 발전에 대한 희망을 높인다(Beck 1999). 더 관계적인 위험윤리(Büscher, Kerasidou, Liegl, and Petersen 2016)는 "빈민들의 고통을 가시적으로 드러내는 허리케인"(Jasanoff 2010, 33)이나 난민에 대한 유럽 및 전 세계의 통합적 대응 필요성을 두드러지게 하는 난민 위기가 닥치지 않더라도, 더 풍부한 정보를 바탕으로(더 정확하지는 않더라도), 더 풍부하고 광범위하게 이해되고 다양한 방식으로 위험을 평가하는 미래를 설계하도록 해 줄 것이다.

이러한 관찰적·규범적인 논의는 순진한 것이 아니다. 이는 위험 거버넌스 참여와 투명성 증대가 "논란을 가라앉히기보다 확산시킴"(Jasanoff 2003, 237)을 인식하는 것이며, "기술중심적(명령 및 통제) 접근법과 공중중심적 접근법이 서로를 철저히 배제하기보다 … 양자 역량의 합리적 조합"(Scolobig et al. 2015, 9)을 제시하는 것이다. 위험공동체, 주도적 다원주의, 겸허의 기술 등의 개념은 그저 규범적이기만 한 것이 아니다. 이 개념들은 유동적 공중이 네트워크화된 어버니즘과 재난 위험 거버넌스의 상호교차 속에 사회적 · 조직적 · 사회 기술적 혁신을 추동하는 상황에서, 수렴의 새로운 사회기술적 실행 이라는 경험적 사실을 묘사하는 것이기도 하다.

모바일 공중

'모바일 공중mobile publics'은 오랫동안 네트워크화된 어버니즘의 결정적 특성이었다(Bruns, 2008; Sheller 2004). 이들은 우리의 사회적 삶에서 핵심적이 됐으며, 개인들은 각자의 관심사를 중심으로 지역적으로 때로는 전 지구적으로 수렴시키는 디지털 및 모바일 기술을 전유하고 있다. 이러한 새로운 '모바일' 또는 '이슈 공중issue publics'은 일시적으로 한데 모이며, 이해관계가 약화되면 흩어진다. 지난 10년 동안 재난 대응과 관련하여 전례 없는 혁신이 일어나 문화적 · 정치적으로 중요한, 그러나 아직은 일시적인 경우가 많은 다양한 모바일 공중이 등장했다.

디지털 인도주의자humanitarian들은 이러한 공중의 한 유형이다. 적십자 수혜자 커뮤니케이션 대표 샤론 리더Sharon Reader는 2010년 아이티 대지진이 어떻게 네트워크화된 인도주의적 재난 대응의 기념비적 순간이 되었는지를 이야기한다.

아이티의 상황에서 특유했던 것은 엄청난 도시적 재난이었다는 점입니다. … 지진은 포르토프랭스Port au Prince와 레오강을 강타했고

… 인터넷, 휴대전화 등의 기술에 접속 가능한 수많은 사람들이, 그러니까, 공평하게 다루었죠. … 이건 심지어 아이티 맞은편의 아프리카 국가들에서도 인도주의자로서 간과할 수 없는 기술이었습니다.[3]

지진 이후 아이티인의 60~80퍼센트가 휴대전화에 접속했으며, 48시간 내에 상당수의 사람들이 한데 뭉쳐 지역 무료전화 기상정보 시스템에 기반한 '미션 4636'을 출범시켰다. 이를 통해 수천 명이 문자로 정보를 전송했고, 2천 명 이상의 자원봉사자들이 네트워크를 형성하여 가능 지역의 구호 요청을 처리하고 아울러 메시지를 조직하고 번역했다(Munro 2013). 또한 #haiti와 #haitiquake라는 트위터 해시태그를 사용해 집합적 활동을 조직화함으로써, 지구적으로 퍼져 있는 추방민 및 관련된 개인들이 소셜미디어 사이트에 한데 모이도록 영향력을 발휘했다. 이러한 '디지털 인도주의자들'(Meier 2015)과 '트위터 자원봉사자들voluntweeters'(Starbird and Palen 2011)이 크레욜어Kreyol로 된, 지역 방언이 많이 들어간 메시지들을 번역했다. 이들의 작업은 스스로 조직화한 자발적 자원봉사자들이 자립 및 자원 동원 활동을 촉진한 것이었다. 또한 이들은 컴퓨터로 분석 및 매핑 가능한 방식으로 메시지를 태그했다. 마이어Meier와 일단의 학생들은 보스턴에서 최초의 지구적 '위기 매핑' 프로젝트인 '우샤히디 아이티 프로젝트

---

3 www.cbc.ca/dispatches/episode/2012/01/26/jan-26-29-from-haiti——kingston-jamaica——butate-rwanda——nicaragua/ 에서 옮김.

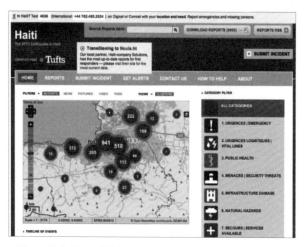

그림 5.2 우샤하디 아이티의 포르토프랭스 지도 (2010년 1월)

UHP: Ushahidi Haiti Project'를 만들어 지진 발생 직후 100시간 이내에 수백 명의 자원봉사자 교육을 수행했다(Meier 2015). 그리고 주로 '오픈 스트리트 맵Open Street Map'이라는 커뮤니티 멤버들로 구성된 600명 이상의 원격 자원봉사자들은 포르토프랭스 및 기타 피해 지역의 대피소 및 이용 가능한 병원 위치를 표시한 상세한 지도를 제작했다(Soden and Palen 2014). 이러한 협력들이 한데 모여 제작한 구호지도는 미 국무부 분석가들에 의해 미국 정부기관 간 태스크포스 및 해병대의 상황 파악 역량 증진, 현장 대응팀 배치에 필요한 진원 파악에 활용됐다 (Morrow, Mock, Papendieck, and Kocmich 2011, 그림 5.2).

아이티와 수도 포르토프랭스에서 일어난 일들은 "새로운 것의 시작을 알렸다"(Meier 2015, 16). 디지털 인도주의와 위기 매핑은 오늘날 재

그림 5.3 카트만두에서 현지 전문가들이 위기 매핑 인력들과 협력하여 현지 정보를 매핑하는 장면

출처: http://irevoution.net/2015/11/04/crisis-mapping-nepal-aerial-robotics/

난관리에 소셜미디어를 불가역적으로 배태시키는 방식으로 상당한 영향을 미쳤다. 이는 디지털과 현장 실행 간의, 그리고 지구적으로 분산된 참여자들과 지역적 참여자들 간의 연계를 증대시키면서, 순전히 하향식도 아니고 순전히 상향식도 아닌 접근법을 제공했다.

네트워크화된 인도주의 활동은 최근 네팔의 카트만두에서도 이루어지고 있다. 여기서 공동체들은 "잔해, 임시 대피소, 식수 위치"에 관한 현지 정보를 지면 인쇄(Meier 2015: 그림 5.3)와 페이스북 '안전 진단 Safety Check' 페이지(자연재해에 대비해 설계 및 활용된)를 통해 2015년 지진 크라우드 소스 3D 위기 매핑 모델에 취합했다. 파리 공격에도 당시 410만 명 이상의 사람들이 24시간 이내에 페이스북 해당 페이지에 체크인하여 가족 및 지인들에게 안전을 알린 바 있다(Breeden 2015).

난점과 모순들

그러나 새로운 공중과 위험에 대한 새로운 접근법이라고 해서 마찰과 부조화가 없는 것은 아니다. 오히려 이 접근법에 근본적인 변화가 일어나고 있다. 예를 들면,

'웹 2.0' 플랫폼이 하는 바는, 협력의 일차적 수단을 위계적 조직화 유형에서 네트워크에 기반한 조정 구조로 이전시키는 것이다. 여기서 정부는 네트워크 내의 많은 접점 중 하나일 뿐이다(Chen et al. 2013, 137).

그러나 다대다 커뮤니케이션을 더 광범위한 위험 거버넌스 파트너십에 통합시키기란 결코 쉬운 일이 아니다. 예컨대 아이티에서 디지털 인도주의 활동은 명백한 차이를 만들었다. 대응 전문가들은 이를 "긴급상황 대응 플랜의 일부가 아닌 숨겨진 작동"이라 칭했고, 일부 실행가들은 '자발적 자원봉사자들'과 디지털 인도주의에 심각한 문제가 있음을 지적하며, 또 다른 이들은 커뮤니케이션·협력·조정을 지원할 사회적·조직적·디지털 기술의 부재를 지적하기도 한다. 이 모든 층위에서 상호운용 상의 도전은 SeeInCore 프로젝트의 공통적 정보공간 개념을 세우려는 동기들motivations 사이에서 비롯된다(Pottebaum, et al. 2016).

다음에 제시한, 최근 SeeInCore 프로젝트 워크숍 당시 긴급상황

서비스의 간부급 실행가들 사이에서 나온 다음 대화는 이러한 불일치의 일면을 보여 준다.

> 그리스 소방 당국 간부: 중요한 것은 이들이 우리의 구조structure를 통해 지시를 받는다면 우리의 공공책임보장 하에 있다는 것입니다. … 만약 사람들이 무언가를 필요로 하는 모습을 보인다면, 그들은 다른 사람들을 위험에 빠뜨리는 것은 물론이고 그 자신이 위험에 처해 있는 겁니다. 문제는 사람들이 조직화되는 것은 원치 않지만 그럼에도 조직화됐다는 거죠. 상당히 어려운 점입니다.

> 독일 적십자 간부: 저는 자발적 자원봉사자에 관한 논의에 동의할 수 없습니다. … 그들이 스스로 위험한 일을 수행하고 있다는 것 말입니다. 상황은 정확히 그 반대입니다. 적십자의 입장에서 솔직히 말씀드리자면, 왜 우리가 관리 역량이 없다는 것인지, 그리고 유용할 정보 플랫폼이 있기는 한 것인지, 잘 모르겠습니다. … 저는 그들이 제공하는 것, 특히 특별제공, 우리에게 필요한 스킬, 우리가 언제 그러한 스킬들을 필요로 하는지, 그리고 어떻게 그 스킬들을 조직화할 것인지 잘 모르겠습니다.

이들은 책임과 회복력이 광범위한 사회적 인프라, 이를테면 의사결정을 책임의 문제로 전환시키는 법적 규제 또는 내부 규칙뿐만 아니라 '안전한' 조직 경계와 기존의 전문적 네트워크를 넘어 신뢰의 감정과 실행의 바탕 위에 구축된 제도적 기초와 어떻게 관련되는지를 지적하는 것이다.

더구나 디지털 인도주의에 관한 설명은 더 광범위한 동학을 간과하는 경우가 많다. 미미 셸러(2013)는 권력 불균형이 아이티 위기 매핑 인력들의 활동에서 어떻게 다시 드러났는지를 강조한다. 그녀는 세계은행에서부터 조감도를 통한 위기 매핑에 이르기까지 물리적·디지털 공간에 대거 유입된 고도의 모바일 국제 대응 인력의 규모와 위험지역을 벗어날 수단도 권리도 없는 지역 사람들의 수가 일치함을 보여 준다. 마찬가지로, 페이스북이 파리 공격 피해자들에게 '안전 진단' 페이지를 오픈하기로 결정하면서 그 전날 40명 이상이 사망한 베이루트 폭격 피해자들에게는 이 서비스를 제공하지 않은 것은 권력 및 이데올로기의 불균형을 드러낸다(Breeden 2015). 아울러, 만약 페이스북 서비스가 확대됐다면 재난으로 피해를 입을 수 있었던(실제로 피해를 입지는 않았지만) 수백만 명의 사람들에게 지속적으로 경보가 발령되면서 공포문화가 촉진됐을 것이다(Breeden 2015: Furedi 2006).

또 다른 문제는, 새로운 커뮤니케이션 실행이 어떻게 효과적일 수 있는가 하는 것이다. 아이티 국민 다수는 디지털 인도주의 활동을 인식하지 못했거나 그 유용성을 평가할 목소리를 내지 못했으며, 자발적 자원봉사자 또는 공식적 기구들은 이들의 구호 요청 중 다수를 충족시키지 못했다(Clémenzo 2011). 이는 메시지의 순환이 대화와 (정치적) 행위에 대한 헌신을 퇴색시키는 상황에서 '의사소통적 자본주의'의 요소를 강조하는 것이며, 재난 구호의 사회경제적 · 정치적 · 조직적 한계에 주의를 환기시키는 것이기도 하다. 포르토프랭스에서 뉴올리언스에 이르기까지, 카트만두에서 영국 랭커스터에 이르기까지, 전 세계에서 재난 이후에 발표된 수많은 보고서들은 재난 상황에서 제기되는 요구들을 충족시키는 데 가용한 역량이 충분치 않은 경우가 너무도 많다는 것을 보여 준다. 요구를 더 효과적이고 민주적으로 전달하고 매핑하는 것만으로는 이를 변화시킬 수 없다. 2015년 현재 6만 명 이상의 아이티 국민이 아직도 수용소에 있다는 사실, 정치체계가 "여전히 취약하고 지속 가능한 직업이 희소하며 환경이 아직도 예전에 비해 취약하다"(UNDP 2015)는 사실, 그럼에도 많은 디지털 인도주의자들과 공식 구호기관들이 새로운 위기지역으로 이미 이동했다는 사실은 이러한 난점을 보여 준다.

신뢰 네트워크와 연결의 기술

그러나 위기 매핑 활동가들과 모바일 공중의 구성원들, 학자 및 기술개발자들은 다양한 개념적 · 사회적 · 조직적 · 디지털 커뮤니케이션 및 조정 기술을 발전시켜 왔으며, 이러한 문제와 광범위한 프레임을 다루는 방식으로 지속적으로 참여해 왔다. UN이 공동 설립한 디지털 인도주의 네트워크Digital Humanitarian Network(Meier 2015)와 가상운용 지원팀VOST: Virtual Operations Support Teams(St. Denis, Hughes, and Palen 2012)을 통한 디지털 자원봉사와 위기 매핑 구조화는 위기 매핑 인력과 공식 긴급구호 기구들 간의 가교를 놓기 시작했다(Kaminska et al. 2015). 이들은 신뢰 네트워크, 즉 표준화 · 교육 · 합의된 커뮤니케이션 채널을 위험 거버넌스에 대한 성공적인 공중 참여의 역사적 · 사회적 사례를 반영하는 방식으로 결합시키는 메커니즘을 확립하고 있다. 여기에는 19세기 및 20세기 초 대기오염을 둘러싼 참여 사례(Mosley 2009)와 체르노빌 방사선 위험과 관련해 '기술적descriptive 표준', '조정', '기밀 해제unblackboxing', '모바일 측정'을 통해 위험이 '거듭 은폐되는' 것을 방지한 사례(Kuchinskaya 2012)가 포함된다.

이러한 신뢰 네트워크와 관련된 경험은, 예를 들어 상이한 도시 및 맥락들을 비교할 때 표준화된 포맷이 정보의 정확성보다 중요함을 보여 준다(Plantin 2011; Mosley 2009). 따라서 이러한 네트워크는 필연적으로 위험을 더 광범위하게 규정하게 되며, 상황에 따른 위험과 효과 측정을 수행하여 지역을 지구적 연계로부터 배제하지 않고 포괄하게 된다. 이 네트워크는 불평등의 단층선에서 취약성과 회복력을 끌어올릴 역량 문제에 직면하며, 그럼으로써 공식적 대응 활동에 통찰과 관심을 투여하여 상호적 · 숙의적 학습을 촉진하는 모멘텀을 효과적으로 취합하게 된다. 현재 대두되는 위험 공동체들은 FEMA가 '긴급상황 관리를 위한 전 공동체적 접근법'에서 말하는 것과 같은 공동체와 달리 영토적이기보다는 분산돼 있고, 복잡하게 상호연결돼 있으며, 다양하고 유동적이다.

예를 들어, 후쿠시마 원전 재난의 여파—공공 당국으로부터의 정보 부재로 특징지어지는—속에서 사적 개인, 기업, 자원봉사 단체

등은 방사능과 관련한 다양한 '핵심 매핑' 프로젝트를 시작했다(Plantin 2011). 개인들은 가이거 계수기Geiger counter를 구입하거나 스스로 만들었고, 결과를 측정하고 매핑하는 법을 배웠다. 이러한 개인들의 활동이 합쳐져 공식 정보 전략을 형성했다.

병렬 센서 네트워크들이 생성됨에 따라 더 이상 공식 정보만이 유일하게 가용한 것은 아니게 되었다. 공식 데이터가 온라인으로 공개되면서 읽을 수 없는 포맷으로 한정되지 않고 공유 및 재가공이 가능해졌다. 마지막으로, 공식 데이터는 집적이 선별보다 우위를 차지하게 되면서 다른 데이터 소스와의 비교 검증이 가능해졌다. (Plantin 2011)

공중의 참여를 가능케 하는 공식적 활동은 없는 상황에서 공중에 정보를 제공하자, 공중은 공식 자원 및 실행 당국에 맞서 대안적 정보를 산출하는 것을 넘어, 공식적 대응에 대한 불신을 드러내면서 당국에 더 가시적이며 논쟁과 조정이 가능한 실행을 요구하고 나섰다. 사회적 '기술'로서 신뢰 네트워크가 나타나고, 위험공동체가 위험과 더불어 사는 사람들의 위험을 산출하고 그로부터 이익을 얻는 사람들과 같은 테이블에 앉게 되면서 위험에 관한 주도적인 자원주의적 숙의를 필요 및 가능하게 만들고 있다. 이는 벡이 말한 '부메랑 효과'에 회전력을 더하는 것이다. 즉, 특정 위험(이를테면 수질오염 또는 대기오염)을 산출하는 사람들이 결국에는 그 영향을 받게 된다는 것이다.[4] 그러나 이를 실제로 지탱하기 위해서는 연결의 기술 technology of articulation이 필요하다.

스타버드와 팔렌은 민속지적 연구를 통해 신생 VOST(가상운용 지원팀) 조직인 '휴머니티 로드HR: Humanity Road'가 어떻게 지구적으로 분산돼 있고 고도로 유동적인 간헐적 자원봉사 조직들 간의 협력을 조정하는지를 보여 준다. 이 조직은 정보관리 실행이 어떻게 신뢰 확립과 정보교환 조정에서 핵심적인지를 확인한다. HR 자원봉사 자들과 활동가들에게 이는 관련성 있고 믿을 수 있는 정보의 즉각적 산출의 모범 사례에 대한 성찰적 · 숙의적 학습의 조정을 포함한다. 신입 자원봉사자는 리더의 지원을 받으며, 리더는 미리 부여된 지위 가 아닌 명백히 경험 있는 위기 매핑 인력으로 추종된다는 사실을 바탕으로 지도력을 발휘한다. 교육은 예시를 통해, 그리고 연결 작 업을 지원하는 도구를 통해 이루어진다. 이는 작업을 완수하고 조 정하는 데 요구되는 지식의 외재화를 의미한다. 점검 목록이 그 사 례가 될 텐데, 2011년 페루 지진 당시 만들어진 HR 스카이프의 채 팅방 참여자 20명이 만든 목록을 보자(Starbird and Palen 2013, 498에서 인용).

HR 크리스 (오후 2:16:40): 점검 목록
HR 크리스 (오후 2:16:48): 무슨 일이 있었는지, 진짜로 일어난 건지, 어디서, 언제, 세부 사항

---

4 이러한 연계성에 주목하도록 해 준 편집진에 감사한다.

사실이라면 텍스트로 정보 공유

사실이 아니라면 트윗하기 전에 정보 검증 공유

사건의 공식 소스는 누구인가

사례: 허리케인, 토네이도, 홍수, 지진, 들불, 보건

사람들에게 미칠 잠재적 영향은 무엇인가

사례: 건물 붕괴, 옮겨 붙는 화재, 토네이도, 폭풍

스타버드와 팔렌(Starbird and Palen 2013, 498)은 이렇게 설명한다.

점검 목록은 역동적 문서로서, 디지털 자원봉사자 멤버들의 미디어 모니터링 경험으로 구축되며, 멤버들이 학습한 바를 결합하고 리더가 명시적 작업 과정을 분명히 하고 설정함으로써 진화한다. ··· 점검 목록은 리더와 경험 있는 자원봉사자들이 각자의 작업에서는 참고용으로, 다른 사람들을 교육할 때에는 교재로 사용하는 것이다. 양자 모두에서 점검 목록은 ··· 조직과 그 작업을 구조화한다.

점검 목록은 두 가지 의미에서 연결의 기술이다. 첫째, 공식 및 비공식 대응 인력들이 적절한 대응조치를 할 수 있도록 돕는 관련성 있고 믿을 만하며 실행 가능한 정보를 산출하기 위해 필요한 작업을 언어로 표현함으로써 '연결 작업'(Schmidt and Bannon 1992)을 지원한다. 둘째, 라투르(Latour 2004)가 보여 주듯이, 담화적 구성 요소와 물질적 구성 요소를 연결시킨다. 점검 목록은 연결식 차량의 방향 전환을 용

이하게 하는 관절 부품처럼 신참 자원봉사자를 조직에 참여시키고 디지털 인도주의 활동이 폭넓게 연결된 위험공동체, 더 기민하고 더 구성적으로 주도적이며 상이한 관점들을 수용할 수 있는 다원주의적 재난 위험 거버넌스에 참여할 수 있도록 돕는 인터페이스를 제공한다.

논의: 기민하고, 연결돼 있으며, 구성적으로 주도적인?

신뢰 네트워크와 연결의 기술은 새로운 기술, 새로운 파트너, 새로운 공중, 위험의 복잡성의 수용을 통해 만들어진 것이다. 새로운 커뮤니티와 자발적인 인도주의 사이트, 새로운 유형의 위험과 갈등에는 모호한 점이 있다. 조직, 작업, 신흥 위험공동체를 연결하는 기술로서 점검 목록이 가진 특징은 중요하다. 다음의 사례는 새로운 연결 기술이 오늘날 정보의 복잡한 모빌리티와 그로 인한 정보의 지형학을 이해하는 데 존재하는 어려움, 동시에 그러한 어려움에 대한 구성적이며 혁신적인 대응으로 어떻게 부분적으로나마 추동되는지를 보여 줄 것이다. 2015년 11월 파리 테러 다음 날, 브뤼셀 경찰은 용의자를 추적하며 도시에 행동제재령을 내렸고, 이 사안은 소셜미디어에서 활발히 다루어졌다. 그러자 "당국은 거주민들에게 용의자들이 경찰의 움직임을 모니터할 수 있으므로 급습 장소에 관해 트윗하지 말아 달라고 요청했고," 시민들은 고양이를 트윗함으로써 이에 대응했다(Vale 2015).

어쩌면 하찮거나 비꼬는 것처럼 보일 수도 있지만, 예민한 상황 인식 필요성에 맞춰 시민들은 자신의 커뮤니케이션이 어떻게 위험 거버넌스에 실제로 영향을 미치고 그것을 지원하며 동시에 도전하고 변화시킬 수 있는지를 학습했다. 더 일반적으로, 이 장에서 우리가 논의한 실행들은 네트워크화된 어버니즘의 특수한 유형을 구성하며 상호 연결된 인프라, 넷중심적 조직, 자체 조직된 모바일 공중을 특징으로 한다. 한편 우리에게는 논의한 것보다 훨씬 더 많은 차원들이 존재하는데, 이를테면 공공 보호 및 재난 구호 조직들이 네트워크화된 어버니즘을 전유함에 따라 나타나는 '데이터 홍수', 새로운 배제 및 감시 양식(Graham and MArvin 2001), 새로운 집합지성 및 행위 양식(Büschet et al. 2014: Lévy 1997) 등이 이에 해당한다. 우리의 분석은 새로운 파트너십과 공중 형성의 필요성 및 이를 위한 작업에 관한 통찰을 제공한다. 위험공동체의 이해에서 중요한 것은, 위험공동체를 위험에 영향을 받는 사람들의 정적靜的 공동체로서 특정 장소에 물리적이고 항구적으로 위치한 것이며 보호를 필요로 하는 것이 아니라, 사회기술적·역동적·일시적이고 분산돼 있으며, 위험을 중심으로 합쳐진 모바일 집합체로서 위험을 해석하고 그와 경합하는 공동체로서 이해할 필요가 있다는 점이다. 새로운 파트너십 역량은 이해 갈등, 위험의 규정과 그에 관한 소통의 어려움을 해결하는 데 있는 것이 아니다. 그보다는 위험공동체가 이해관계와 해석의 다양성을 역동적으로 형성하고 표현하며 탐구하도록, 그리고 주도적 다원주의를 실천하여 위험을 산출하고 평가하는 사람들과 위험 속에 살면서 이를 재생산하는 사람들을 연결시킴으로써, 아울러 겸허의 기술이 위험, 취약성, 역량을 공평성과 공정성을 추구하는 방식으로 또한 위험의 분배를 비판적으로 고찰하는 방향으로 작동하는 방식을 찾도록 지원해야 한다. 공통의 정보 공간, 신뢰 네트워크, 연결의 기술 개발은 이러한 실행과 상호적 학습을 지원할 수 있다.

6장

수직 모빌리티
: 고층 빌딩 및 초-심층 광산에서 엘리베이터의 정치학 직면하기

스티븐 그레이엄Stephen Graham

이 장은 기존의 출판 논문(Theory, Culture & Society, 31(7/8), 2014)에 기반을 두고 있다. 이 논문의 완성에 중요한 도움을 준 루시 휴이트Lucy Hewitt에게 감사한다. 또한 이 논문을 완성시킬 수 있도록 주요 재정 지원을 해 준 뉴캐슬대학교의 예술대, 인문대, 사회과 학대에 감사한다.

도쿄 중심부에서 서쪽으로 20킬로미터 떨어진 조밀한 교외의 도시 후추府中 하늘 위로 높이 213미터의 건물이 어렴풋이 나타나 이 교외의 저층 스카이라인을 지배하고 있다. 상업적 용도로 사용하기에는 너무 가늘어 보이는 'G1타워'는 거대 기업 히타치사Hitachi Corporation의 거대한 연구 캠퍼스의 중심에 어색하게 숲으로 둘러싸여 있다.

2010년 개장한 이 타워의 목적은 스모그, 소음 및 교통을 피해 부유한 도시인을 하늘 가까이로 들어올리기 위함이 아니다. 이 초고층 빌딩은, 전 세계적인 확산 과정에서 명백하게 보이듯이 물질적인 수직 상승 '경주'의 허위나 자아의 물질적인 체화도 아니다. 오히려 이 건물은 하나의 수직적 테스트, 즉 세계에서 가장 높은 엘리베이터 연구 타워이자 라이언 세이어Ryan Sayre(n.d.)가 힘주어 표현했듯이 '위쪽 내부를 "기술적으로" 재정비하는' 과정에서 나타난 일본 엔지니어의 중심적 역할을 보여 주는 생생한 증거다.

수직적으로 뻗어 나가는 전 세계 메가시티들의 수요에 발맞춰 초고용량 및 초고속 엘리베이터를 개발하는 임무를 맡은 이 타워—세계에서 가장 높은 엘리베이터 연구 건물—는 기본적으로 주거용이나 상업용 주변 공간으로 장식되지 않은 엘리베이터 구조물이다. 그것은 하늘로 솟아오르고자 하는 세계 도시들에 대한 완벽한 기념물이다. 특히 중요하지만 종종 무시되는 수직적 상승을 촉진하는 새로운 수직운송 기술의 역할에 대한 기념물인 것이다. 히타치사는 이 6,100만 달러짜리 타워에서 도시 하늘의 신칸센과 같은 차

세대 엘리베이터를 설계 및 개발하고 있다. 이 엘리베이터는 분당 속도 1킬로미터가 넘는 초고속, 초용량 엘리베이터다. '트렌드헌터 Trendhunter' 블로그의 메간 영Meghan Young(2010)은 다음과 같이 떠들었다. "만약 히타치 G1 타워에서 일한다면 속도에 대한 욕구를 충족시키는 데 하루면 충분할 것이다. 롤러코스터 타기? 식은 죽 먹기지. 포뮬러원 자동차 타기? 그건 졸면서도 탈 수 있어. 세계에서 가장 빠른 엘리베이터? 그게 바로 진짜지!"

다른 대형 엘리베이터 제조업체와 마찬가지로, 히타치사는 완전히 새로운 첨단 엘리베이터 기술을 설계하려고 한다. 이 회사는 특히 새로운 디자인, 전력 및 재료 기술에 초점을 맞춰 더 가볍고 더 작은 엘리베이터 샤프트〔엘리베이터 통로〕와 엘리베이터 차량〔엘리베이터 박스〕을 만들고 있다. 이외에도 이층 엘리베이터 차량(실제로 다른 엘리베이터 위에 쌓여 있다), 엘리베이터 승객이 엘리베이터에 오르기 전에 알고리즘을 이용해 승객들의 선호 목적지를 미리 평가하여 승객들을 특정 엘리베이터로 배치하여 전체 엘리베이터의 움직임을 줄이는 '목적지 파견destination dispatch' 엘리베이터, 상승 시 압력을 줄임으로써 승객의 귀를 자동으로 보호하는 압력 시스템을 만들고 있다.

이 중 첫 번째(더 가볍고 더 작은 엘리베이터 샤프트와 차량)는 전 세계적으로 100층 이상의 초고층 빌딩에서 중요하다. 왜냐하면 초고층 빌딩은 초고층일수록 플로어floor 공간이 줄어들고 (빌딩이 70층에서 100층으로 상승할 경우 7퍼센트에서 20퍼센트까지 플로어 공간이 줄어든다. 예시로 지멘(Simmen, 2009:17)을 참조), 이에 따라서 엘리베이터 샤프트가 차지하는 공간이 상대적으로 높은 비중을 차지하게 되기 때문이다.

과거에는 강철 로프와 엘리베이터 시스템의 무게 때문에 한 번 운행에 약 5백 미터라는 수직 상승 거리 제한이 있었다. 그래서 콘Kone 엘리베이터사의 요하네스 데 종Johannes de Jong이 2013년 《비즈니스위크Business Week》에서 지적한 것처럼 '고층 빌딩 병목 현상'이 존재했다(Catts, 2013에서 인용). 콘Kone사의 350미터짜리 연구용 엘리베이터가 핀란드 헬싱키 교외인 로하Lohja의 폐허가 된 광산에 위치한 것도, 히타치사 타워처럼 고층 빌딩과 광산 엘리베이터 분야에서 오랜 기간에 걸쳐 일어난 공진화를 반영하며 이 같은 문제점을 연구하기 위해서다. 초고층 빌딩과 폐광산 엘리베이터의 공진화를 완벽하게 포착한 콘사의 엘리베이터 샤프트는 '고층 실험실High Rise Laboratory'이라고 불린다.

콘사의 경영진은 특히 새로운 탄소섬유 로프 기술을 개발 중이다. 초고층 건물 공학의 '거룩한 성배'로 일컬어지는 로프 기술은 엘리베이터가 1천 미터까지(이는 현재 한계의 2배에 해당한다) 안전하게 상승할 수 있게 한다. 이 기술은 높이 1킬로미터 이상의 고층 건물의 확산을 가능케 할 것이다. "오늘날 대부분의 엔지니어들은 건물의 수직 높이 제한이 엘리베이터 샤프트의 강철 케이블과 가장 깊은 관련이 있다고 말할 것이다"(Rosen, 2013).

그런데 놀랍게도 '수직운송vertical transportation' 산업계의 잡지에 실리는 일부 기술 관련 신문기사들(Strakoshe and Corporale, 2010을 참조) 외에 G1 타워 같은 구조물들 및 그곳의 엘리베이터들은 도시와 도시 생활, 그리고 확산 중인 '모빌리티 전환'에 대한 사회과학 논쟁에서 거의 보이지 않는다. 실제로 모빌리티에 대한 새로운 사회과학 연구에서도 엘리베이터의 존재는 잘 인식되지 않는다. 엘리베이터가 복잡한 모빌리티 시스템이라는 점은 (수직적 공간을 이동함에도) 쉽게 망각된다.

마찬가지로 엘리베이터 도시 생활은 시네마틱한 영화의 특정 장르에 등장하거나 엘리베이터가 하나의 장식으로 신중하게 설계된 시기를 제외하면 그 자체로는 비행기 도시 생활, 자동차 도시 생활 또는 철도 도시 생활처럼 시적인 찬사를 받지 못했다. "찬가들은 제트기 여행, 증기기관차 그리고 광활하게 펼쳐진 도로에만 쓰였을 뿐, 수직운송에 대한 찬가는 거의 존재하지 않는다"(Paumgarten, 2008).

도시의 근대성에 내재된 수평적 모빌리티와 교통 인프라(고속도로, 철도, 지하철, 대중교통 등)의 문화·정치·지리를 탐구하는 연구들은 도서관 전체를 채울 수 있을 만큼 많다. 속도의 문화에 대한 분석(Virilio, 2006)과 밀접한 관련이 있는 매우 중요한 '모빌리티 전환 mobilities turn'이 지난 20년 동안 사회과학 분야에서 진행되어 왔으며, 이 전환은 현대사회에서 이러한 체화된 흐름embodied flows의 문화정치를 발굴하는 것을 목표로 했다(Urry, 2007 참조). 반면에 수직적으로 구조화된 도시 풍광을 이루는 건물들 내부와 건물들 사이에 존재하는 수직운송의 문화지리와 문화정치는 대체로 사회과학자와 인문학자들 사이에서는 간과되어 왔다(예외적으로, 엘리트 헬리콥터 수직성에 대해서는 Cwerner, 2006을 참조). 한 마디로, 엘리베이터, 리프트, 수직 여객 운송에 대한 사회과학 연구들은 미미하며 낯선 상황에 머물러 있다(Goetz, 2003; Simmen, 2009 참조).

따라서 리프트 혹은 엘리베이터는 모빌리티 사회학자와 기술 사회학자들이 '블랙박스'—어버니즘의 일상적 과정을 유지시키는 데 필요하지만 그 일상적 의존성(필요성)과 그 인공물의 내적 작동이 드물게 시험되거나 드러나는 복잡한 사회기술적 시스템 혹은 배합 assemblage—라고 부른 것의 탁월한 예시다(Winner, 1993 참조).

이런 모든 것들이 의미하는 바는, 도시 공간의 문화정치학에 대한 사회과학적 토론에서 엘리베이터가 중심에 설 필요가 있다는 점이다. 이를 염두에 두면서 엘리베이터 도시 생활의 문화정치에 대한 시론時論을 펴고자 한다. 엘리베이터 도시 생활의 비판적 사회과학을 주창하는 하나의 시도로서, 이 연구는 의도적으로 그 범위를 광범위하게 제시한다(예를 들어 나의 연구는 엘리베이터 도시 생활을 새로운 엘리베이터를 사용하면서 더 간과되고 있는 초-심층 광산의 세계와 연결시킨다). 따라서 이 글은 엘리베이터 도시 생활의 역사적 등장, 스펙타클로서 엘리베이터의 문화적 중요성, 전 세계적인 엘리베이터 속도 경주, 엘리베이터 경험의 '파편화splintering' 경향, 엘리베이터와 자동차를 뒤섞는 새로운 모빌리티 시스템 실험, 수직적 유기 abandonment, 마지막으로 건물 내부에서의 상승보다는 '초-심층' 광산의 유지를 위해서 땅속으로 깊숙이 가라앉는, 그동안 간과되어 왔던 엘리베이터의 정치학에 대하여 논할 것이다.

초고층 건물의 등장에서 엘리베이터이 담당하는 중요한 역할을 간접적으로 논의하는 작업(Gottman, 1966)을 넘어서, 또는 모더니즘적인 주택 프로그램에서 그 역할을 논하는 작업(Jacobs and Cairns, 2013)을 넘어서, 도시지리학의 특정 하위 학술 분야에서 엘리베이터에 대한 상세한 지리학—그 주제에 대해 많은 이야기를 담고 있는 학술 담론—을 명시적으로 다루는 학술 논문은 본 적이 없다. (세계의 지리학자들이 매년 미국 지리학회 학술대회 때 주요 호텔에 수천 명씩 모인다는 것은 역설적이다. 이 학술대회 기간 동안 지리학자들은 엘리베이터를 이용해 복잡한 수직적 움직임을 수행하면서 '모빌리티', '시-공간 압축', '물류도시 생활', '교통지리' 등의 사이를 오르내리고 있다. 여기서 이 기기(엘리베이터)는 너무나 당연시되어 그 중대하고도 도처에 존재하는 힘은 완전히 무시된다.)

이는 확실히 이얼 웨이즈만Eyal Weizman이 기존의 '평면적인flat' 지정학 담론에 대한 비판에서 짚어 냈던 지리학적 시선gaze에서 광범위하게 나타나는 '조감Bird' s Eye'적 관점에 대한 의존성과 깊은 관련이 있다(Weizman, 2002 참조).

교통지리학이라는 하위 분과는 하향식top-down 지도 제작 방식의 기원으로 도시와 지역을 입체가 아닌 단순히 평평한 표면으로 대하는 경향이 있다. 그런데 도시 연구에서 '수직적 전환vertical turn'(Graham and Hewitt, 2013 참조)이 등장하면서, 교통지리학자와 계획가들이 그 일부로서 수직적 그리고 수평적 도시를 연구하며 접근성의 정치학, 그

복합적인 수직적이고 수평적인 운송 시스템을 통합시키는 배합을 긴급하게 주목할 필요를 깨닫기 시작했다.

장 클로드 틸Jean Claude Thill과 동료들은 다음과 같이 말했다. "도시가 평평하지 않다는 점이 일단 이해되면, 인간의 움직임(복도, 엘리베이터 샤프트, 보도 등)을 지원하는 실내 및 실외 인프라들에 의해서 틀지어진 공간들 사이의 공간적이고 기능적인 관계들의 속성과 복잡성에 대한 이해는 심화될 것이다"(Thill et al., 2011: 405). 가장 수직화된 현대 도시들 중 하나인 홍콩의 주민들은 현재 수평적으로 도보, 버스 혹은 지하철로 이동하는 거리만큼이나 엘리베이터를 이용하여 수직적으로 이동하고 있다.

위쪽의 식민화

엘리베이터는 상상력을 위한 특별한 도구이다.… 〔하지만 영화, 미래주의, 공상과학 소설 등에 나오는〕 엘리베이터와 관련된 모든 상상력 중에서 하나의 극단적 시각은 이미 리얼리티가 되었다. 마천루의 높이와 발자국을 결정하는 '세균' 혹은 기술적 정령들이 전염병의 속도로 도시로 퍼져 나가 채 반세기도 되지 않아 도시에는 고층빌딩 블록들이 들어차게 된다(Simmen, 2009 : 18).

사실 엘리베이터는 2천 년 이상의 역사가 있다. 로마의 콜로세움에는 노예들에 의해서 작동되는 12개의 윈치 구동 엘리베이터 시스템이 있었다. 이 시스템은 야생동물과 검투사를 피가 홍건한 경기

장으로 곧장 들어 옮기는 데 쓰였다. 인간의 근육보다 더 많은 힘을 끌어내는 수단이 없다면 이런 시스템은 매우 제한적이었을 것이다.

도시가 성장하며 수직 공간의 급속한 식민화를 주도한 기술이자 상품 및 사람들의 수직 이동에 쓰이는 기술이 개발된 것은, 1850년대 뉴욕주 욘커스Yonkers의 엘리샤 오티스Elisha Otis가 자동으로 안전하게 제동되는 엘리베이터를 발명하면서부터다. (하지만 안드레 버나드Andreas Bernard(2014)가 보여 주듯이 엘리베이터의 기원은 복잡하고 다면적이다. 오티스는 단지 안전한 제동장치를 통해서 이미 잘 확립된 게양 시스템에 하나의 혁신을 추가했을 뿐이다.)

라이언 세이어Ryan Sayre(2011)는 다음과 같이 말한다. "이 작은 혁신은 완전히 새로운 종류의 공간을 열었다. 바로 우리가 '위'라고 부르는 공간이다. '위'는 물론 항상 존재했다. 그러나 그곳은 19세기 후반까지 일하고 살기 좋은 장소가 아니었다. 위는 거주할 수 있는 영토가 되기 위해서 때로는 강력하지만 항상 선례가 없는 영역을 만들어야 했다."

광산업에서 채택된 전기 또는 수력 및 케이블 드럼 혁신과 결합되고 나서야, 그 이후 브레이크와 결합된 후에야 '안전' 엘리베이터는 인간의 계단 오르기로 점철된 천 년의 제약에서 도시를 자유롭게 풀어 주었다. 인간의 상승 운동에서 중력의 극복은 초고층 건축의 혁신을 통해서 이루어질 수 있었다. 1916년 당시 세계에서 가장 높은 '고층 빌딩'인 맨해튼의 울워스 빌딩Woolworth Building은 초당 3.5미터의 속도로 207미터까지 올라가는 29대의 엘리베이터를 자랑했다

(Simmen, 2009 : 20).

더 빠르고, 더 크고, 더 안정적인 엘리베이터는 그 후로 고층 건물 건축학과 공학에서 일어난 변화의 기초가 되었다. 히타치의 연구용 엘리베이터는 1백 년 전 뉴욕보다 3백 배 빠른 속도로 가동되고 있다. 지리학자들은 지난 150년 동안 전신, 전화, 인터넷, 항공 여행, 글로벌 배송, 자동차, 철도와 같은 새로운 운송 및 통신 기술의 광범위한 확산이 가져온 '시공간 압축'(Harvey, 1989) 효과에 대해 널리 이야기하고 있지만, 그동안 이와 유사하지만 무시되어 온 수직적 시공간 압축 효과는 엘리베이터 차량의 급격한 속도 향상으로 가능해졌다.

엘리베이터는 19세기 후반과 20세기 초반 미국—특히 시카고와 뉴욕—의 초고층 건물의 성장에서는 상대적으로 덜 분명한 역할을 했다. 기술사회사학자 이딜 드 솔라 풀Ithiel de Sola Pool(1977)은 고층 빌딩의 역사는 사실 엘리베이터의 역사와 분리될 수 없다고 강조했다. 엘리베이터는 사무 노동자들의 출입을 가능케 했으며, 수평적으로 확장된 전자 통신(전신과 전화)은 사람들의 통근을 가능케 하고 멀리 떨어진 곳까지 통제할 수 있게 했다. 현대 대도시의 중심이 하늘 위로 집중되어 쌓일 수 있도록 하는 데 만약 전화가 없었다면, 전신배달 소년messenger-boys들이 그 메시지를 목적지(공장, 창고, 운송센터 등)까지 전달하는 데 아주 많은 엘리베이터 샤프트가 필요했을 것이다. 그러면 빌딩에는 사무실 공간이 거의 없었을 것이다.

엘리베이터를 타고 이동하는 것은 오랫동안 도시 근대성이라는 문화 개념의 중심적 구성 요소였다. 그러나 엘리베이터 모빌리티와 도시 근대성의 관계는 복잡하다. 어떤 의미에서 숨겨진 모터와 케이블에 의해 당겨지고, 낯선 사람들과 빠르게 위로 상승하는 조그만 상자 안에 함께 갇히는 경험은 강력하고도 거의 원초적인 불안감을 유발할 수 있다. 실제로, 심리학자들은 엘리베이터에 대한 두려움을 심각하고 광범위한 공포증으로 인식한다. 이러한 불안은 예상치 못한 지연 및 오작동과 빠르게 결합되어 1928년에는 '엘리베이터 음악'이 최초로 도입된다. 직원이 작동시키는 엘리베이터에서 자동화된 엘리베이터로의 전환은 비사교성 감각을 더욱 강화시키는 것 외에, 엘리베이터 인테리어 디자인과 스타일에 나타난 화려함에서 실용성으로의 변화와도 관련이 있다(Hall, 2003).

더 비공식적으로—나중에 살펴보겠지만—신뢰할 수 없고, 손상되고, 잘 관리되지 않는 엘리베이터는 오랫동안 특히 북미와 유럽 도시에서 고층 빌딩 타워 형태의 대중적인 사회 주택이라는 근대주의적 이상과 꿈의 아킬레스건이었다. 엘리베이터가 작동하지 않으면 이러한 르 코브뤼지에식Corbusian[1] 블록은 해방적인 '생활 기계machines for living' 또는 수직 공간의 빛과 공기로 투사되는 근대 공간이기보다, 특히 어린이가 있거나 덜 이동적인less mobile 사람들에게는 극단적 고립과 강제된 퇴거라는 디스토피아적 악몽으로 빠르게 축소된다. 발라드J. G. Ballard의 소설 《하이 라이즈High Rise》(2010 [1975])는

---

1 [옮긴이주] 르 꼬브뤼지에Le Corbusier에는 고층 빌딩을 근대주의적 건축의 대표적인 전형으로 제시한 스위스 태생의 프랑스 건축가이다.

그러한 고장이 어떤 것인지를 매우 잘 보여 준다.

"엘리베이터는 고층 주택에 매우 필수적인 기술이다"(Jacobs and Cairns, 2013: 84). 이를 인식하는 싱가포르 주택개발위원회와 같은 대규모 수직 주택 시스템의 질 높은 관리자는 엘리베이터 고장으로 인한 수직 격리vertical isolation에 대한 주민들의 우려를 완화하고자 24시간 비상대응팀을 갖추고 있다.

수직 (포스트)모더니티

이 작은 평범한, 압축된 방 … 엘리베이터는 모든 것을 담는다. 공간, 시간, 원인, 동작, 규모, 계급 등(Coover, 1969: 4, Garfinkel, 2003: 173에서 재인용).

원시적인 불안감에 사로잡히게 하는 엘리베이터의 상승은 심오하게 근대적이기도 하다. 엘리베이터의 상승은 다소 평범한 형태의 수직 원거리 운송teleportation에 비유되었다. 지노 지멘Jeannot Simmen(2009: 28)은 다음과 같이 주장한다. "선박, 항공 또는 철도 여행과 달리 엘리베이터 상승 이동은 장소 간 이동을 포함하지 않으며 볼거리도 없다. 시간의 흐름에 따른 통행 대신에, 관련된 매개변수는 상승하는 동안 낭비되는 시간이다."

그러나 엘리베이터는 여전히 특별하다. 엘리베이터 안은 도시인류학에 매혹적인 기회이다. 밀도가 증가함에 따라 거주민은 위치, 태도 및 심지어 시선의 위치까지 눈에 띄지 않게 조정한다. 이것은 개인 공간을 최대화하고 원치 않는 친밀감의 위험을 최소화한다. 닉 파움가르텐Nick Paumgarten(2008)은 다음과 같이 말한다. "승객들은 엘리베이터에 어떻게 적응할지 본능적으로 아는 것 같다."

두 명의 이방인이 뒤쪽 모퉁이로 가서 무게를 맞추고, 세 번째 승객은 문 옆으로 설 것이다. 네 번째 승객이 들어서면서 이등변 삼각형 모양의 대열이 사라지고 세 번째와 네 번째 승객은 앞쪽 모퉁이를 각각 차지하게 된다. 그리고 한가운데 중심 공간에 다섯 번째 승객이 오른다. 이런 식으로 계속 진행된다. 마치 주사위의 점들처럼.

엘리베이터 이동 경험은 허구적, 영화적, 시적, 공상과학적인 상상력의 풍부한 역사들로 과잉코드화되었다. 1999년 영화 〈존 말코비치 되기Being John Malkovich〉의 신비롭고 비밀스러운 7.5층에서 도시 민속학의 한 챕터 전부 혹은 영화에서 일어나는 수많은 불행한 죽음과 재앙에 이르기까지, 엘리베이터는 현대 대도시의 수직적 기술문화 내에 존재하는, 따분하거나 공포스럽거나 혹은 미지의 인터페이스를 활보한다.

수잔 가핑켈Susan Garfinkel(2003: 176)은 다음과 같이 말한다. 엘리베이터는 "공적이지만 사적이며, 둘러싸여 있지만 투과성이 있으며, 주변을 둘러싼 건축 공간과는 별개이지만 그와 일체가 될 수 있다." 또한 엘리베이터는 "어떤 예측 가능한 방식으로 기대하지 않았던 것들을 기대하게끔 한다." 가핑켈은 영화에서 엘리베이터가 '기업 사다리corporate ladder'[회사에서의 지위 상승], 사회적 또는 경제적 발전, 성적인 연결(또는 성적인 포식)의 열망, 공공장소의 민주화, 기술 붕괴의 불안, 회사 생활의 단조로움, 도시 아노미의 불안 등등의 다양한 것들을 상징하는 것으로 사용되는 방식을 보여 준다. 대공황 시대 미국영화에서 "물리적 근접성과 엘리베이터의 급격한 상승력"(Schleier, 2009: 68)은 앞으로 전개될 남녀 간 관계의 징조를 보여 주는 이미지로 사용되기도 했다. 때로 우디 앨런Woody Allen의 1997년 영화 〈해리 파괴하기Deconstructing Harry〉에서처럼 엘리베이터는 수직적 연결이 천국이나 지옥에 이르는 통로로 작동하는 방식에 대한 불안을 상징하는 데 사용되곤 했다.

중요한 것은, 현대식 엘리베이터의 상대적으로 표준화되고 밀폐된 경험이 점점 변화하고 있다는 것이다. 적어도 고급 오피스 빌딩이나 관광객들이 방문하는 유명하고 화려한 수직 구조물에서는 말이다. 1967년 애틀랜타시에 있는 존 포트먼John Portman의 유명한 하얏트 리젠시 호텔Hyatt Regency Hotel의 내부 아트리움을 따라 투명한 '로켓선rocket-ship' 스타일의 엘리베이터가 설치된 이래로(그림 6.1) 건물 내부 또는 외부에 외부 노출형, 글래스 또는 '파노라마'형 엘리베이터가 점점 보편화되고 있다.

허버트 조지 웰스H. G. Wells의 소설을 영화화한 1936년 영화 〈다가올 세상Things to Come〉에서 로알드 달Roald Dahl의 〈찰리와 거대한 유리 엘리베이터Charlie and the Great Glass Elevator〉에 나오는 찰리의 수직 여행에 이르기까지, 오래된 공상과학소설과 우주시대 미래파futurism

의 수사를 통해 수직 여행은 점점 더 많이 표현되고 있으며, 상품화되어 찬양되고 있다. 일부 시스템에는 특히 1972년에 지어진 시애틀에 있는 스페이스 니들Space Needle 안에는, 엘리베이터 여정이 아폴로 우주 비행사의 달 착륙을 위한 수직 엘리베이터 여정을 모방하여 새턴 5호 로켓에 결박된 아폴로 지지대gantry를 타고 올라가는 수직 엘리베이터 여정으로 상품화되어 있다.

로스앤젤레스의 보나벤처 호텔Bonaventure Hotel 또는 디트로이트의 르네상스 센터Renaissance Center와 같은 유명한 포스트모던 건축 아이콘과 마찬가지로, 애틀랜타에 있는 포트만Portman의 투명 엘리베이터는 매우 작고, 자립적인 도시—즉, 주택가를 넘어서 세상과는 완전히 분리된 소비와 스펙타클의 순수 공간—의 감각을 창조하는 데 매우 중요한 역할을 했다. 포트만은 이렇게 회상했다. "엘리베이터는 실제로 전체 공간의 역학을 확립시켰다. 엘리베이터를 벽에서 꺼내는 것은 마치 극장에서 〔4D 영화관의〕 움직이는 좌석을 만드는 것과 같은 것이었다"(Patton, 2003: 110-11에서 재인용). 그 결과, 이 투명 엘리베이터들은 1970년대에 애틀랜타의 급속한 성장의 상징이 되었고, 미국 도시 성장의 방향을 남부로 향하게 하는 광범위한 지리적 재조정의 상징이 되었다. 포트만 호텔의 개장 후에 필 패튼Phil Patton은 다음과 같이 회상한다.

애틀랜타 주변의 시골 배후지에서 온 방문객들은 엘리베이터를 보려고 도시로 특별한 여행을 했다. 다른 엘리베이터 차량이 낙하할 때 상승하는 여러 대의 엘리베이터 차량의 모습은 꼬인 포장지에 든 양초와 장난감 소형 보트처럼 빛이 나면서 끝이 가늘어졌다. 이 엘리베이터 타기는 로켓 발사가 시작된 후 건물 지붕을 통과하여 폴라리스Polaris 회전 식당에 도달하는 여정으로, 그 전체가 가치 있는 여정이었다.(Patton, 2003: 106)

한편, 이 아이콘 같은 타워 내에서 특히 높거나 빠른 수직 여행이 도시 관광 및 소비와 관련한 더 넓은 판타지 풍광의 일부로 점점 더 페티쉬화되고 있다는 점에 주목할 만하다. 엘리베이터 타기는 점점 그 자체로 상품화된 목적과 구경거리spectacle가 되어 가고 있다. 예를 들어, 호주 골드 코스트Gold Coast에 있는 새 타워의 엘리베이터에는 천장에 속도와 위치 표시기와 함께 뒤로 빨려 들어가는 엘리베이터 샤프트의 이미지를 나타내는 비디오 화면이 있어, 탑승

그림 6.1 애틀랜타 하이야트 리젠시 호텔에 있는 아트리움 엘리베이터
출처: Photographed by Rick, Attribution Licence (http://www.everystockphoto.com/ photo.php?imageId¼21180 96&searchId¼df5c185d11d7b7c09b6f8085f14d18e8&np os¼3).

그림 6.2 호주의 가장 빠른 엘리베이터 중 하나인 호주의 골드 코스트 스카이 타워 위에 있는 스카이 로비까지 올라가는 엘리베이터 차량 지붕에 설치된 리얼 타임 스크린

출처: Photo by Stephen Graham, November 2013.

자가 엘리베이터 타기의 느낌에 더 자연스럽게 노출될 수 있다(그림 6.2). (아마도 하강할 때 아래 바닥의 모습은 보여 주지 않을 것이다. 탑승자가 두려워할 것이기 때문이다.)

그러나 (보통) 불투명한 상자를 넘어 진행되는 수직 모빌리티를 상기시켜 주는 것들이 언제나 잘 인식되는지는 언제나 불확실하다. 오티스Otis사는 최근 엘리베이터 승객들이 엘리베이터 샤프트를 위아래로 날아다니고 있다는 사실을 강조해서 보여 주는 스크린을 의식하는지를 평가하는 연구를 수행했다. 그들의 발견은 "사람들은 오히려 그 사실에 주의를 기울이지 않고 있다는 것"이었다(Paumgarten, 2008).

"가장 빠른 엘리베이터들은 어디에 있는가?"

수직도시의 확산은 당연히 수직운송 산업의 글로벌 붐과 관련이 있다. 2012년에는 전 세계적으로 약 1,100만 개의 엘리베이터와 에스컬레이터가 운행되었다. 매년 70만 대가 팔렸고, 세계시장은 2008년 560억 달러에서 2016년까지 매년 940억 달러로 매년 6퍼센트씩 성장할 것으로 예상되었다(Bodimeade, 2012). 당연히 아시아, 특히 중국이 이 시장의 성장을 전적으로 지배하고 있다. 2010년 전체 투자의 절반이 중국에 투자되었다(Koncept Analytics, 2010).

리프트/엘리베이터 기술의 급속한 발전은 재료과학 및 토목공학의 혁신과 마찬가지로 초고층 빌딩의 세계적인 확산에 근본적인 것이다. 일본에서는 새로운 엘리베이터 기술이 오래전의 지진 제한 높이(1968년까지 30미터 제한이 있었음)를 넘어서는 비교적 최근 움직임의 중심이 되어, 일련의 다용도 '도시 내 도시city within city' 수직복합단지가 생겨났다. 어떤 면에서 이것은 존 포트만의 1970년대와 1980년대 북미 엘리베이터의 확장 버전과 유사하다. (그 예로 1978년에서 1993년 사이에 세계에서 가장 빠른 엘리베이터가 있었던 선샤인Sunshine 60 빌딩과 롯폰기 힐즈Roppongi Hills가 있다.)

초박형super-thin 쇼핑몰, 엘리트 콘도미니엄, 다층 주차장, 기업 본사, 고가의 호텔 및 레스토랑을 포함하는 이러한 '혈관 샤프트vascular shafts'(Sayre, 2011: 11)는 세계에서 가장 빠른 엘리베이터 서비스를 제공한다. 이것들은 국내의 도시들을 수평으로 연결하는 친숙한 신칸센 초고속 열차 네트워크처럼 급격한 시공간 압축 또는 이동적kinetic 엘리트주의를 상징하는 국가 근대성의 아이콘으로 공개적으로 판매된다. 라이언 세이어Ryan Sayre에 따르면 "현재 일본 기업이 생산한 세계에서 가장 빠른 5대의 엘리베이터 중 4대를 통해, 일본은 '위쪽'의 식민화에서 고도高度의 경쟁자로서 자신들의 속도velocity를 적극적으로 홍보했다."

실제로 초고속 엘리베이터는 세계화, 도시 성장 및 부동산 투기 등 빠르게 변화하는 경제 지형에서 실제로 무슨 일이 일어나고 있는지 보여 주는 대리 지표로서 세계 비즈니스 언론의 찬양을 받고 있다. "세계에서 가장 인기 있는 경제가 어디에 있는지 알고 싶다면, GDP 보고서, 고용 통계 및 소비자 지출 추세를 확인하지 마십시오. 이것만 확인하면 됩니다: 가장 빠른 엘리베이터는 어디에 있습니까?"(Van Riper and Malone, 2007, Sayre, 2011: 10에서 재인용). 도시바Toshiba가 대만 타이페이 파이낸셜 센터에 설치한 세계에서 가장 빠른 엘리베이터는 현재 최고 속도 시속 60킬로미터에 달하며, 승객들의 고막 보호를 위해 지상과 같은 수준의 기압이 유지된다(그림 6.3 참조).

2013년 4월, 히타치는 훨씬 더 빠른 엘리베이터를 중국 광저우에 있는 새로운 530미터 타워에 건설하여—이미 언급한 G1타워에서 기록된—수직 속도 최고 기록을 경신했다고 발표했다. 이 엘리베이터들은 최고 속도인 시속 72킬로미터로 43초 만에 95층을 오를 수 있다.

전례 없는 수직운송 시스템이 제공하는 훨씬 높은 초고층 타워는 오랫동안 모더니즘 건축의 상상력을 사로잡았다. 예를 들어, 1956년 프랭크 로이드 라이트Frank Lloyd Wright는 시카고에 528층 높이의 타워를 설계했다. 이 빌딩은 시간당 60마일로 이동하는 66개의 원자력에너지로 운행되는 5층짜리 엘리베이터들을 갖추고 있었다. 그

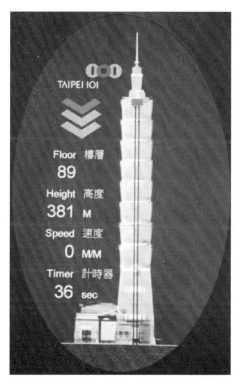

그림 6.3 수직 신칸센: 대만에 있는 508미터짜리 타이페이 101타워에 있는 세계에서 가장 빠른 엘리베이터의 비디오 스크린과 관련 데이터 그래픽. 이 엘리베이터는 도시바가 제작했다. 이 빌딩은 2004년 개장되었으며 당시 세계에서 가장 높은 고층 빌딩이었다. 플로워, 높이, 속도 그리고 빌딩 위치가 모두 수직 스펙타클의 일부로서 전시되고 있다.
출처: Erik Carlton (http://www.independent.co.uk/news/world/middle-east/trouble-at-the-1bn-burj-khalifa-tower-spiralling-service-costs-see-landlords-falling-behind-on-their-bills-9127085.html)

이후로 건축의 판타지는 점점 더 높고 웅장한 수직 비전을 구축하는 데 집중되었다. (현재 두바이의 버즈 칼리파Burj Kalifa는 제다Jeddah시 하늘에 1킬로미터짜리 킹덤 타워Kingdom Tower로 우뚝 솟아 있다.)

다른 곳에서는 자동화된 엘리베이터가 컨테이너, 자동차, 물류까지 다양한 물류, 창고 및 운송 시스템에 모든 것을 쌓기 위해 완전히 수직적인 구조로 통합되었다. 독일 볼프스부르크에 있는 폴크스바겐이 운영하는 '자동차 타워Car Tower'가 가장 상징적인 사례일 것이다 (그림 6.4).

거대 규모의 프로젝트 건축물을 넘어서서, 지구 표면과 고정

그림 6.4 독일 볼프스부르크시에 있는 폴크스바겐 '자동차 타워'. 엘리베이터가 거대한 자동차 테마파크의 일부가 되어 자동차를 수직 이동하고 관리하는 시스템 역할을 한다.

geostationary 위성 또는 달까지 연결하는 엘리베이터에 대한 꿈은 공상과학소설 작가들의 마음을 사로잡아 왔다. 국제우주비행사 아카데미International Academy of Astronautics는 2014년 이 분야 연구에 초강력 탄소 나노 튜브 재료에 대한 새로운 연구를 적용하면서 2035년까지 10만 킬로미터의 '우주 엘리베이터'가 실현될 것이라고 했다. 우주

까지 화물을 수직으로 감아 올리는 '밧줄tether' 역할을 할 이 프로젝트는, 위성 발사 비용을 획기적으로 줄이는 수단이 되어 훨씬 더 강력한 외부 행성 탐사와 식민화의 중요한 단계가 될 것이다(Swan, 2013).

거리의 사람들, 공중의 사람들

거리의 사람들과 공중의 사람들이 있었다. 공중의 사람들은 마치 무슬림 고행 수도자들fakirs처럼 부양한다. … 엘리베이터 접근권은 당신의 삶이 부패와 위협의 영역으로 여겨지는 도시로부터 떠 있는 데 필요한 부력을 가지고 있다는 증거였다.(Raban 1991: 80)

이러한 수직 메가 프로젝트들이—지속 가능성 문제, 인구 및 도시 성장에 대한 추정적 반응으로서든, 혹은 투기 및 건설 기술의 변화 가능성이나 심각한 과대망상으로서든—상상되고 마케팅되고 구성되기 때문에, 수직 이동성을 둘러싼 사회지리의 불균등성은 점점 더 강화될 것이다. 그리고 수직운송 접근 가능성의 사회적 불평등은 이미 수평적 시스템(빈곤한 지역을 우회하는 공항열차나 TGV 열차처럼 '프리미엄' 서비스와 결합되어)을 포위했던 점점 더 '파편화된splintered' 지리를 모방하기 시작했다(Graham and Marvin, 2001 참조).

1930년대 초고층 타워의 상승은 당시의 엘리베이터 기술의 제한을 받았으며, 순차적으로 엘리베이터를 갈아타는 데 오랜 시간이 걸리는 엘리베이터 구조를 포함하고 있었다. 이 엘리베이터들은 모든 층에서 멈출 수 있었다. 마크 킹웰Mark Kingwell (2006: 192)은 "엠파이어 스테이트 빌딩에서 같은 반복된 여행 경험이 상승 여행자에게 지속적으로 반복되는 시간 지연suspension을 상기시킨다"고 지적했다. "케이블이 무한정 늘어나지 않는다는 사실을 상기시키는 데에 엘리베이터를 세 번 바꿔 타도록 하는 것만큼 효과적인 방식은 없다."

그러나 더 강한 케이블의 설계로 단일 도약 엘리베이터가 개발되어 초고층 꼭대기에 도달할 수 있게 되었다. 이러한 변화는 초고속의 초고층 엘리베이터 경험을 궁극적인 사회기술적 '블랙박스'―완전히 다른 높이에 있는 방들을 그냥 단순히 방에 들어갔다가 나오는 행위로 바꿔 버린 기적적인 원거리 운송기―로서 도시문화에 쌓아 놓을 수 있게 해주었다. 킹웰(2006: 192)은 이렇게 말한다. "나는 작은 방에 들어간다. 문은 닫히고 다시 열린다. 그러고 나면 나는 다른 곳에 있다. 당연시되는 엘리베이터는 아마도 〈스타 트렉Star Trek〉에 나오는 운송 장치에 가장 가까울 것이다. 하지만 너무나 일상적이어서 우리는 그것에 대해 거의 생각조차 하지 않는다."

이러한 새로운 기술은 또한 '개별화되고unbundled' '파편화된' 엘리베이터 경험의 공학을 촉진시켰다. 이러한 엘리베이터 경험이란 엘리트 또는 프리미엄 사용자가 평범하고 느린 엘리베이터를 사용하는 상대적으로 가난한 사용자들을 '우회'하면서 수직 시공간 압축의 강화된 과정을 경험할 수 있도록 체계적으로 다양화된 엘리베이터 속도 및 도약의 경험을 말한다(Graham and Marvin, 2001). 뉴욕 세계무역센터World Trade Center의 건축가들이 1973년 '스카이 로비Sky lobby'에 대한 아이디어—'익스프레스'와 '로컬' 엘리베이터가 서로 연결된 로비가 건물 중간 높이에 있는—를 발표한 이래로 뉴욕 지하철의 열차 패턴을 모방하고 있는 초고층 타워들에는, 점차로 고속의 장거리 또는 '셔틀' 엘리베이터와 각 층마다 멈추는 '로컬' 엘리베이터들이 추가로 건설되었다. 이러한 접근 방식으로 인해 설계자와 건축가가 다양한 계급의 거주자 또는 방문자들을 위해 각기 다른 엘리베이터 속도와 경험을 신중하게 맞춤형으로 설계할 수 있게 되었다.

실제로 이러한 변화는 단일한 대중적인 엘리베이터 상하 운송을 여러 호텔에서 사용되는 최신 카드와 무선 칩에 기반한 액세스 제어 기술을 사용하여 조직된 수직 모빌리티 시스템 스펙트럼으로 대체하여 수직 이동 환경을 다양화시킨다. 세계 도시에서 엘리트의 수직적 퇴거에 대한 우려가 나오고 있지만(Cwerner, 2006 참조), 익스프레스 및 VIP 엘리베이터는 타워의 특권적 펜트하우스 공간을 점유하고 있는 엘리트 사용자들에게 지상과 급진적으로 '가까워지는' 특권과 함께 모든 층에 들르는 셔틀을 이용해야 하는 일반인들을 우회하는 혜택도 제공한다.

두바이에 있는 세계에서 가장 높은 빌딩인 버즈 칼리파Burj Khalifa에 설치되어 있는 다양한 엘리베이터는 이미 고도로 세분화된 수직적 위상배치topologies를 잘 보여 준다. 123층에 있는 고급 레스토랑들과 전망대로 올라가는 'VIP' 엘리베이터에 접근할 수 있는 운 좋은 사람들(그림 6.5)은 호화로운 (엘리베이터) 실내에서 대략 1분 만에 "스타들이 즐기러 오셨습니다the stars come out to play"라는 표시에 (선택된 승객의 지위와 상승 속도를 모두 찬미하면서) 도달한다.

아랍에미리트의 라스 알 카이마Ras Al Khaimah에 있는 월도프 아스토리아Waldorf Astoria 같은 초고급 호텔 타워는 고객이 요구하는 캡슐형 지리를 확장하고 싶어 한다(De Cauter, 2005 참조). 많은 기업 오피스 타워에는 VIP 엘리베이터가 설치되어 있으며, CEO 계층과 최고 경영진은 중간층에 들르거나 회사 내 '더 낮은' 계층 인력과 어깨를 맞대지 않고도 건물의 정점에 있는 사무실로 곧장 직진할 수 있다.

두바이를 위해 계획된 2.4킬로미터, 4백 층짜리 '수직도시'와 같은 미래의 프로젝트에 구현된 극도의 수직 도시성은 다양한 엘리베이

그림 6.5 두바이 버즈 칼리파 빌딩의 꼭대기에 있는 전망대에서 내려다본 전경
출처: Le Grand portage (http://www.independent.co.uk/news/world/middle-east/trouble-at-the-1bn-burj-khalifa-tower-spiralling-service-costs-see-landlords-falling-behind-on-their-bills-9127085.html)

터 시스템을 사용하여 다양한 수준의 시공간 압축을 다양한 사용자들에게 제공하는 예시다. 그것은 "내부 엘리베이터 레이아웃을 사용하여 주민들로부터 노동인구를 분할하고 지정된 지역까지 고속 VIP 특급 서비스를 제공"(Khaleej Times, 2008) 하는 방식으로 의도적으로 설계되었다.

갇히다: 수직운송의 위기

> 훌륭한 고층 빌딩은 훌륭한 엘리베이터에 의존한다.(Cizek 2011a)

초고층 주거용 타워를 제공하는 VIP 엘리베이터의 화려함 외에도, 고요하고 엄청나게 빠른 캡슐의 마찰 없는 상승에 대한 근대주의적 상상과 함께 엘리베이터로 유지되는 수직 모빌리티는 여전히 논란거리다. 다른 한편으로, 수직운송에 대한 고층 타워 탑승자의 완전한 의존성은 일반 세상을 넘어선 엘리베이터로의 접근성이 궁극적으로는 '알박기 땅ransom strip'—임차인들로부터 더 높은 서비스 수수료를 갈취하는 수단—이 될 수 있음을 의미한다.

예를 들어, 버즈 칼리파에 있는 1천 개의 아파트 중 일부를 임대하는 많은 임차인들은 연간 4만 파운드의 임대료에도 불구하고 고급 스파, 체육관 및 기타 시설에 대한 접근이 전자 장치로 차단되어 있음을 최근에 알게 되었다. 집주인이 계약서에 명시된 높은 유지 보수 및 서비스 비용을 건물 소유주에게 지불하지 않아서 공동 서비스가 철회된 것이었다. 2013년 기준, 이 비용은 1백만 파운드의 아파트에 살 경우 통상 15만 5천 파운드 정도였다. 2012년에는 이 비용이 물가상승률을 훨씬 넘는 27퍼센트나 증가했다. 부동산 소유자가 지불할 수 없거나 지불하지 않을 경우, 건물 소유주는 주요 공동시설에 대한 임차인의 접근을 막거나 엘리베이터 문 옆에 이 비용을 지불하지 않은 임차인의 '부끄러운 명단'을 게시한다(Armitage, 2014).

공공지원 주택 또는 저소득 주택 타워에서도 엘리베이터 유지 관리 비용 등의 문제는 오랫동안 제기된 문제이다(그림 6.6). 노후되고 신

그림 6.6 시카고의 고장난 엘리베이터
출처: The Dark Thing (http://www.everystockphoto.com/photo.php?imageid1/41
0805698&searchid1/463ccd1baa824e1718456520cc2befac4&npos1/413).

뢰할 수 없는 엘리베이터로 인한 수직운송 위기는 종종 철도, 버스, 자동차 또는 항공 여행 시스템처럼 가시적이고 잘 알려진 수평적 위기만큼이나 강력하게 도시 내 사회적 고립을 초래한다.

캐나다의 도시들에서 민간 콘도 타워의 고층화가 주목을 받았지만, 점점 증가하는 고층 임대 타워의 도시에서 저소득 커뮤니티 계층이 많이 거주하는 고층 타워에서는 지속적으로 엘리베이터 서비스를 유지하지 못하는 경우가 많기 때문에 많은 사람들이 자주 공중에 고립된다. 유나이티드 웨이United Way(2010) 로비 그룹은 토론토가 '수직 빈곤'의 도시가 되고 있다고 경고하며, 이 타워 엘리베이터와 건물의 나머지 부분의 물리적 재보수가 중요한 인프라스트럭처의 위기infrastructural crisis를 막는 데 필요하다고 경고했다. 인프라스트럭처의 위기는 가장 취약한 계층을 체계적으로 공중에 고립시킨다. 이 연구에 참여한 자말Jamal은 토론토 도심에 있는 노후한 타워에서 자랐다.

엘리베이터는 어떤 층을 건너뛰기도 하고 덜컹거리며 충격을 주고 위아래로 흔들립니다. 엘리베이터가 13층에서 지하 2층으로 떨어졌을 때 과연 살아남을 수 있을지 궁금해하곤 했어요. 내 가족이 그곳에 이사했을 때 너무 무서웠어요. 나는 가족들이 나오지 않을지도 모른다는 생각에 혼란스럽기도 했습니다. 아직도 엘리베이터가 무섭습니다. (Cizek, 2011 에서 재인용)

한편, 프랑스에서 엘리베이터 서비스가 점점 더 위험해지고 있는 고층 교외 주택지구banlieues에 있는 이민자 공동체의 곤경은 2005년 폭동 이후로 탈식민적 공화국에서 곤경에 처한 동화의 정치politics of assimilation의 상징이 되었다. 2005년 폭동이 시작된 파리 동부 주변의 아프리카출신 이민자 거주지역인 끌리쉬 수 부와Clichy-sous-Bois는 수직적·사회적·수평적 유기abandonment 과정의 상징이 되었다. 폭동 이후 고층의 물리적 공간이 악화되면서 이사를 나가는 사람이 증가하고 범죄 발생률은 상승했다. 엘리베이터 유지 보수는 중단되었다(특히 민간 임대 블록에서). 많은 가족들이 오랫동안 공중에 격리되었다.

2013년 파리의 잡지 《레 인록스Les InRocks》는 고층 타워 꼭대기에 사는 콩고 이민자 마가레스Margareth를 인터뷰했다. 마가레스가 사는 블록의 엘레베이터는 이제 '단지 장식품'에 불과하다고 보도되었다(Doucet and Sudry-le-Du, 2013). 수리는 빨라야 몇 달이 걸린다. 인터뷰가 시작된 이래로 일주일 동안 마가레스는 쇼핑을 하기 위해 땅을 밟아보지 못했다. "아이들을 데리고 내려가는 데만도 거의 한 시간이 걸릴 거예요"(Douuce and Sudry-le-Du, 2013에서 재인용). 쇼핑을 할 때는 계단을 쉽게 오르기 위해 짐 무게를 최소화한다. "저한테는 나름의 요령이 있어요. 주스팩을 피하고 시럽을 먹습니다." 이 지역 시장인 클로드 딜레인Claude Dilain은 《르몽드Le Mond》지에서 다음과 같이 말한다. "한 여자가 천천히 조용히 계단을 오릅니다. 전체 카트 무게 때문에 두 배로 허리를 구부려 앞쪽에서 끈을 당깁니다. 그녀는 8층에 삽니다. 우린 지금 파리에서 겨우 15킬로미터 떨어져 있습니다. 이게 가능한 일입니까?"(Doucet와 Sudry-le-Du, 2013에서 재인용).

　이웃들 사이의 복잡한 지원 및 물물교환 시스템은 쇼핑백을 더 높은 층으로 옮기는 임시 도르래 시스템과 함께 모빌리티 능력이 떨어지는 임차인을 기아로부터 보호하는 유일한 방법이다. 2013년에 임차인이 엘리베이터 수리를 기다리는 동안 딜레인은 '살아 있는 엘리베이터' 시스템—거주인들이 계단 오르는 것을 도와주는 자원봉사자들—을 운영하고 조직했다. (그 활동이 있었던 곳 중 하나인 투르 빅토르 위고Tour Victor Hugo라는 타워의 이름은 파리 수직정치의 복잡한 역사에서 또 다른 장면을 떠올리게 한다.)

　현대식 엘리베이터가 전기에 의존하는 것은 고층 거주자의 취약성을 더욱 가중시킨다. 수직 타워에서의 생활을 '빛과 공기' 그리고 도시에서 멀어지는 것으로 간주하는 현대 건축가의 상상 속에서는 정전이 고려되지 않았지만, 현대 전력망의 취약성으로 인해 수직 생활은 신속하게 수직 격리로 전환될 수 있다. 이것은 2012년 10월에 허리케인 샌디가 뉴욕시를 덮쳤을 때 강력하게 입증되었다. "허리케인 샌디가 맨해튼 남쪽 많은 지역의 전력공급을 고장내 버리면서, 번쩍이는 새로운 초고층 빌딩의 정상 부근에 사는 것의 단점이 분명하게 드러났다"(Cameron, 2012). 주민들은 몇 년 동안 (혹은 전혀) 보지 못했던 건물의 계단을 찾아야만 했다.

　공공주택 '프로젝트' 건물에 거주하는 40만 명의 주민들은 정전으로 인해 430대 이상의 엘리베이터가 정지되면서 특히 큰 타격을 받았다. 상하수도 공급이 중단되어 취약 계층과 장애인, 노쇠한 주민들과 어린이들에게 긴 계단으로 식수와 음식을 운반해야 했다. 아픈 주민들은 사람들의 도움을 받아 계단을 내려와야 했다. 근처의 소화전을 열어 물을 얻어야 했고, 어두운 계단은 공포와 피로 속에서 재발견하고 (종종 고통스럽게) 통과해야 하는 구조가 되었다. 타워에 비상 백업 전원을 설치하여 향후 정전을 예방하자는 광범위한 요구들이 있었지만, 이 요구들은 자금 부족으로 거부당했다.

하강: 엘리베이터와 '초심층' 채굴

금 가격이 사상 최고 수준에 도달하면서 남아프리카의 광업회사들은 최고 심층까지 시추 작업을 계속한다. (Wadhams, 2007)

엘리베이터의 문화정치에 대한 논의들은 이러한 논의들이 전적으로 지상의 수준에 제한되어야 한다고 제안한다. 그럼에도 불구하고, 앞에서 제안한 바와 같이 중요하지만 보이지 않는 채굴의 세계에 포함되어 있는 지하의 엘리베이터 이동 세계는 지상의 경우보다 훨씬 놀랍다(그림 6.7). 세계에서 가장 큰 벙커들과 마찬가지로, 가장 거대한 지하 채굴 단지는 지하에 존재하는 도시들과 비슷하다. 하지만 그 존재는—지상의 대도시들을 유지하기 위해서 작동하고 있음에도 불구하고—빠르게 확장되는 지표면의 대도시와 멀리 떨어져 있다.

그림 6.7 1920년대 지상까지 올라가는 광산 엘리베이터 혹은 케이지 안에 있는 벨기에 석탄 광부들

출처: public domain

실제로, '케이지cage'[2]가 '엘리베이터'라는 새로운 이름으로 불리게 되는 동안, 더욱더 높은 고층 빌딩 숲을 건설하는 기술과 함께 땅속에 더 깊은 수직의 탄광 구조를 건설하는 기술이 근본적으로 같이 진화해 왔다. 전자는 북반구 세계 도시의 핵심에 위치하고 있지만 남반구의 희귀하고 귀중한 금속 및 광석의 깊은 신식민지 광산에서 막대한 부를 끌어내는 기업 경영진, 주식시장 및 부유한 금융가를 수용하고 있는 반면에, 후자는 수직도시 타워들을 건설하는 데 사용되는 주요 재료를 공급하고 있다. 그러나 지난 세기 동안 고층 빌딩이 얼마나 더 높아지고 있는지는 잘 알려져 있지만, 땅속의 더 특별하고 위험한 채굴의 깊이는 잘 알려져 있지 않다.

안드레아스 버나드Andreas Bernard는 이렇게 말한다. "엘리베이터의 초기 역사에서 채굴이 수행한 역할을 명확하게 하려고 하면, 지상과 지하의 흥미로운 동시성을 발견하게 된다"(Bernad, 2014: 28). 이는, 높은 빌딩의 익숙한 역사적 성장 패턴을, 상대적으로 훨씬 더 주목받지 못했지만 훨씬 더 스펙타클한, 더 깊은 광산으로 내려가는 채굴작업의 엘리베이터 모빌리티와 나란히 놓을 때 시각적으로 잘 포착된다(그림 6.8).

그레이 브레친Gray Brechin(1999)은 샌프란시스코의 성장을 둘러싼 제국의 생태정치를 다루는 선구적인 연구에서 광업과 고층 빌딩 사이

---

2 [옮긴이주] 수직 갱도에서 로프의 맨 끝에 설치하여 사람과 재료 등을 운반하는 데에 사용하는 운반구.

의 깊은 연계와 각 엘리베이터 시스템의 복잡한 공동 진화를 강조한
다. 그는 19세기 후반부터 북미 다운타운의 기업용 초고층 빌딩에
핵심적이었던 많은 요소들이 실제로는 깊은 광산에서 처음으로 등

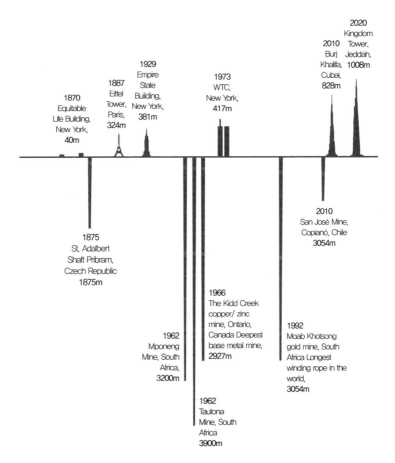

그림 6.8 1850년부터 현재까지 세계의 가장 높은 고층 빌딩과 가장 깊은 광산들의 성장
비교
출처: Koolhaas (2014: 12-13)에서 변형, 업데이트함

장한 방식을 보여 준다. 캘리포니아 금광에서는 초고층 건물 건설에 핵심적인 환풍기, 다층 전화기, 초기 전기 조명 및 고속 안전 엘리베이터가 체계적으로 사용되었다. "캘리포니아 금광의 엄청난 생산량과 전망으로 모든 것이 요구되고 지불되었다"(Brechin, 1999: 68). 또한, 광물이 채굴될 때 그 빈 곳을 떠받치는 대형 다층 구조물들을 광산 내에 세우는 데에 사용한 정사각형의 지지대는, 기업이 입주한 타워들의 유명한 강철 대들보 구조의 기초가 되었다.

현대의 해설자들은 이러한 일련의 기술들을 사용하여 땅을 파는 동시에 고층 빌딩을 세우는 원료를 공급하는 과정을 잊지 않았다. 댄 드 키유Dan De Quille 기자는 이렇게 말한다. "〔광산이〕 땅에서 튀어나와 지표면에 서 있다고 상상해 보십시오."

> 관객은 미국에서 가장 큰 호텔보다 4~5배나 크고, 2~3배 넓으며, 2천 피트가 넘는 거대한 구조물을 볼 수 있었습니다. 웅장한 호텔에서 각 층들 사이의 통신은 엘리베이터를 통해 이루어집니다. 광산에서도 동일한 장치를 사용하지만, 엘리베이터 대신 '케이지'라고 합니다. (Brechin, 1999: 67 에서 재인용)

금융산업이 궁극적으로 착취적이고 위험한 채굴 과정을 기반으로 한 경제의 정점을 구성하는 자본주의 '메가 머신mega machine'〔비인간적인 기술/기계에 지배 받는 거대 사회〕에 관한 루이스 멈포드Lewis Mumford(1934)의 아이디어에 영향을 받은 브레친Brechin은, 댄 드 키유의 비전은 초고층 1킬로미터 높이의 타워와 4~5 킬로미터의 초심층 광산이라는 오늘날의 상황에서 더욱 분명하게 드러난다고 강조한다. 실제로, 그는 보통 '세계적global' 도시들의 중심을 상징하는 것으로 간주되는 금융타워 클러스터는, '다운타운 부동산의 권리 주장으로부터 자라나온' '역전된 광산 풍경minescapes'으로 간주되어야 하며 (Brechin, 1999: 70), 금융 클러스터는 (다른 1차 산업 또는 채취extractive산업과 함께) 점점 더 깊어지는 광산에서의 위험한 채굴 노동으로 유지되는 투기적이고 상품화된 부에 궁극적으로 의존한다고 지적한다.

드 키유, 멈포드 및 브레친의 선구적인 비전에 따라, (친숙한 수평적인 것들뿐만 아니라) 수직적 자원 확보의 신식민지적 지리학과 주변화된 집단들을 위한 이러한 프로세스에 종종 동반되는 광범위한 '자원 저주resource curse'에 더 많은 주의를 기울일 필요가 있다.

이를 위한 출발점 중 하나가 될 수 있는 것은 현대의 금 채굴이다. 심층 채굴은―최소한 최근의 전 세계적인 상품 가격 폭락 이전까지는―수요가 급증하고 가격이 높은 다양한 종류의 희귀 광석과 금속이 남아 있는 곳에 도달하고자 점점 더 깊이 지하를 탐사하고 있지만, 지표면에서부터 매우 깊은 곳까지 엘리베이터를 내려가게 하는 가장 특별한 요소는 금 열풍이다.

현재 세계에서 가장 깊은, 요하네스버그에서 60킬로미터 떨어진 음포넹Mponeng 광산은 초장형super-long 엘리베이터가 지상에서 3.5킬로미터 이상 내려가는 소위 '초-심층' 금 채굴의 전형이다. 남아프리카의 지진학자인 레이 더하임Ray Durrheim은 2007년에 "이제는 얕은 곳에 있는 (금의) 새로운 매장층은 세계 어디에서나 쉽게 발견되지 않는다. 자원은 더 깊이 묻혀 있다"고 했다(Wadhams, 2007에서 재인용).

엄청나게 큰 샤프트가 지하까지 내려오는 음포넹의 거대한 수직 삼단 데크 엘리베이터들은―'디프레시베이터depressivators' 또는 '로워베이터lowervgtors'라고 부르는 것이 더 적절할까?―한 번에 120명의 광부를 운송한다. 이 엘리베이터들은 엠파이어 스테이트 빌딩 전망대에 올라가는 엘리베이터보다 10배나 더 깊이, 123층 광산을 따라 아래쪽으로 내려간다. 그러한 깊이에서, 지구 핵의 복사열에 더 가까운 암석의 온도는 섭씨 60도에 이른다. 광부들이 산 채로 통구이가 되는 것을 막기 위해서는 하루에 6천 톤의 얼음을 사용하여 광산을 냉장해야 한다.

최근 음포넹 광산 지하로 여행한 매튜 하트Matthew Hart(2013)는 광산 엘리베이터와 세계에서 가장 높은 빌딩의 엘리베이터를 비교하면서 이렇게 말한다. "두바이의 버즈 칼리파에서는,

> 57대의 엘리베이터가 사람들을 상하로 왕복시키며, 종종 상층의 '스카이 로비'까지 여러 단계로 운행한다. 우리는 버즈 칼리파 시스템이 작동한 거리의 5배를 단 한 번에 여행했다. 우리는 우리를 더 깊숙이 데려갈 케이지로 가서 훨씬 아래에 있는 채굴 현장까지 내려갔다. 우리는 두 번째 케이지에 발을 들였고, 2분 만에 또 다른 1마일을 내려가 용광로와 같은 바위에 도달했다."(Hart, 2013)

엘리베이터에서 이어지는 수평으로 된 광산 통로의 길이는 맨해튼 59번가에서 110번가까지의 거리와 유사할 것이다. 광부가 광석을 추출할 수 있도록 만들어진 터널 시스템은 뉴욕시 지하철보다 30마일 더 길다(Hart, 2013).

그러나 음포넹과 같은 광산은 〈디스커버리 채널〉의 끝없는 인상적인 통계 목록으로 가득 찬, 지나치게 흥분된 다큐멘터리의 주제 그 이상이다. 2010년 칠레의 코피아포Copiapo 구리광산에서 33명의 광부가 구조된 사건은 이 광산이 매우 위험한 작업장임을 공개적으로 드러내 보여 주었다. 이러한 위험한 노동은 세계화된 신자유주의의 주요 특징인 상품화 과정commodity process에 대한 무모한 투기가 빚은 것이다. 매튜 하트(2013)가 밝히고 있듯이 2012년의 특별한 금 가격—온스당 1,581달러, 다른 투자에 대한 신뢰 감소로 높아진 수치—으로 인해 음포넹 광산만 해도 그해에 9억 5천만 달러어치의 금을 생산했다.

고층 빌딩에서와 마찬가지로, 더 빠르고 더 큰 엘리베이터 시스템은 금과 기타 금속 및 광물을 발견할 수 있는 더 깊은 층을 체계적으로 발굴하는 데에도 중요하다. 《주간 광업Mining Weekly》의 보도에 따르면, "와인더와 로프 기술이 개선되어 케이지가 한 번에 3천 미터 아래로 내려갈 수 있다." 이는 "광부들이 더 빨리 암면에 도달할 수 있게 하여 생산성을 높임으로써 심층 광산에서 큰 경제적 이익을 가져다준다"(Rebelo, 2003).

전례 없는 금 채굴로 인한 엄청난 수익성에 힘입어 금 채굴회사들은 아직 개발되지 않은 초-심층 자원에 도달할 더 깊은 샤프트를 계획하고 있다. 앵글로골드AngloGold사는 2018년에는 4.5킬로미터까지 파 내려갈 것으로 예상되는데, 남아프리카의 금광 깊숙한 곳에서 예전에는 불가능한 수준이었을 1억 온스의 금을 채굴할 것으로 추산된다(Creamer, 2013). 고층 빌딩 엘리베이터에서와 마찬가지로, 광산에서도 엘리베이터 로프의 무게는 큰 제약이다. 1997년 광산 엔지니어 디어링D. H. Diering은 이렇게 말했다. "누군가가 '오늘 우리가 5천 미터 아래로 내려가서 채굴할 가치가 있는 광물이 있고 또 그것에 지불할 돈이 있음에도 거기에 내려갈 수 없게 하는 것은 무엇인가?'라고 묻는다면, 그 답은 '로프'이다." 고층 빌딩 엘리베이터에 사용되는 탄소 섬유 로프와 같은 혁신은 향후 20년 동안 고층 건물을 상향으로, 광산을 하향으로 밀어내면서 지속적인 기술 발전을 추동할 것이다.

라틴아메리카, 아프리카 및 아시아 일부의 광산 지역을 점령하고 있는 수천 개의 불법·비공식 또는 수공업적인 광산만큼 치명적인 것은 아니어도, 상대적으로 첨단기술을 사용하는 심층 광산의 엘리베이터 역시 위험하다.

음포넹 광산은 모든 주요 광산과 마찬가지로 정상 작동 중에 발생한 사고 및 부상을 정기적으로 보고한다. 남아프리카에서는 매주 평균 5명의 광부가 사망한다(Bell, 2000). 2012년과 2013년《주간 광업》에는 지진에 의한 붕괴, 중장비 오작동 및 감전 등 최소 6가지의 사망 원인이 보도되었다. 과학자들은 매우 깊은 광산이 지표면 지진을 유발할 수 있다는 우려를 제기하기도 했다.

1995년 5월, 남아프리카의 오크니Orkney 근처에 있는 영미 기업 소유의 발리프 광산Vaal Reefs Mine에서 지하철도 차량 엔진이 느슨해져 2킬로미터의 엘리베이터 샤프트가 무너졌다. 2단 데크 케이지가 완전히 납작해지면서 엘리베이터 안에 있던 105명의 광부가 죽었다. 지금까지 일어난 심층 샤프트 재난으로 가장 큰 규모이다.

남아프리카공화국 광산노동자연합NUM의 레시바 셰쇼카Lesiba Sheshoka는 2007년 《내셔널 지오그래픽》에서 이렇게 말했다. "우리 광부들이 안전하다면 우리는 초-심층 광업에 반대하지 않을 것이다. 하지만 이미 사망자가 크게 증가했기 때문에 여기에 반대하는 것이다"(Wadhams, 2007).

초-심층 채광에 대한 이러한 저항은 금산업의 치명적인 기록과 광부들을 죽음으로 몰아 가는 규폐증silicosis과 같은 질병, 법적 책임 거부에 대한 내용까지는 언급하지도 못하고 있다. 남아프리카공화국의 광산노동자연합은 현재 영국 소유의 금 회사들을 런던의 법정에 출두시켰으며, 3,500명의 전직 광부들을 법정에 불러 남아프리카공화국에만 규폐증(폐결핵에 대한 내성을 감소시켜 치명적인 결과를 가져오는)을 앓는 전직 광부가 5만 명 이상이라고 확인했다.

여기서 특히 눈에 띄는 것은, 작업 중인 광부를 살리기 위해(물론 더 크게는 금을 보호하기 위해) 심층 광산에 엄청난 투자를 쏟아부으면서도 규폐증을 유발하는 공기 및 환기 문제에는 거의 투자를 하지 않는다는 것이다. 광산노동자연합 회장인 센제니 조콰나Senzeni Zokwana는 관련 인터뷰에서 "예전에도 광산에서 실리카 먼지로부터 사람들을 보호할 환기시설과 보호구를 사용할 수 있었다"고 말했다. "하지만 과거에 사람들은 그저 바위를 부수고 돈을 벌기 위해 그냥 있었다"(McVeigh, 2014에서 재인용).

결론

지구 표면이 점점 더 고밀화되고 〔공간을 둘러싼〕 경쟁이 심화됨에 따라서, 인간이 만든 구조물들은 그 어느 때보다도 큰 규모와 강도로 지구 표면의 아래와 위쪽으로 뻗어 나가고 있다. 하지만 세계화·도시화와 관련하여 현재의 지리학은 기존의 수평적 시각에 지배된 나머지 사회과학과 인문학에서 일어난 '모빌리티'와 '인프라스트럭처' 전환, 더 나아가 수직 모빌리티 시스템—특히 엘리베이터—의 중요성을 전혀 인식하지 못하고 있다. 이 글을 통해 지구 표면의 위와 아래쪽으로 거듭 확장 중인 수직 모빌리티 시스템의 역사, 정치학, 사회학, 지리학에 대한 균형 잡힌 관점으로 학제적이며 풍부하고도 중요한 연구 분야를 제시하고자 했다.

세계에서 가장 수직적 도시인 홍콩에서 많은 도시 주민들이 지하철과 보도를 이용한 수평적 이동만큼이나 엘리베이터, 에스컬레이터 및 기타 다른 시설을 통한 수직 이동을 경험하는 데에서 알 수 있듯이, 이제 엘리베이터에 기반한 모빌리티의 정치학이 광범위한 인프라스트럭처 및 모빌리티 정치학과 관련된 논쟁에 본격적으로 도입되어야 한다(수직적 차원의 정치에 대한 더 많은 토론은 Graham(2016) 참조).

7장

모빌리티의 미래들

빈센트 카우프만 Vincent Kaufmann

모빌리티는 가치, 사회계층 또는 공간을 아우르는 사회적 역동성의 중심에서 사회의 이데올로기적/구조적 기반의 형성에 기여한다. 이는 모빌리티가 사회적 성공 모델을 규정할 뿐만 아니라, 지리적 및 사회적 공간에서 영토를 창출하기 때문이다(Harvey 2001). 그러면서 모빌리티는 이동하는move 것을 통해 무엇이 변화하며, 그것이 어떻게 변화하는지를 부각시킨다.

마르셀 모스Marcel Mauss가 정의하는 바와 같이, 모빌리티는 그것을 총체적인 사회적 현상으로 간주할 수 있을 만큼 강력한 사회적 분석가라 할 수 있다. 다시 말해, 그것은 "단지 이동trips에 그치는 것이 아니라, 언제나 기능 및 변화의 사회적 과정의 중심에 있는 행위다"(Bassand 1985, 25). 모빌리티를 총체적 사회현상으로 간주함으로써, 우리는 이 개념을 사회 전체를 읽는 렌즈로 사용할 수 있다.

이 글은 이러한 생각에 기초하여 모빌리티의 사회적 차원과 공간적 차원을 연결하는 방식으로 모빌리티를 탐구해 보고자 한다. 사회적 모빌리티, 공간 및 시간에 관한 고전적 저작들에서 볼 수 있는 고정된 배경들은 현재 최소한 세 가지 관점에서 나온 사회학적 분석의 중심을 차지하고 있다.

■ 사회적 공간 내에서의 이동이라는 관점에서, 사회적 성공에 대한 보편적인(즉, 강요된) 모델은 더 이상 존재하지 않으며, 무수히 많은 모델들이 존재한다. 그렇기 때문에, 사회적 모빌리티는 단순히 사회−전문적socio-professional 지위 간의 수직적 이동으로 환원될 수 없

으며, 공간적 측면이 반드시 포함되어야 한다. 단 하나의 사회적 사다리가 있다는 전제에 기초한 수직적 · 수평적 이동 관념 자체가 도전받고 있다.

■ 교환의 관점에서, 각 사회들은 고도로 상호 연결되어 있기에 구조적으로 자율적이라고 볼 수 없다. 사회들 간의 네트워킹과 코스모폴리타니즘으로 인해 각 사회들은 더는 '방법론적 국민주의methodological nationalism'(Kalir 2013)의 규준에 따라 자율적인 실체로 간주될 수 없다.

■ 기술적 시스템의 관점에서, 원거리통신과 교통은 계속해서 축소되는 시간과 공간의 '조종자manipulator'가 되었다. 이러한 배경에서, 이동적이 되어야 한다는 사회적 명령은 특히 노동 세계에서 점점 더 긴박한 것이 되고 있다. 역동적이고, 동기부여되어 있고, 야심적임을 증명하려면 빠르게, 멀리 그리고 자주 이동해야 한다. 그러므로 이러한 명령의 규칙들을 식별하고 변용하는 것이 일반적으로는 사회적 및 전문적인 통합에, 개별적으로는 경력 상승에 필수적인 기술이 되었다.

궁극적으로 한 개인 또는 행위자의 모빌리티가 지닌 잠재력이 클수록 그들의 사회적 모빌리티 역시 그럴 것이라는 생각이 모빌리티 연구의 논쟁점이다. 뤽 볼탕스키Luc Boltanski와 이브 치아펠로Eve Chiapello(1999)는《자본주의의 새로운 정신Le novel esprit du capitalisme》에서 이러한 관점을 간략하게 보여 준 바 있다. 사회적 위계가 도전받고 있으며, 이제 프로젝트의 지속적인 갱신을 통해 사회적 모빌리티가 표현되고 있다는 것이다. 성공적인(즉, 수직적인) 경력이라는 관념이 변하였다. 이제 중요한 것은, 위계적인 구조 내에서 자리를 차지하는 것이 아니라 '다시 회복할' 수 있는가, 즉 항상 변화하는 환경에서 선망의 대상이 되는 지위에서 다른 지위로 '서핑surf'할 수 있게 이 프로젝트에서 저 프로젝트로 이동할 수 있는가이다. 사회 비평의 문제의식 역시 변화하였다. 이제는 단순히 지위의 재생산과 결부된 불평등 차원을 넘어, 사회적 이동 능력이 있는 존재가 될 수 있는 가능성에 접근하는 데 존재하는 불평등이 문제이다.

산업사회는 시작부터 사회적 모빌리티를 중요하게 여겨 왔다. 사회적 모빌리티가 자신의 사회경제적 상황을 개선하려는 개개인의 욕망에 기초한 집단적 발전의 동학을 창조할 수 있게 해 주기 때문이다. 모든 사회 구성원이 각자의 능력에 따라 생활 조건과 사회적 지위를 향상시키고자 이러한 노력에 참여한다. 이는 법적 프로젝트의 정의定義 및 구현에 기초한 개인의 자유와 개인 간 평등이라는 두 가지 원칙을 가정하며, 개인적 배경은 더 이상 사회적 신분 상승 욕망을 가로막는 걸림돌이 되지 않는다. 역설적으로, 이는 본래 불평등할 수밖에 없는 지위 획득 경쟁에 평등주의적 수사를 사용하는 것에 불과하다. 이러한 역설은 행위자들 간의 시작점 상의 평등함을 확실히 하는 과정을 작동시킴으로써 드러난다. 모빌리티를 북돋우는 최근의 상황 역시 같은 논리 위에서 구축된다. 빠르게 멀리 이동할 수 있다는 것은 자유의 이념을 체현하며, 이러한 자유를 가진 개인은 공간적 또는 시간적 제약 없이 자신이 원하는 관계를 자유롭게 맺을 수 있다는 것이다. 이 논리대로라면 선망 받는 사회적 지위를 확보하는 사람이 가장 유연한 사람이다.

그래서 최근의 모빌리티 이데올로기는 모빌리티의 의미를 전환시켜, 공간적 모빌리티가 사회적 사다리에 배치돼 있는 개인들 간의 평등한 분배를 촉진하는 데 기여하며, 사회적 발언의 장을 평등하게 만들려면 단지 그것에 접근할 가능성만 높여도 충분하다고 상정하는 것이다. 이러한 해석에 따르면, 전 세계 사회가 경험하고 있는 고속 장거리 모빌리티의 광범위한 발전은 더 정의로운 세계로의 전환을 나타내는 강력한 지표이다. 그러나 이러한 등식은 편향된 견해에 기반한 것이므로, 반드시 의심해 봐야 한다. 한 마디로, 이 글의 초점은 이렇게 정리할 수 있다. 더 평등한 전문가 세계로의 사회적 이동이라는 의미에서, 공간적 모빌리티의 증가가 사회의 유동화 fluidification를 촉진하는 벡터vector인가?

이러한 문제를 충분히 살펴보고자, 기술적/영토적 네트워크 및 그 발달이 가져온 사회적 변화에 특히 주목하고자 한다. 지난 30여 년간 진행된 교통 시스템과 원거리통신의 발달이 가져온 시간과 공간의 압축, 사람·상품·자본의 이동을 가로막는 제약의 축소는 사회와 공간을 능력주의meritocracy 원칙에 기초한 더 공정한 것으로 변화시키고 있다.

실제로 주요 생산 요소의 모빌리티가 상당히 증가했고, 금융산업 및 생산량의 증가 덕에 자본의 모빌리티 역시 발전해 왔다. 자유화,

정보통신 기술의 발전, 그리고 금융산업의 새로운 서비스들은 전 지구적 규모의 빠른 이동을 창출해 왔다. 일상에서는 이러한 새로운 기회들이 그것을 집중적으로 사용하는 인구를 창출하는 것을 넘어, 종종 그것을 만든 사람들의 본래 의도와는 다른 방식으로 사용된다. 게다가, 이제 도시 및 영토의 시공간적 조직을 가로지르는 속도들은—걷기에서부터 즉각적인 원거리통신에 이르는—상당한 차이를 나타내고 있다.

그렇기에 지리적 공간 안에서 이동하는 개인의 능력이 전반적인 사회적 모빌리티와 사회적 통합의 주요 원천이 되었다(Kaufmann 2011).

행위자들은 지리적 · 경제적 · 사회적 공간에서 가지고 있는 이동적 잠재력의 차이로 특징지어진다(Castells 1996). 공간 내 이동 가능성의 범위와 함께, 이러한 잠재력은 다양한 형태를 띤다. 한 사람 또는 기업과 같은 집단적 행위자는 어디를 가도 뿌리내릴 수 있다. 다른 행위자는 장거리의 사회적 유대를 유지하는 데 능숙하다. 다시 말해, 모빌리티 잠재력은 현지화되고 행위자의 기술, 열망 및 제약 요소에 따라 달라진다. 우리는 이러한 잠재력을 모틸리티motility, 즉 행위자가 이동할 수 있도록 하는 모든 특성들로 정의되는 개념을 통해 측정한다(Kaufmann et al. 2015: Kaufmann 2014). 그러므로 모틸리티는 (넓은 의미에서 모빌리티 서비스에 대한) 접근성, 그에 요구되는 기술 및 모빌리티 프로젝트의 사회적 조건, 즉 그러한 서비스들이 실제 이러한 프로젝트들을 실현하는 데 쓰이는 방식을 의미한다. 예를 들어, 교통과 관련한 모틸리티는 사람들이나 집단이 보급된 교통수단이 제공하는 여행 옵션 및 네트워크를 그들의 모빌리티 실천에 어떻게 사용하는 지를 의미한다. 모틸리티는 잠재력 상태에 머물 수도 있고, 이동 형태로 작동할 수도 있다(De Witte et al. 2013; Kesselring 2006; Canzler et al. 2008).

선진적인 근대성과 공명해 온 자동차는 지난 50여 년간 지배적인 교통수단이었다. 자동차로 가능해진 이동의 개인적 자율성(자가용을 가지고 언제 어디든 갈 수 있다는 사실)은 자유 개념을 구현하였다. 하지만, 2010년대 초반에 50만 명 이상 거주하는 유럽의 도시들에서 자동차 사용이 실질적으로 감소하면서 상황은 변화하였다. 이는 지난 20여 년간의 도시계획 및 교통정책과 비공식적인 실천들이 가져온 어느 정도 자연스러운 결과 혹은 변화를 넘어서는 것으로, 사회가 공간화하는 방식에 영향을 미치는 변화라 할 수 있다(Bauman 2000). 이 문제를 분석하는 많은 연구자들은 우리가 모빌리티 전환mobility transition의 국면에 진입한 것으로 본다(Urry 2007; Cresswill 2006; Canzler and Knie 2016; Vincent-Geslin 2010).

어떤 이들은 이제 자동차는 멈출 수 없는 하락세에 접어들었으며, 이러한 하락세가 정부로 하여금 (공공적 · 적극적 · 혁신적 방식의) 대안적인 교통 시스템에 투자하도록 이끌고 있다고 한다. 자동차가 점점 더 조절 불가능한 정체停滯를 초래한다는 것이다. 게다가 도시 지역에 사는 18세에서 20세 사이 청년들의 운전면허 취득이 줄어들면서, 자동차가 자유를 상징한다는 인식이 체계적으로 감소하고 있다. 이는 운전자 사고, 도시의 향상된 대안적 교통 시스템, 통신의 발달, 인터넷 및 온라인게임, 그리고 값비싼 운전면허 취득 비용과 같은 몇 가지 요인들로 설명할 수 있다. 실제로 도시지역에서는 자전거가 (주차 공간과 같은) 운전에 따르는 제약이 덜하다는 점에서 더 효율적이고 경제적인 형태로 자동차를 대체하고 있다.

이러한 관찰에 대해, 몇몇 연구자들은 정반대로 우리가 아는 식의 대중교통 이용, 도보 및 자전거 사용이 미래에는 급격히 쇠퇴할 것이며, 우리는 자동차가 승리하는 새로운 시대의 여명을 마주하고 있다고 본다. 다시 말해서, 정부는 자동차 사용 증가에 수반되는 인프라에 투자하고, 비용이 많이 드는 대중교통 서비스를 포기할 것으로 예상된다는 것이다. 이 주장을 뒷받침하기 위해, 이 연구자들은 효율적이고 편안한 사물의 운송, 또는 택배와 택배가 제공하는 자율성이라는 점에서 자동차 모빌리티의 질은 도전을 허락하지 않는 수준을 유지하고 있으며, 앞으로도 그러할 것이라는 사실을 부각시킨다. 그러면서 자동차 사용 방식이 변화하거나 (다양한 차량 공유 형태) 전자주행 및 자동화가 가까운 미래에 가능하다는 점 등을 들어 자동차의 거대한 확장성을 강조한다. 그래서 우리가 오늘날 아는 자동차는 근본적으로 변화할 것이다. 이런 변화에 운전의 자동화는 필수적인데, 이는 운전자들로 하여금 이동 시간을 건설적으로 이용할 수 있게 할 것이다. 그럼으로써, 자율주행 자동차는 의심의 여지없이 기차 및 대중교통 일반과 경쟁할 것이다.

이 장에서 우리는 도시지역에서의 자동차 이용 감소를 살펴보고, 모빌리티가 사회적·직업적 통합의 주요 측면이 되는 맥락에서 이 사실을 논의해 보고자 한다. 우리의 조사연구는 세 단계로 구성된다.

첫째로, 자동차 사용에서 다른 방식으로 변화 중인 교통양식의 역사를 탐색할 것이다. 다음으로는 차량 사용 감소의 원인을 살펴보고, 일상의 도시 모빌리티에 대한 세 가지 시나리오를 제시할 것이다.

서유럽의 교통양식은 어떻게 변화하였나?

1960년대 이후의 서유럽 도시교통 정책을 돌아보면, 자동차에 대한 인식 및 그 인식이 자동차를 이용하는 양식에 준 영향의 전환을 가늠할 수 있다.

1960~70년대에는, 교통 시스템에 대한 대중 및 정책 입안자, 전문가들 사이에 널리 공유되는 지배적인 표상이 기술적 진보의 패러다임을 중심으로 구축되었다(Dollinger 1972: Fichelet 1979). 이러한 맥락에서, 개인의 자가용은 대중교통보다 진보한 것으로 보였다. 자동차가 대중교통 노선이나 시간표의 제약으로부터 사용자를 자유롭게 하고, (개인 객실이라는) 사적 공간에서 독립된 이동을 가능하게 했기 때문이다. 대중교통에 비해 자동차가 진정한 진보를 표상한다는 생각은 좌파 정당을 포함하여 다수의 동의를 형성했다(Maksim 2011). 하지만 자동차 교통량 증가에 따른 공해에 대한 인식이 증대하면서 이 지배적인 표상은 깨지기 시작했으며, 이를 대신할 다양한 형태의 교통 구상이 등장했다. 그리하여 1980년대 들어, 개인 자가용이 아니라 외부효과가 덜 부정적인 교통 방식으로의 전환이 유럽 도시교통 정책의 논쟁거리였다(Banister 2005: Flamm 2004). 특히 사회운동, 환경운동 및

더 나은 삶의 질을 대변하는 소비주의에 대한 비판이 등장하며 이 논쟁을 이끌었다. 도시 모빌리티의 준거점 전환을 통해, 교통 방식의 전환은 점차 유럽 전역의 도시교통 정책의 중심적인 목표가 되었다(Kaufmann 2003).

이러한 정책들은 혼잡한 도시지역에서 자동차 사용이 미치는 영향, 그리고 공적 공간의 혼잡과 교통이 환경에 미치는 영향을 고심해 보고자 하는 의도에서 비롯되었다(Lefèvre and Offner 1990; Freudendal-Pedersen 2009).

1980~90년대 교통 방식의 초기 전환 전략은 속도의 측면에서 자동차보다 효율적인 대안을 개발하는 것이었다. 이러한 생각이 교통수단을 선택한다는 개념에 깔려 있었다. 사용자들은 속도와 비용을 비교해 보고 교통수단을 선택할 수 있으며, 가장 유리한 해결책을 채택한다(Goodwin 1985; Brög 1993). 이는 다수의 트램 네트워크, 경전철, 트램-기차, 소규모 및 대규모 자율주행 지하철, S-Bahn 및 기타 지역 철도 같은 자동차의 효율성과 경쟁할 것으로 여겨지는 방식들의 등장으로 이어졌다(Metz 2008).

그러나 이러한 프로젝트들은 도시에서의 자동차 사용을 줄이는 데 대부분 실패하였다. 모든 사례에서 대중교통 사용이 해당 방식의 도입 이후 20퍼센트에서 50퍼센트 이상 증대했다는 점이 강조되었지만(Gagnière 2012), 교통량에는 근소한 영향만 미쳤다. 새로운 트램, 지하철 및 S-Bahn은 대부분 새로운 이동을 증대시켰으며, 기존 보행자들의 대중교통 이용을 유발하는 결과로 이어졌다.

두 번째 단계에서는, 교통수단 전환 정책이 일관되지 못한 것으로 분석되었다. 이때의 정책은 특히 도보와 자전거 이용을 포함하는 포괄적인 교통 시스템으로 간주되었다(Canzler and Knie 1998). 그래서 공적 공간의 배치가 정책의 주요 구성 요소가 되었다(Apel and Pharoah 1995). 교통과 발전 정책 사이의 조정 전략이 규범이 된 것이 바로 이 때이다. 즉, 도시를 발전시켜 대중교통의 허브 및 역들을 사람들이 걸어갈 만큼 가까운 거리에 위치시킬 필요가 있었다(Gallez and Kaufmann 2010).

2000년대 중반까지는 이러한 정책들이 자동차 이용에 미친 영향은 크지 않았다. 예외는 있었지만, 그 영향은 대체로 미미했다. 자동차 사용의 속도와 공간성은 종종 사회적 습관과 공간적 루틴의 변화를 의미하는 생활 방식에 배태되어 있었다(Buhler 2012). 연구에 따르면, 공간적 루틴은 특정한 생애 단계 중에 형성되며, 생애주기의 전환기에 상응한다(Flamm 2004; Fouillé 2010).

전환기는 2005년경에 도래했다. 많은 도시 복합체의 일상 도시 모빌리티에서 자동차 사용이 실질적으로 감소하기 시작하였다. 앤 아길레라Anne Aguiléra의 최근 분석에서도 보이듯이(Aguiléra et al. 2014), 이는 처음에는 석유 가격 상승에 따른 순환적 효과로 생각되었지만, 천천히 시작된 이러한 추세가 북유럽과 남유럽 전체에서 점차 뚜렷하고 광범위하게 나타났다.[1] 이를 어떻게 해석해야 할까? 새로운 현

---

1 자동차 사용의 감소는 이동시장의 점유율market share of trips로 측정할 수 있다. 하지만 자동차 사용의 감소가 교통량의 감소를 의미하는 것은 아니다. 자동차 사용자들은 더 장거리 이동을 하는 경향이 있기 때문이다.

상의 등장이 종종 그렇듯이, 여기에는 한 가지가 일련의 요인들이 작용했다고 보아야 한다.

　우선, 투자와 정책의 효과를 들 수 있다. 이는 각 가정에서 자동차 또는 엔진 기반의 다양한 교통수단들을 포기하는 경향을 설명해 준다. 하지만, 이것이 모든 걸 설명하진 않는다. 야심 찬 교통정책을 수립한 도시들과 그렇지 않은 도시들 모두에서 이런 감소가 나타난다는 사실은 해석하기 어려운 난점이다. 예컨대 프랑스의 사례를 보자. 대중교통 시스템이 큰 규모로 발달한 도시인 보르도나 그렇게 발달하지 않은 도시인 툴롱 모두에서 도시 교통에서 자동차가 차지하는 점유율이 감소했다(De Solère 2012; CERTU 2013). 2000년대 말부터, 자동차 사용의 감소는 (대략 지난 10년간 5퍼센트의 점유율 감소로) 이 도시들에서 비슷한 수준이 되었다.

이러한 급격한 변화를 설명하는 다른 요소들은 무엇일까?

　과학적 문헌들과 내가 최근 몇 년 동안 진행한 연구들에 기초하여(Viry and Kaufmann 2015; Vincent-Geslin and Kaufmann 2012), 이러한 변화를 설명하는 세 가지 현상을 제안하고자 한다. 인구의 고령화와 (자동차를 살 능력이 없는) 중하층계급의 궁핍화와 같은 요인들 역시 인용될 수 있지만, 나는 모틸리티와 연관된 세 가지 요소인 심오한 사회적social 및 사회의societal 변화를 보여 주는 실제 지표들에 집중하고자 한다.

　가장 두드러진 점은, 이러한 요소들이 가까운 것들/연결된 것들/

이동하는 것들 간의 관계가 변화하고 있음을 드러내고, 이에 따라 가깝다는 것/연결된다는 것/이동한다는 것의 의미를 재규정하고 있다는 것이다. 어떤 의미에서, 이는 탁월한 이동의 자유를 가능하게 하는 수단으로서의 자동차를 평가절하하는 효과가 있다.

다면적인 생활

지난 20년 동안, 유럽에서는 높은 수준의 모빌리티의 예로 종종 거론되는 몇 가지 새로운 이동travel 형태의 발달을 볼 수 있었다(Meissonier 2001; Hofmeister 2005; Kellerman 2012; Gherardi 2010). 이는 주거지가 둘 또는 그 이상인 경우를 포함하는데, (공동 육아를 받는 아이들처럼) 이혼에 따른 것일 수 있고, (각자 따로 사는 커플처럼) 커플의 역학 관계를 위한 선택 때문일 수 있고, (거리 또는 시간적 측면에서) 커플 각자의 집이 멀리 떨어져 있기 때문일 수도 있고, (일터에 도보로 갈 수 있는 곳에 살면서 본래 거주지는 몇 백 마일 떨어져 있는 경우처럼) 직업과 관련된 이유 때문일 수도 있고, (예컨대 한 주 또는 1년 중 일정 기간을 보내는 2차 거주지와 같이) 여가와 관련된 이유 때문일 수도 있다(Feldhaus and Schlegel 2015; Duncan and Phillips 2010). 또한 여기에는 매일 몇 백 킬로미터를 이동하거나 출퇴근에 상당한 시간을 소비하는, 장거리 및 장시간 통근을 하는 사람들의 경우도 포함된다(Schnider and Collet 2010). 마지막으로, 일이나 레저 활동이나 가족 문제로 자주 집 밖에서 밤을 보내는(밤샘) 경우도 있다(Holmes 2014). 전체적으로, 몇 년 전만 해도 확연하지 않았던 이러한 이동 형태들은 이제 무시할 수 없는 사회현상이 되었다.

직업적 이유 하나만 놓고 본다면, 이러한 현상은 근로인구 전체의 13~16퍼센트에 영향을 주고 있으며, 전체 인구의 절반이 경력의 어느 시점에서 이러한 일을 겪게 된다(Schneider and Collet 2010).

이러한 일은 우리의 일상생활이 변화한 결과이다. 우리의 활동 일반이 훨씬 빠른 속도를 띄게 되었다. 게다가, 사적 영역과 직업적 영역 간의 경계도 모호해졌다. 우리는 집에서 일하고, 저녁에 이메일을 확인하고, 사무실에서 사적인 전화를 받으며, 문자메시지로 파트너들과 상시적으로 접촉한다(Belton-Chevallier 2010).

이러한 생활 방식들을 연결해 주는 것은 이 방식들이 다면적인 주거생활polytopic habitat을 나타낸다는 점이다(Stock 2006). 확실한 것은 이러한 맥락에서 살아가는 사람들의 일상적 존재는 넓은 영역에 흩어져 있다는 것이다. 그 결과는 그들의 충성심과 정착지의 다변화이다. 그렇게 항상 또는 종종 다면적인 주거생활을 하는 사람들은, 특히 다른 도시로 출퇴근하는 경우에는, 대개 자동차를 많이 사용하지 않는다.

자하비 2.0 또는 일일 이동 시간예산의 증가

1970년대에, 야코프 자하비Yacov Zahavi는 세계 도시들의 이동 시간 예산의 일관성을 보여 준 바 있다. 그는 하루의 모빌리티를 대략 한 시간 동안의 속도 함수로 나타내는 '자하비 추정Zahabi Conjecture'이라는 이름의 지표를 공식화했다.

자하비의 작업은 도시 발전의 주요 메커니즘을 시사한다. 특정 교통 인프라로 절약된 잠재적 시간은 더 멀리 이동하는 데 쓰이지, 이동에 소요되는 전체 시간을 제한하거나 줄이지 않는다(Zahavi and Talvitie 1980). 이러한 메커니즘은 특히 제멋대로 뻗어 나간 도시 외곽지역을 모델링하는 데 유용하다. 그의 작업은 도시 운영 계획에 중요한 영향을 미쳤다.

1990년대부터, 이동 시간예산은 유럽 전역에서 증가해 왔다. 예를 들어 스위스에서는 노동인구 중 10퍼센트가 주 거주지에서 50킬로미터 이상 떨어진 곳에서 일을 한다. 이러한 경향은 철도로 인해 급속도로 발달하는데, 집에서 멀리 떨어진 직장에 다닐수록 기차를 이용할 가능성이 크다. 이러한 증가의 작은 부분은 인프라의 포화에 기인한다. 하지만 무엇보다도, 이는 이동 시간과의 관계가 변하고 있음을 시사한다.

지난 5년간 시간예산은 1.5시간 내외로 다시 안정되었다. 어떤 측면에서, 우리는 자하비 1.0 및 1시간의 시간예산에서, 자하비 2.0의 1.5시간의 시간예산 시대로 접어들었다.

무슨 일이 일어난 것일까? 세심히 조사해 보면 시간예산의 분산이 더욱 두드러지게 되었음을 알 수 있다. 철도 이용자 및 도보를 이용하는 사람이 가장 긴 이동 시간예산을 가지고 있는데, 그 이유는 시간을 특별히 건설적으로 이용할 수 있는 가능성에서 찾을 수 있다 (Lyons et al. 2007; Jain and Lyons 2009; Viry and Kaufmann 2015). 스마트폰, 태블릿, 노트북 덕에 이동 시간은 더는 이 활동과 저 활동 사이에 무의미하게 낭비되는 시간이 아니며, 오히려 그 자체로 독립적인 시간이 된다. 어쩌면 이동 시간이 더 많이 소요되기를 기대할 수도 있다.

하지만 통근 시간 동안 편안함을 느끼려면 그에 맞는 개인적 자질이 필요할 수 있고, 각자의 모빌리티 공간에도 적절한 조건이 뒤따라야 한다. 깁슨적인 의미에서, 이러한 행동유도성affordance은 이동 시간을 잘 이용하는 데 필수적이다. 그러한 조건은 기차 내 와이파이 통신이 가능한 편안한 좌석에서부터 도보 출근이 가능한 거리의 거주지 임대까지 그 형태가 다양하다.

반면에 자동차 이동 시간을 이용하려면 직접 운전을 해야 하며, 이로 인해 많은 이들에게 자동차라는 교통 형태가 지닌 매력이 감소하게 되었다.

차와 관련된 욕구의 변화

많은 조사 결과에서 자동차는 더 이상 젊은이들의 멋진 꿈이 아닌 것으로 나타난다. 토요타와 PSA 푸조 시트로엥 같은 자동차 생산 회사들은 이러한 현상을 세심히 분석하는데, 이 현상은 단지 교통수단의 사용뿐만 아니라 자동차 소유 그리고 운전면허 취득 양상에도 반영된다.

이는 다음의 몇몇 현상들이 가져온 결과이다(Kuhnimho et al. 2012; Newman and Kenworthy 2013; Graham-Rowe, Skippon, Gardner, and Abraham 2011):

■ 청년들 사이에서 자유의 상징으로서 자동차에 대한 환상이 깨지

는 현상은 자동차가 환경에 미치는 영향 및 장거리 통근 시스템과 관계가 있다(Lucas and Jones 2009). 근접성과 인터넷의 빈번한 사용과 같은 어버니즘 방식의 재유행. 이는 특히 삶의 속도의 변화에 반영된다. 예를 들어, 쇼핑은 한 주에 한 번이 아이라 매일 하는 일이 되어 가고 있으며, 어떤 경우에는 온라인이나 배송 방식이 이용된다(Kingsley and Urry 2009).

■ 경제적 측면 역시 중심적인 역할을 하기에 간과되어서는 안 된다. 자동차 구매는 고사하고 (많은 유럽 국가에서 점점 비용이 증가하고 있는) 운전면허 취득에 쓸 돈을 전화, 컴퓨터, 태블릿, 온라인게임, 애플리케이션에 쓴다. 다르게 말하면, 도시에 거주하는 젊은 가구들의 경제적 거래에서 자동차는 뒷전에 밀려나 있다(Graham-Rowe et al. 2011).

이러한 이유들로 인해, 자동차가 일부 사람들에게는 어디에 써야 할지 알 수 없는 물건이 되어 버렸다. 하지만 도시와 지역들이 자동차 사용에 맞게 설계되어 왔기 때문에, 만일 이러한 변화가 지속된다면 유럽 사회의 공간적 조직을 근본적으로 변화시킬 것이다.

자동차 사용의 구조적 감소로 나아가고 있는가?

기술한 바와 같이 현재 나타나고 있는 경향들이 가장 중요하게 보여 주고 있는 것은 유럽 사회 전체의 변화이며, 따라서 모빌리티를 왜 총체적 사회현상으로 간주해야 하는지를 알 수 있다.

■ 나는 일상 활동들의 속도 및 일정 조정의 변화에 주목했다. 우리의 역할과 활동들을 최적화하고, 배가시키고, 재동기화함으로써, 어떤 면에서 우리는 경험해 보지 못한 수준의 이동 능력을 갖게 되었다. 우리의 일상 스케줄은 점점 더 다각화되고 있으며, 공간적으로 구체화된 장소―즉, 모두가 같은 활동을 하는 폐쇄된 시간―에 존재하는 일은 희소해지고 있다. 우리는 활동들과 역할들이―보통 장소의 이동을 통해―이어지는 생활양식과 결별하고, 신속하고 수많은 연계들로 특징지어지는, 여러 시간들이 '혼합된' 생활양식을 가지게 되었다.

■ 나는 새로운 형태의 근접성 발전에도 주목했다. 다면화된 삶의 방식으로 인해 하루에 몇 십, 심지어 몇 백 킬로미터 떨어진 장소들을 넘나들며 활동하는 것이 흔한 일이 되었다. 따라서, 소위 친숙한 장소들은 흩뿌려졌으며, 그럼으로써 하루에 공간적으로 여러 곳에 있을 수 있게 되었다.

■ 나는 일일 이동 시간이 점차 그 자체로 의미가 있는 사회적 시간이 되어 가고 있음을 보여 주었다. 그러므로 사람들은 불필요하게 이러한 시간을 줄이려고 하지 않으며, 그 시간을 충분히 즐기려고 한다.

■ 마지막으로, 가역적인 모빌리티reversible mobilities, 즉 장거리 이동을 통해 한 곳을 떠나 다른 곳에 정착하는 것을 피할 수 있도록 설계된 모빌리티 형태가 늘어나고 있음을 살펴보았다. 가역적인 모빌리티의 발전은 오늘날의 노동 세계를 특징짓는 모빌리티와 신속한 교통 및 통신 시스템에 잠재된 속도의 사용이 맞물려 일어난 결과이다.

모빌리티 전환의 세 가지 시나리오

이러한 경향들의 등장은 미래에 어떤 발전을 예측하게 하는가? 이를 분석하고자 모틸리티에 대한 질문에서부터 시작하고자 한다.

모틸리티에 기반한 미래의 도시 모빌리티를 식별하는 것은 사회학적 분석의 세 가지 차원—개인적 차원, 개인 간 차원, 집합적 차원—간의 관계들을, 공간을 다루는 세 가지 방식—근접성, 움직임, 장거리 통신—과 같이 고려하는 것을 의미한다. 프랑수아 아셔François Ascher(2000)의 '하이퍼텍스트 사회'라는 비유가 좋은 출발점이 된다. 이 비유는 현대의 모빌리티에 의해 생성된 장소들이 때로는 서로 중첩되고 때로는 펼쳐지는 다양한 층위들을 형성하는 상황에서, 이러한 관계들을 고려하는 데 적합하다. 이러한 관계들은 가까운 것, 연결된 것, 움직이는 것을 포괄한다.

사회학적 분석의 세 가지 차원과 거리를 다루는 세 가지 방식은 새로운 것이 아니며, 생각해 보면 이 세계의 시작만큼이나 오래된 것이다. 하지만 정확히 사회의 하이퍼텍스트적 차원과 관련된 것이 변화하고 있다. 실제로, 최근까지 개인적/개인 간/집합적 수준 간의 관계 및 근접성/이동성/장거리 통신 간의 관계는 대체로 '러시아 인형'같이 공간화되었다. 달리 말하면, 서로 중첩되어 있는 범주들 간의 경계선은 명확하며 식별 가능하였다. 예를 들면, 일상생활이 이웃 또는 마을과 같이 규모가 작은 지역에서 일어나는 것과 같은 방식이었다.

이러한 중첩은 특히 1920년대까지는 이동 및 장거리 통신은 (도보, 말타기 및 도시의 트롤리처럼) 속도가 느렸으며, 따라서 일상에서 근접성이 긴요한 것이었다는 사실과 관계가 있다. 도보로 이동해야 할 경우 집으로부터 멀리 떨어져서 일할 수 있는 길이 없었으며, 우편이 말의 속도로 이동하는 한 빠르게 통신할 수 있는 방안이 없었다. 빠른 교통수단의 발달과 대중화 그리고 원거리통신의 발달로 한때 러시아 인형의 중첩 논리에 따라 서서히 조직되었던 사회들이 공간적으로 폭발하고 말았다. 오늘날에는 집에서 100킬로미터 이상 떨어진 곳에 매일 통근하며 일할 수 있게 되었다. 먼 거리에서도 가까운 사회적 유대를 유지하는 것 역시 가능해졌다. 요컨대, 근접성을 극복하는 것이 가능해진 것이다. 더 이상은 하나의 경계선만이 존재하는 것이 아니며, 규모의 충돌이 규범이 되고 있다(Neutens 2010). 사회들이 영토화하는 방식이 변화하면서 새로운—사회적 응집력, 사회적·공간적 정박지, 복수의 정체성과 같은—문제들이 제기되고 있다.

이런 면에서, 다음에 제시하는 시나리오는 ① 위에서 묘사한 바와 같은 이동movement에 대한 수많은 열망과 제약들, ① 이러한 발전들의 그리고 내가 확인한 바 있는, 새롭게 나타나고 있는 경향들에 기반한 제약/열망들의 진화에 관한 가정에 기반을 둔다. 사실상, 이러한 시나리오들은 다음의 이중 논리에 기초해 작성된다: ① 정치적 행동이 효과적이려면 사람들의 실천 및 열망과 공명해야 하며, 그렇지 않으면 효과적이지 않거나 거부당한다는 생각, ② 공급과 수요의 관계를 임계 효과로 특징지어지는 공동 생산으로 간주하는 것. 특히 모빌리티의 공급과 수요 간의 공동 생산에서의 임계 효과라는 개념은 나 홀로 승용차에서 대중교통으로의 교통수단 전환 현상을 설명하는 데 도움이 되는데, 이러한 현상에는 카풀, 카쉐어링 등과 같이 새로 등장하는 형태들이 포함된다(이는 특히 독일 · 덴마크 · 네덜란드, · 스위스의 사례과, 이 나라들의 도시 가구에서의 자동차 사용 감소, 실질적으로 그리고 공간적/시간적으로 사용 가능한 광범위한 대안적 교통수단들의 지역적이고 전국적인 보급에 기반한 이야기다).

이제부터 미래에 유럽의 도시 모빌리티에 관한, 서로 많이 상반되는 세 가지 기초 시나리오를 제시할 것이다. 이들 각각은 매우 상이한 수준의 모틸리티, 그리고 공간과의 관계 방식에 상응한다. 이 시나리오들은 일종의 이념형들로, 서로 결합될 수도 있다.

시나리오 1: 높은 수준의 모빌리티의 파급

이 시나리오는 장거리 통근이 지속적으로 증가함으로써 유럽이 하나의 거대한 메트로폴리스가 되고, 유럽의 도시들이 서로 이웃이

된다는 생각에 기초한다. 이 시나리오에서는, 사람들이 매일 업무 및/또는 여가를 위해 전국을 돌아다니지만, 공현존co-presence이 사회적 관계의 기반으로 남아 있다. 이와 동시에, 일터와 가까워지기 위해 한 장소에서 다른 장소로 이주하지 않는다는 점에서 가구들은 한곳에 정착해 있다. 도시의 기본 골격은 조밀한 철도 네트워크로 이루어져 있어 고도로 발전한 교통 능력을 제공한다.

이 시나리오에서는 일상의 모빌리티가 매우 강력하며, 최대한의 공간적 가역성을 추구하는 것으로 특징지어진다. 이동 시간의 이용을 가능하게 하는 교통수단 이용이 상당히 증가하며, 이는 그러한 교통수단들이 사람들의 자연적 기질에 맞기 때문이다. 특히 기차가 그러하고, (기술적 발전이 이루어진다면) 자율주행 차량 및 도시 대중교통 역시 포함될 수 있다.

교통 시스템에 대한 투자는 여전히 중요하다. 가장 큰 과제는 이동 중에 승객의 편안함을 유지하면서 대규모 운송 능력을 확보하는 것이다.

이 시나리오는 고도의 모바일 능력을 갖춘 생활양식이 사람들 사이에 전파되고, 이동 시간이 활동 스케줄에 통합된다는 사실을 반영한 것이다(Viry and Kaufmann 2015). 이는 존 어리의 저작《석유 이후Post-Petroleum》의 시나리오 2와 같은 내용이다.

시나리오 2: 원거리통신 및 모바일 상품의 시대

이 시나리오는 더 향상된 모빌리티를 향해 가는 최근의 경향이,

단지 원거리통신이 물리적 이동을 압도적으로 대체하기 이전의 전환적 국면에 해당한다는 생각에 기초한다. 공현존(사람들이 같은 장소에 같이 있음)은 더 이상 사회적 관계의 기반이 되지 않을 것이다.

스카이프Skype와 화상회의가 그러한 공현존을 가능하게 할 것이다. 업무와 여가 활동을 위해 이동할 필요가 줄어들 것이다. 그 대신, 그러한 활동들이 우리가 있는 장소로 오게 된다. 통신으로 연결된 재택근무뿐만 아니라, (가구, 책, 영화 등의) 온라인 구매 및 집안 배송in-home 서비스도 발전할 것이다. 음식 배달뿐만 아니라, 은행 업무, 공공서비스 역시 그러할 것이다. 이 시나리오에서는, 제품과 상품이 이동을 할 것이다. 이 두 번째 시나리오는 3D 프린터의 발전과 관계가 있다.

사람들의 모틸리티는 원거리통신 시스템을 이용하는 능력과 깊은 관계가 있다. 이제 일상의 모빌리티를 구성하는 필수적인 부분은 여가를 위한 이동이다. (업무, 연구, 특히 쇼핑과 같은) 다른 이유에 의한 이동은 실질적으로 그 양이 줄어들 것이며, 이는 그러한 행위들이 원거리통신에 의해 부분적으로 대체되기 때문이다. 존 어리(2000)에 의해 정의된 바 있는 물리적 현존physical presence이 꼭 필요한 경우에만 이동이 이루어질 것이다.

이 두 번째 시나리오에서는, 교통과 관련된 도전들이 더 이상 사람들을 이동시키는 것이 아니라 사물을 이동시키는 것의, 그리고 거기에 관여하는 배송의 문제가 될 것이다. 혼잡 시간대라는 개념은 (학교 방학의 시작, 긴 주말의 끝, 연말 축제 등에 나타나는) 여가를 위한 이동과 관련된 것을 제외하고는 사라질 것이다. 빠른 교통은 더 이상 지금처럼 필수적인 것이 아닐 것이다. 그러한 빠른 속도가 원거리통신의 유비쿼티ubiquity에 의해 제공되기 때문이다.

이 시나리오는 미래를 위한 옥스포드 마틴 스쿨 위원회Oxford Martin School Commission에서 2013년 제시한 '이제는 더 장기적 전망을Now for the Long Term'이라는 제안서와 매우 비슷하다(Oxford Martin School Commission 2013). 이는 또한 가정용 3D 프린터의 발전에 대한 앵글로색슨 계열 저술에서도 많이 볼 수 있는 내용이다. 이 글에서 강조된 경향과 관련하여, 이 시나리오는 자동차에 대한 환상이 사라진 청년들에 대한 관찰과도 그 맥을 같이한다.

시나리오 3: 지방에서의 삶의 질

이 시나리오는 접근성과 '지방에서의 삶local living', 그리고 느림이라는 관념이 점차 가치 있는 것으로 받아들여질 것이라는 가정에 기초한다. 최근의 경향들을 고려할 때, 이는 고도의 모빌리티와 원거리통신의 급속한 성장이라는 두 가지 현상과의 단절과 관련이 있다. 두 가지 실천 모두 그것이 사회적 삶에 초래하는 부정적 영향으로 인해 점차 거부되고 있다. 삶을 풍요롭게 하기 위해 다른 사회적·문화적 현실에 스며드는 것이 그러한 발전들을 대체한다. 생활양식을 계도하는 데 교통과 통신 시스템은 부차적인 것이 된다. 가사를 돌보는 것이 더욱 중요해지고, 여가 시간이 핵심적 요소가 된다. 다른 시나리오들에서와 달리, 가사 활동이 더욱 손쉬워지고 교통에 들어가는 비용은 낮아진다.

이 경우에 사람들의 모틸리티가 강하게 지향하는 것은 이주를 하고 새로운 생활 조건에 빠르게 적응할 수 있는 능력이다. 이러한 능력을 갖고자, 사람들은 교통에 대해서든 시설들에 대해서든 그 사용법의 결정권자가 누가 될 것인가에 대한 제안이 표준화되기를 원한다.

이 시나리오에서는 지역 내 이동이 증가함에 따라 교통 시스템에 대한 투자도 부차적인 것이 된다. 매일매일의 모빌리티에서는 이동의 유형 및 시간의 구조가 크게 변화하지 않지만, 이동 공간의 범위와 매일의 이동 시간 예산은 줄어든다.

세 번째 시나리오는 독일의 철학자이자 사회학자인 하르트무트 로제Hartmut Rose가 일상생활의 가속화로 인한 탈진에 대해 쓴 저작에서 영감을 받았으며, 《석유 이후》에 실린 존 어리의 '지방에서의 삶'의 시나리오를 따른다(Urry 2014).

결론

물론, 미래는 아직 알 수 없다. 하지만 그럼에도 불구하고, 이 글에서 살펴본 바에 따르면, 사람들의 모틸리티에 나타나는 기존의 경향들의 가속화에 기초하여 예상하는바, 미래의 유럽 복합체들 European agglomerations에서 자동차는 더 이상 일상의 모빌리티를 위한 주요 교통수단이 아닐 것이다.

이것이 정말 축하할 만한 것인가?

하지만 이러한 피상적 점검을 통해 말할 수 있는 것은, 이 현상을 면밀히 들여다보면, 자동차 소유 및 사용의 감소라는 전망이 사회적으로 반길 만한 소식인지 확실하지 않다는 것이다.

분명 자동차 사용의 감소는 에너지 소비와 공기오염 등 교통량의 증가가 가져오는 폐해들(특히 유럽의 도시들을 괴롭히는 도로 혼잡, 소음 및 가솔린/디젤 연기)을 줄이는 데 도움이 될 것이다. 하지만 일자리는? 주요 도로 인프라는? 자동차의 공간적 및 시간적 이점을 위해 기능하도록 설계된 공간들은 어떻게 될 것인가?

불과 얼마 전까지만 해도 자동차의 사용이 감소할 것 같지 않았다. 이 장에서 확인한 경향들의 진전을 보면, 이제는 이 변화가 실제로 시작된 것으로 보인다. 이러한 맥락에서, 어느 한 가지 시나리오 또는 그러한 시나리오들의 조합으로 예상할 수 있는 바와 달리, 우리가 아는 자동차의 사용 방식(즉, 혼자서 사용하는)이 같이 변하지 않는다면 모빌리티의 전환은 어려워질 것이다. 이런 점에서 자율주행 시스템은 중요한 문제가 된다. 이는 운전자가 운전을 하는 행동으로부터 자유로워질 수 있도록 하고, 이동 시간을 다른 일에 사용할 수 있도록 함으로써, (일정한 노선과 스케줄을 고수할 수밖에 없는) 도시의 대중교통과 경쟁할 수 있도록 하기 때문이다.

다행히도, 교통수단 전환 정책은—일상에서의 교통수단 사용이라는 문제 이상을 생각하지는 않았다고 보더라도—본래 의도했던 목표에 빨리 도달하지 못했다. 내가 확인한 경향들이 확실해지면서 자동차 소유 및 이용이 감소하여 앞에서 언급한 하나 또는 다른 시나리오 조합대로 되어 간다면, 미래 유럽의 도시지역과 공간에 대해 관대함과 창의성을 가지고 생각하는 것이 매우 긴급한 일이 된다. 모빌리티는 무엇보다도 사회와 관련된 일이다.

이 세 가지 시나리오도 한계가 있다는 점에서, 바람직한 미래의 상을 제시하는 것이 모빌리티를 둘러싼 노력의 중심이 되어야 한다. 시간 여행time travel의 거리, 속도, 그리고 이의 체계적인 사용을 증대시킴으로써, 첫 번째 시나리오는 단지 근대성의 기본적 원리들(즉, 생산성 증대와 일상생활 속도의 증가를 추구하는 것)이 가속화되는 과정의 새로운 단계를 표상할 뿐이다. 하지만 내가 발전시킨 세 번째 시나리오는 사람들이 만드는 그러한 가속성에 대한 비판에 기초한 것이자, 코뮨주의communalism와 퇴행의 씨앗을 품고 있는 것이기도 한다.

그러면 이제 두 번째 시나리오가 남는다. 여기에서는 대개 물건들이 이동하고, 도시지역에서 사는 사람들이 집을 떠날 필요가 거의 없어진다. 하지만, 이 시나리오에도 대가가 따른다. 고독함이라는.

모빌리티의 측면에서 우리가 바라는 미래를 만들기 위해서는 이 세 가지 시나리오를 결합시켜야 함이 분명하다. 하지만, 이를 위해서는 진정한 민주적 토론이라는 정치적 타협이 필요하다.

8장

모바일 주체의 실행 혹은 해체?
: 모빌리티 개념, 연구 디자인, 방법의 연결

카타리나 만더샤이트Katharina Manderscheid

'모빌리티 전환mobility turn'(Sheller and Urry 2006; Hannam, Sheller, Urry 2006)이 공식적으로, 그리고 대대적으로 선포되고 발표된 지 10년이 넘었다. 이와 같이 새로운 패러다임(Kuhn 1962)의 형성을 주장하기 위해서는 적합한 이론들, 전문용어들, 그리고 연구 방법들을 개발해야 한다. 이에 따라 주요 모빌리티 연구 문헌들은 사회관계의 형성에 이동movement이 중심적이라고 상정하고, 이동이 사회문화적으로 그리고 물질적으로 배태되어 있음을 강조한다(Urry 2000; Cresswell 2006; Urry 2007; Sheller and Urry 2006; Paterson 2007). 방법론적인 측면에서 지난 몇 년간 '모바일 연구 방법'에 대한 활발한 논의가 진행되었다(Fincham, McGuiness and Murray 2010; Büscher, Urry, and Witchger 2011b, Merriman 2013; Büscher and Urry 2009). 이러한 방법들을 통해 정지해 있는 행위자들이나 사회성들보다 이동하는 행위자들과 사회성들에 주목할 수 있게 된다.

정주적인 것이 아닌 주로 이동하는 연구 단위들을 구축하는 것은 모바일 형이상학이 정주 형이상학과 근본적으로 구별되는 요소들 중 하나일 뿐이다(Cresswell 2006, 26f.). 모빌리티 연구의 참신함을 보여 주는 다른 요소들로는 이동하는 실체들과 공유되는 행위성agency의 혼종적 특성이 있으며, 이는 지리적으로 연장된 사회적 연계와 관계, 의무 및 교통과 의사소통의 물질적 네트워크와 인프라로 이루어져 있다. 네트워크화된 사회성sociality과 물질성materiality의 복잡한 상호작용을 그 실천 및 주관성들과 함께 이해하는 데 핵심적인 것이 이러한 측면들이다.

이 글에서는 이러한 모바일 행위성의 혼종적이고 네트워크화된 특성을 전면적으로 다루려고 한다. 나는 모빌리티 패러다임과, '전통적인' 사회이론이 행위성과 사회성을 이해할 때 대비되는 점들을 나열함으로써 이 논의를 진전시킬 것이다. 이 분석의 논점은 연구의 범위, 사용된 연구 방법, 행위성의 개념화이다. 다음으로 나는 모빌리티의 혼종적 네트워크 특성을 설명하는 연구를 위한 몇 가지 대안적 방법론을 제안하고자 하는데, 이는 모빌리티 연구의 비판적 입장을 강화하는 것으로 볼 수도 있다.

모바일 주체들과 네트워크화된 행위성

모빌리티 패러다임이 '전통적' 사회이론과 근본적으로 다른 부분은, 지역적으로 고정되어 있는 사회 단위보다 이동과 유동성에 초점을 맞춘다는 점이다(Sheller and Urry 2006; Hannam et al. 2006). 이는,

"대부분의 사회과학 연구가 '비-이동적a-mobile'이었던 것에 문제를 제기한다. 점진적으로 공간 분석을 도입했음에도 불구하고, 사회과학은 사회적 삶의 공간성이 사람들의─공간에서 공간으로, 한 개인에서 다른 개인으로, 사건에서 사건으로의, 사실상의 그리고 상상된─이동을 전제하는 것(그리고 종종 그에 대한 갈등을 동반한다는 것)을 살피지 못해 왔다."(Sheller and Urry 2006, 208)

이러한 관점에서, 사람들, 대상들, 그리고 상징들은 가상적으로,

물리적으로, 그리고 상상 속에서 다양한 방식으로 이동하는 것으로 이해된다. 모빌리티는 양적 연속체quantitative continuum로 볼 수 있는, 집 주변에서 일어나는 매일의 일상적인 이동부터 장거리 이주나 가상 모빌리티까지의 다양한 이동을 포함한다(Pooley et al. 2005, 5). 사람들은 일상에서 자주 그리고 규칙적으로 물리적 이동을 하며, 1년에 한두 번은 휴가를 위해 이동한다. 주거지를 영구적으로 혹은 단기적으로 이전하기도 하며, 모바일 기기나 인터넷을 통해 소통하고 연결하는 방식으로 가상의 이동을 하기도 한다. 이러한 상이한 형태의 이동에는 기술적 인공물과 인프라, 규범, 규제들이 광범위하게 필요하다. 따라서 이동 혹은 모빌리티는 오직 그 물질적 기반과의 관계 하에서만 이해될 수 있다. 그러므로 실천으로서의 이동은 특정한 물질적, 지리적, 그리고 폭넓은 공간적 환경이라는 맥락에서 다루어져야한다. 어리(2000, 78)에 따르면,

인간과 물질은 다양한 조합과 네트워크에서 교차하는데, 각각의 조합과 네트워크는 시간과 공간에 따라 안정된 정도가 서로 크게 다르다. … 이렇게 보면 인간은 결코 중심적인 존재가 아니며, 인간이 아닌 존재들과 다르다고 할 수 없다.

행위성에 대한 근대적 개념화는 그 (단독) 저자(sole) author로서의 자율적 주체autonomous subject의 형태를 취하며, 인과성과 합리성이라는 용어들을 사용해 담론화된다(Otto 2014, 17f.). 이렇게 정의된 근대

의 주체는 사회적 담론과 지식 일반뿐만 아니라 사회이론에도 스며든다. 이러한 주체들과 행위성 개념에 반대하는 뷔서Büscher와 어리 (2009, 100, 강조는 이 장의 필자)는 모빌리티 분석을 '탈-인간적post-human 분석의 한 예시'로 본다. 더 구체적으로, 이들은 "'인간'의 힘은 의복, 도구, 대상, 길, 건물, 기계, 종이 등과 같은 다양한 물질적 행위성들material agencies이 같이 구성하는 것"으로 간주한다(Büscher and Urry 2009, 100). 따라서, 모빌리티 패러다임은 사회적인 것이 이동성을 가졌다는 관점을 상정할 뿐만 아니라, 행위성은 혼종적인 사회-물질적 네트워크에 의해 구성되는 것으로 이해한다.

이러한 이유로, 우리는 인간이 행위하고 이동 능력이 있다고 여겨지는 맥락을 더 주의 깊게 살펴야 한다. 이를 통해 사회적·물질적 행위자들을 움직이게 하거나 심지어 가속하고 감속시키거나 움직이지 못하게 할 뿐만 아니라, 이들에게 영향력을 부여하고 박탈하는 현상들과 이 네트워크 내부의 힘들을 확인할 수 있다. 이와 관련된 모든 것을 빠짐없이 다룬다고 할 수는 없지만, 나는 다음과 같은 특성의 장소들과 인프라들을 살펴볼 것이다: ① 사회문화적 배경 및 담론 구성체들에 특유한 것들, ② 개인적 사회 네트워크에 배태되거나 관계된 것들, ③ 모빌리티 실천의 발생에서의 관련 맥락들과 공동행위성들co-agencies.

근대의 합리적 주관성과 자율적 인간 행위성의 이상은 모바일 능력을 갖고 모바일적으로 행위하는 데 지역-특정적인, 특히 인프라적인 불평등한 조건들을 중요하게 생각하지 않는다. 하지만, 걷는 것만 생각해 봐도 그러한 행위를 가능하게 하는 길과 그것의 포장, 그리고 목적지와 쉴 곳이 필요하다. 그래야 여러 장소들을 향해 다양한 속도와 스타일로 걸어갈 수 있는 것이다(Urry 2007, 65). 이와 유사하게, 집과 직장의 거리를 연결해 주는 실천으로서의 통근에는 자동차의 소유와 도로 시스템에 대한 접근 가능성, 또는 대중교통의 존재와 그에 대한 접근 가능성이 필요하다. 이러한 물질적 모빌리티 행위자들은 접근성과 규모, 양과 질에서 지리적으로 편차를 보인다.

역사적으로, 근대국가의 건립과 영토의 통합을 구성하는 요소들 중 하나는 이러한 차이들을 균등화하려는 노력이었다. 스티븐 그레이엄Stephen Grahman과 사이먼 마빈Simon Marvin(2001)은 인프라적 이상infrastructural ideal이라는 개념 하에 각 국가의 영토에 대한 선택권과 기회를 균등하게 하려는 서구 국가들의 공간 정책들을 서술한다. 여기서 해당 정책들은 현대사회에 정당성을 제공하는 (가설 상으로) 동일한 모틸리티를 가지는 주체를 만들어 내고 그 주체를 공간적(그리고 사회적)으로 탈착근dis-embeddedness시키고, 이것이 현대사회에 정당성을 제공한다. 이러한 공간 균등화 정책들에서는 개인 소유의 자가용이 핵심적인 역할을 했다(cf.Kuhm 1997). 더구나 라잔Rajan(2006, 113f.)이 서술하듯이, 근대적 자유가 약속하는 선택의 자유와 개인의 자유는 개인 자가용과 이를 사용하게 하는 도로 및 고속도로 시스템―지역의 제약으로부터의 해방을 상징하는―을 통해 패러다임적으로 실현된다. 하지만, 그레이엄과 마빈(2001)의 책이 제시하는 사례에서 볼 수 있듯이, 공간 계획에서의 이러한 일반적인 균등화 원칙은 공간적/인프라적 분화 과정을 위해 상당히 희생되었으며, 부유한 지역들을 위한 분열주의적인 신자유주의 정책은 세계적 · 국가적 · 지역적 · 도시적 규모의 새로운 주변부 지역들을 만들어 냈다(Sassen 2001; Peck and Tickell 2002).

이러한 인프라적/공간적 차이들에 반대하여 이동의 실천을 연구하고 이해한다는 것은, 인간 행위자들에 초점을 맞출 뿐만 아니라 그들의 이동을 가능케 하거나 제한하는 장소적 맥락과 이용 가능한 인프라를 확인하는 것이다. 그러나 각 장소의 인프라 장비는 그 자체로 의미가 있거나 '균등화' 효과를 갖는 것으로 간주되어서는 안되며, 사람들의 삶에 그것이 미치는 영향은—그것을 사용할 수 있게 하는 사람들의 신체적 능력과 경제적 자원 등—개인적인 삶의 지형 및 네트워크의 공간적 규모에 따라 달라진다(cf. Urry 2003; Cass, Shove, and Urry 2005; Larson and Jacobsen 2009; Frei, Axhausen, and Ohnmacht 2009). 모든 사람이 사회적으로 통합되기 위해 물리적으로 이동해야 하는 것도 아니고, 모든 사람의 사회적 네트워크 연계가 멀리 떨어져 있는 것도 아니다. 게다가, 공공서비스와 인프라에 대한 접근 가능성이 낮을 경우에 사람들이 대안을 마련할 수 있을지의 여부는 그들의 경제적 · 문화적, 혹은 사회적 자본이나(Bourdieu 1986) 네트워크 자본(Urry 2007, 194 ff.)에 달려 있다. 그러므로 물질적-인프라적 맥락은 개인의 네트워크 및 사회-공간적 위치와 연계되는 잠재적인 모빌리티 행위자로 간주되어야 한다(Sheppard 2002).

둘째, 이동은 공간적으로 그리고 역사적으로 정의되는 사회문화적 맥락 속에서 일어난다. 모빌리티와 인프라, 공간들은 일련의 상징들, 표상들, 담론들 속에서 구성되고 의미를 갖게 된다. 가능한 목표에 대한 지식과 표상뿐만 아니라 모빌리티의, 그리고 더 광범위하게 표현하자면, 모빌리티 실천들의 집합적 의미는 시간, 공간, 사회 내에서의 위치에 따라 다차원적으로 변화한다. 무엇이 바람직하다고 또는 혐오스럽다고 여겨지는지, 무엇이 정당하거나 부당한 모빌리티라고 여겨지는지는 역사적 맥락에 따라 다르다. 걷기에 관한 다음의 세 인용문은 이렇게 자연스러워 보이는 인간의 모빌리티가 17세기에는 위험한 것을 의미하다가 현재에는 인간(남성)의 기본적인 특징을 구성하는 것으로 변화했음을 보여 준다.

18세기 이전의 유럽에서 보행자는 위험한 '타자', 또는 부랑자나 잠정적 폭도였다. 걸어다니는 자들을 범법자로 간주하는 법이나 시스템들이 존재했다. … 피할 수 없는 상황이 아니라면 그 누구도 걷고자 하지 않았다. (Urry 2007, 62f)

대략 18세기 이후로 영국과 유럽에서는 이동travel이라는 일이 걷는 행위와 구분되었다. … 걷는 것은 지루한 일상적인 행위였다. … 보행자들은 이동하지 않았으며, 같은 이유에서 … 이동하는 이들은 걷지 않았다. 당시에는 말이나 마차가 걷는 것보다 그다지 빠르지도 편하지도 않았음에도 불구하고, 사람들은 그 편을 선호했으며, 가능한 한 적게 걸었다. … 그렇게 해서, 유럽의 엘리트들은―최소한 18세기 이후에는―마치 다리가 없는 것처럼 이동하고, 또 그에 대해 기록하게 되었다. (Ingold 2004, 321f.)

걷는다는 행위를 다시 한 번 생각해 보자. 장애 이론가 마이클 올리버Michael Oliver는 걷는다는 사실에 인간적임 그리고 남성적임과 관련된 일련의 의미를 제공하는, 걷기에 관한 이데올로기가 있다고 주장한다. 그러므로 걷지 못한다는 것은 완전한 인간에 못 미친다는 것이 된다. 대중문화의 관점에서 '허리를 펴고 걷는 것walking tall'은 틀림없는 남성성의 표시다. (Cresswell 2010, 21)

역사의 퇴적과 집단적 관습화에 따라 이동의 실천 영역의 스펙트럼과 한계의 사회적 기원은 보이지 않게 되며, 점차적으로 그 맥락 속의 인간 행위자에게, 그리고 과학적 분석에서도 자연스러운 대상으로 여겨지게 된다. 하지만 공시적이고 동공간적인synchronic and syntopic, 혹은 통시적이고 통공간적인diachronic and diatopic 비교를 통해 그것의 '당연시됨' 혹은 자연스러움의 아우라는 의미의 사회적 구성과 경합에 자리를 내주게 된다. 이러한 배경에서, 개인과 집단의 이동 방법, 목적지, 속도 혹은 그 부재와 같은 모빌리티 선택은 개인의 관련 정보에 기반한 의식적인 결정의 결과라고 볼 수 없게 된다. 오히려 실천으로서의 모빌리티는 그 사회적 의미와 뗄 수 없는 관계가 된다. 이는 모빌리티 실천과 선택들은 전의식적이고 통합적인 문화적 담론들과 지식(Freudendal-Pedersen 2007)에 의해 생산되고 모양지어지고 유포되며, 초주관적인supra-subjective 의미들 및 위계들과 융합된다는 것을 의미한다. 그러므로 개인이나 집단 그리고 거대한 사회적 네트워크가 생각하고, 선택하고, 실행할 수 있는 이동과 정지moves and fixes는 특정한 시공간에서의 담론 구성체들에 의해 규정된다(cf. Foucault 1972). 이러한 관점에서, 이 담론 구성체들은 네트워크화된 모빌리티 행위성의 추가적 요소들이 된다.

셋째, 이동은 물질적 배경이나 특정한 담론 구성체들에 배태되어 일어날 뿐 아니라 특정한 사회적 맥락 속의 미시적 수준에서도 일어난다. 이러한 사회적 맥락 안에서는 더 광범위한 모빌리티 전략으로서의 해당 실천들이 더욱 교정되거나 대안적이고 의존적이고 상관적인 형태의 이동, 정박, 그리고 정지로 나타난다(Schnider, Limmer, and Ruckdeschel 2002: Hannam et al. 2006). 따라서 사회적이나 공간적으로 독립적인 주체가 완전한 사회적 고립 상태에서 내리는 결정에 따른 이동은 설령 있더라도 무척 드물다. 오히려, 모빌리티 결정은 개인적 관계의 네트워크 속에서 어느 정도 직접적으로 협상되는 것으로 개념화되어야 할 것이다. 예를 들어, 주거 모빌리티는 개인적인 관계, 가족, 그 외의 사회적 네트워크에 영향을 미치고, 또 그 안에서 문제가 된다(Schneider et al. 2002: Larsen, Urry, and Axhausen 2006, 74f.). 따라서, 이렇게 관계된 타자들이 어떠한 방식으로든 거주지 선택에 영향을 끼친다. 더욱이, 많은 형태의 이동travel은 유의미한 타자들의 부동성 혹은 그들과의 거리 두기distanciation를 필요로 하거나, 그 결과로서 일어난다. 많은 형태의 이동이 멀리 있는 친구, 가족, 친척과 같은 사람들과의 관계를 유지하고자 행해진다. 더 일반적으로, 이동의 시작점, 휴식점, 도착점에는—가족, 애인, 직장 동료나 파트너, 서비스와 유지 보수 같은—사랑하는 사람들이 있는 장소들이 있으며, 이것이 이동에서 부동의 사회적 전제가 된다. 이러한 초점은 사회적 네트워크 내의 분산된 권력으로서의 모빌리티 행위성을 지목한다. 이동 능력이 있는 사람들과 신체들, 그리고 이동 능력이 없는 사람들과 신체들 사이의 관계는—이들을 단순하게 권력이 있거나 없는 주체들과 등치시킬 수는 없지만—불가피하게 권력관계와 관계가 있다(Malkki 1992; Wolff 1993; Weiss 2005).

이러한 네트워크화된 혹은 관계적인 모빌리티 행위성의 관점에서 볼 때, 이동의 실천들은 집단적 혹은 개인적으로 구성되는 공간적 관계와 사회적 연계 속의 특정한 사회적 · 문화적 · 물질적 · 지리적 환경에서 나타난다. 다른 글들에서(Manderscheid 2012, 2014b) 나는 실천들의 이와 같은 초簡개인적 기반을 '모빌리티 디스포지티프mobility dispositif'라고 부르자고 제안한 바 있는데, 다른 저자들은 이를 '더 큰 물질적 · 상징적 레짐들larger material and symbolic regimes'(D'Andrea, Ciolfi, and Gray 2011)이나 '사회-기술적 시스템들'(Urry 2004)이라고 칭한 바 있다. 하지만 이 글의 관심은 여기서 개략적으로 소개된 모빌리티 연구 공리들의 방법론적 결과, 특히 네트워크화된 모바일 행위성의 개념화와 체계적인 조작화이다.

모빌리티 실행하기: 이론과 방법론 사이에서 빠진 연결고리들

모빌리티 문헌들에서 나타나는 행위성의 개념적 · 존재론적 기반을 확인했으니, 이제 모빌리티 연구의 방법론적 이슈들을 살펴보자. 주된 초점은 인프라적으로, 사회문화적으로, 그리고 개인적으로 배태된 실천들과 네트워크화된 행위성이라는 모빌리티의 주요 주장들이 연구 설계로 전환되는 방식에 있다.

일반적으로 연구 방법, 과학적 기법, 그리고 방법론이 기존 현상들과 실체들을 과학의 반실증주의적 · 실행적 · 전체론적 이해를 기반으로 관찰할 중립적 도구들로 여겨지는 반면, 연구 방법은 이론적 공리를 경험 세계로 확장하는 것으로 간주된다(cf. Kuhn 1962; Diaz-Bone 2015). 이에 따라, 관찰의 과학적 기법과 같은 연구 방법은 경험 세계에 대한 이론적 가정들과 다듬어진 모델들에 기반한 것으로서, 독자적으로 존재하는 세계를 단순히 조명하는 것이 아니라 연구의 대상을 (공동)구성하는 것으로 이해된다.

연구의 실천에 관한 이와 같은 실행적인 관점은 프랑스 인식론의 중요한 부분으로, 이는 가스통 바슐라르Gaston Bachelard(2002)의 글에 그 뿌리를 두고 있으며, 롤랑 바르트Roland Barthes, 조르쥬 캉기엠Geores Canguilhem, 미쉘 푸코Michel Foucault 등의 저작에서 볼 수 있다. 그중 푸코는 이와 같은 지식과 담론 일반의 존재론적 · 실행적 역할을 서술하면서 이를 '개념들과 표상을 나타내는 기호들signs … 또는 의미소들signifying elements의 집합'이 아닌 '그것들이 나타내는 대상들을 체계적으로 형성하는 실천들(Foucault 1972, 49)'로 본다. 달리 말하면, 존 로John Law와 존 어리가 말했듯이, 연구의 실천은 실행적이다: "그것은 현실을 보여 주며, 그들이 발견해 낸 것들을 현실화하는 데 도움을 줄 수 있다"(2004, 393).

'모빌리티 패러다임'의 등장과 확립은 처음부터 적합한 연구 방법에 대한 논의와 함께해 왔다(Büscher and Urry 2009; Ahas 2011; Fincham et al. 2010; Büscher, Urry, and Witchger 2011a; Merriman 2013). 쿤(Kuhn 1962)적인 관점에서, 새로운 이론적 접근법과 전문용어, 연구 방법의 개발은 새로운 과학적 패러다임의 등장을 의미한다. 이는 모빌리티 학자들이 '모빌리티 패러다임'을 이야기할 때 적극적으로 적용되는 생각이다(Urry 2007, 39). 이에 대해 셸러Sheller와 어리는, 모빌리티의 이론적 기반이 되는 논문에서, "연구 방법은 '이동 중on the move'이어야 하며, 실제로 간헐적 모빌리티를 시뮬레이션해야 한다"고 주장했다(2006, 217).

사람들, 이미지, 정보, 그리고 대상들을 따를follow 수 있는 연구 방법의 능력을 강조하는 것은 '전통적' 사회과학 연구 방법이 전제하는 고정성과 정주성에 대한 반대를 뜻한다. 전통적인 방법은 일반적으로 사람들의 거주지 주소를 통해 그들의 소재를 찾으며, 공간적으로 고정된 생활과 지리적 근접성 및 공간적 공현존co-presence에 근거한 사회적 통합을 어느 정도 분명하게 가정한다. 이러한 정주성의 가정들은 사회과학 자료의 구성이나 분류에 다양한 방식으로 반영된다. 그 예로 정체성에 대한 영토화 개념들의 분석적 결과에 대한 논의(Malkki 1992)나 멀티-로컬 형태 거주에 대한 연구(Hilti 2009)가 조명된 바 있다. 전통적인 혹은 정주주의적인 사회 연구에서 사회적인 것은 전형적으로 이웃, 도시, 지역 혹은 국민국가와 같은 영토적 단위에 들어가 있는 것으로 개념화되어 사회과학 자료의 추출 단위가 된다. 모바일 연구 방법은 이러한 접근법에 반대하여 사람들, 정보, 대상들의 다양한 이동에 초점을 맞추는 것을 목표로 한다(Büscher and Urry 2009, 103ff.). 이를 통해 사회적인 것의 공간성과 진행 중인 모빌리티 자체를 경험적 분석의 대상으로 전환시킨다. 이러한 방향의 모빌리티 연구에서 사용되는 연구 방법은 이동하는 사람들과 시스템들에 대한 데이터를 수집하는 질적인, 부분적으로 기술적으로 지지되는 수단들로 구성된다(Büscher et al. 2011a, 7ff.; cf. Büscher et al. 2011b; Fincham et al.2010).

그러나 사회과학 연구 방법에서 주로 정주적이기보다 이동하는 연구 단위의 구축은 모빌리티 패러다임에서 제기하는 여러 이슈 중 하나만 다룰 뿐이다. 앞에서 설명했듯이 이 패러다임의 참신함을 보여 주는 다른 요소들은 이동하는 실체들(인간-기술 네트워크들로 구성되는)의 혼종적인 특성과, 이에 따라 그것들이 역사적-문화적으로 구체적인 지식 영역에서 차지하는 지위뿐만 아니라 지리적이고 인프라적인 맥락, 사회적 연계와 의무의 네트워크들에 배태된다는 사실이다. 이러한 이슈들이 모빌리티적 사고방식의 두드러진 부분이지만, 지금까지 모빌리티 연구의 모바일 연구 방법이나 방법론은 이러한 이슈들을 충분히 다루지 않았다(cf. Bissel 2010). 혼종적 사회-기술 구성체의 정리定理를 모빌리티 연구 설계로 확장하고자, 우리는 "대상들과 사람들이 시공간을 통해 조합되고 재조합되는 많은 방식들을 조사할"(Urry 2007, 50) 연구 방법들을 추가로 개발해야 한다.

그 외에, 이동하는 사물들과 네트워크화된 행위성을 맥락화하는 문제가 있다. 다른 연구자들이 발전시켜 온 바와 같이(D'Andrea et al. 2011: Manderscheid 2014a), 대부분의 모빌리티 연구의 경험적 초점은 미시적 수준의 경험과 실천, 동기나 거시적 수준의 흐름과 이동, 그 기술적-물질적 전제 조건, 과거의 발전, 정치경제, 잠정적 미래, 특정 형태의 담론 및 지식과의 연계에 있다. 두 가지 방법론 모두 의심의 여지 없이 모빌리티 연구의 발전에 중요한 가치가 있는 것들이다. 그러나, 특히 이동의 주관적 표현들에 초점을 둔 경우에는 인터뷰를 통해 만들어진 텍스트 자료들을 연구에 이용하게 되는데, 이 경우 개인들의 의식적 추론의 역할을 과장할 위험이 있다. 이와 같이 경험적 측면에 초점을 맞춘 연구는 이와 다른, 덜 의식적이고 덜 능동적이고 덜 중요한 신체의 경험들을 간과할 수 있다(Bissel 2010). 또한, 이렇게 탈맥락화된 연구에서는 무형의 지식과 위계, 그리고 전의식적이고 무의식적인 습관(cf. Bourdieu 2000)과 구조적으로 형성되는 요소들을 놓칠 수 있다.

앞에서 서술한 문제들과 바람직한 모바일 주체the good mobile subject에 관한 규범적인 가정들 중 일부는 아이들의 모빌리티 실천과 도시 공간 사용에 대한 연구들에서 찾아볼 수 있다. 이 분야의 연구는 타운이나 도시에서 아이들이 놀 수 있는 공공장소의 감소나, 타운이나 도시 전체에 널리 분포되어 있는 레저 활동 장소로 차로 운송되는 아이들의 증가를 문제 삼는 경향이 있다. 이러한 일련의 주장은 도시 연구의 역사에서는 멈포드Mumford나 제이콥스Jacobs의 글에서, 심리학에서는 피아제Piaget, 프롬Fromm 등과 같은 학자들의 글에서 그 기원을 찾을 수 있다. 아동의 사회화에서 어느 정도 분명한 이상은 **독립적 모빌리티**independent mobility(Zeiher 1990; Katz 1994; O'Brian et al. 2000; Shat et al. 2013)라고 볼 수 있는데, 이는 아이들이 "어른의 관리 없이 이웃이나 도시를 돌아다닐 수 있는 자유"라고 정의된다(Shaw et al. 2013, 35). 이러한 이동의 목적은 레저, 학교, 혹은 놀이일 수 있다. 아동 모빌리티나 아동 건강 및 발달 정책을 연구하는 학자들은 아이들의 독립적 모빌리티가 정신적·신체적 건강에 유익하다는 점에 동의한다. 하지만 이러한 독립적 모빌리티는 교통환경 디자인이나 부모의 판단, 규제, 혹은 '허가'에 의해 제한된다. 미켈슨Mikkelsen과 크리스텐슨Christensen(2009, 41, 강조는 필자)은 이 개념을 비판적으로 검토한다.

아이들의 독립적 모빌리티라는 생각은 이를 아이들의 자연스러운 발달단계로 보는, 문화적이고 성인중심적인, 개인의 행위성에 대한 관점을 반영한다. … 이러한 이해 방식에서 아동기는 아이들이 점차 성장하여 말 그대로 성인에 대한 의존에서 벗어나 독립하는 삶의 한 국면으로 나타난다. 문화적 이상은 아이들이 집단적 행위자가 아닌, 개인적 행위자로[sic] 키워져야 한다는 것이다.

이러한 맥락에서 독립성이란 타자의—특히 여행과 집 밖에서의 이동 시 어른의—부재에 강하게 편향되어 있다. 경제적·정치적·물질적·문화적, 또는 다른 사회적 네트워크에 배태된 아이들의 모바일 행위성의 의존성은 덜 알려져 있으며, 따라서 연구의 초점에서 벗어나 있다. 그러므로 이처럼 아이들과 함께하는 어른에만 초점을 맞춤으로써, 아이들의 모빌리티 실천이 또래집단의 행위 및 규범, 규칙의 네트워크와 관계되는 양상(Mikkelsen and Christensen 2009; Goodman et al. 2013)은 감추어지게 된다. 혹자는 의존성과 비의존성을 고정된 상태로 다루는 것이 말이 되는지, 혹은 이 개념들을 상호 간의 행위로 형성되는 사회적 관계의 일부로 보아야 하는지 의문을 제기할 수도 있을 것이다(Mikkelsen and Christensen 2009). 더구나 독립적 모빌리티는 종종 걷기나 자전거 타기와 같은 자기추동적 이동self-driven movements(Goodman et al. 2013, 276)과 등치되곤 하는데, 이에 비해 대중교통이나 자동차 탑승처럼 어디론가 이동되는 것being moved은 열등한, 덜 자율적인 형태의 이동으로 틀지어진다.

전반적으로, 독립적인 아이들의 모빌리티 개념을 구성하는 이러한 요소들은 자율적이고 독립적인 모빌리티와 개인적 모바일 행위성에 대한 현대적 이상의 어떤 주요한 특성들을 담고 있다. 그 성숙한 전형적인 형태로 혼자서 주행하는 자동차 운전자를 들 수 있다. 그렇다면 '진실로 스스로 결정한 모빌리티'를 배우는 과정은, 처음에는 진실된 독립적 모빌리티를 획득하기 위한 필수적이자 미성숙한 단계로서 '또래 친구의 동행'을 필요로 한다(Goodman et al. 2013, 288). 여기서 그 기반이 되는 성인들의 독립적 모빌리티에 대한 이상화를 추론해 볼 수 있을 텐데, 그 전형적인 형태는 자동차로 이동하는automobile 주체가 될 것이다. 하지만 현재 아동의 독립적 모빌리티라는 개념은 비판의 대상이 되고 있다(Goodman et al. 2013; Mikkelsen and Christensen 2009). 비판의 내용은 아이들 모빌리티의 일부분으로서 사회적 네트워크의 중요성을 부각시키며, 그렇게 함으로써 또래 친구들과 함께 이동하는 상황에서 나타나는 사회적으로 분배된 모바일 행위성으로 초점을 확장한다. 다음으로는 접근 가능한 대중교통과 개인적으로 사용 가능한 자전거, 도로나 골목길에 대한 근접성 등과 같은 물질적-인프라적 모바일 행위자agent들에 대한 관심이 필요할 것이다.

연구 방법의 정치학 – 대안을 찾아서

새로운 패러다임을 형성하려는 주장은 적절한 이론과 전문용어, 연구 방법의 개발을 필요로 한다. 뿐만 아니라, 모빌리티 연구의 중심적 문헌들은 그 정도에는 차이가 있어도 사회적 세계에 대해 분명하게 비판적인 시각을 내포한다. 몇몇 비판적 주제들을 예로 들어보자면, 이동의 실천에 대한 사회문화적 배태와 지배, 그리고 자동차를 이용한 모빌리티의 증가에 초점을 맞추는 경우를 얘기할 수 있다. 이를 통해 관련 글들은 교통 연구나 교통정책에 대한 일차원적 접근법이 사회적·물질적 세계에서 추상화되어 합리적 선택 모델이 되는 개인의 행동에 초점을 맞추는 것을 비판한다. 이러한 배경에서, 여러 개념과 전문용어, 연구 방법들 간의 응집력이 더 높아져야 한다는 주장은 세상에 대한 헤게모니적 관점들 사이에서 일어나는 경쟁과 현재의 모빌리티 질서에 대한 비판을 지향하는 정치적 전략으로 간주될 수 있다. 이러한 견지에서, '자율적인 모바일 주체'에 대한 의도하지 않은 긍정을 피하고자 한다면, 연구 대상과 같이 움직일co-mobile 뿐만 아니라 경험적인 대상을 다르게, 그리고 그것의 네트워크화된 관계적·혼종적 특성에 대한 주장과 일치하는 방식으로 틀짓고 실행할 수 있는 연구 방법과 방법론들을 개발하고 발견하는 것이 중요해 보인다. 이를 통해 모빌리티 연구는 좀 더 일관성 있게 경험적 대상들의 새로운 현실을 구성하고 보여 줄 수 있을 것이다.

이렇게 나열한 내용을 연구의 출발점으로 설정하고 나면, 추후의 발전 기반이 될 수 있는 몇 가지 영감의 원천들이 보인다. 첫째, 물질적 환경에 대해 주체를 탈중심화decentering시키는 것. 이에 따라 탈인간적 연구 방법들posthuman methods을 사용함으로써 인간적·물질적 행위자들 사이에 분포되어 있는 행위성을 진지하게 고려해야 한다. 접점은 이른바 '물질적 전환Material turn'(Kazig and Weichenhart 2009: Bennett and Joyce 2013)과, 당연히, 행위자-네트워크 이론ANT: Actor-Network Theory이다(Law 2002: Latour 2005). 특히 ANT는 분명하게 인간과 비인간 행위 주체actants 사이의 과정적 상호작용에 초점을 맞춤으로써 인간 주체를 탈중심화하는 비-인간주의적non-humanist 관점을 보여 준다.

생태학 이론으로서 ANT는 비인간의 세계를 인간 존재의 물질적 조건 혹은 인간 행위의 기반을 형성하는 일련의 상징들로만 보는 사회학적 접근 방법을 거부한다(Murdoch 2001, 116f.). 이와 같은 접근법은 실천을 인간 주체의 의도적 행위라기보다 변화에 영향을 주는 것으로 보는 이해 방식에 기반한다. 이에 따라, 일시적으로 안정화된 네트워크 안에서 인간의 느낌, 아이디어, 의도뿐 아니라 인공물, 기계, 식물, 동물 등 인간이 아닌 실체들도 그 자체의 행위성이나 실천의 잠재력을 갖는 것으로 생각된다. 예를 들어, 교통 인프라, 주거용 건물들, 정보 및 커뮤니케이션 테크놀로지 기기들, 그리고 법적 문서들(여권, 운전면허증, 기차 요금 할인권) 등은 사전 규정으로서 형성적 잠재력을 가지며, 이는 허가나 승인의 형태를 취할 수 있다(cf. Akrich and Latour 1992). 이러한 행위자-네크워크와 그에 따른 연구 대상 범위는 사전에 정의될 수 없으며, 경험적 분석의 결과로 정해진다. 더 나아가, 특정한 모바일 실천 행위자들의 경험적 기여 또한 대본에서 이탈하는 서술de-scription의 대상이 된다.

　하지만 ANT 연구의 실천도 주로 질적-민속지적 방법에 의존함으로써 움직이지 않는 대상들에 비해 말을 할 수 있는 행위자들(인간들)에게 특권을 부여한다. 결국 앞에서 진술한 인간 행위자와 물질적 행위자 사이의 대칭을 충분히 파악하지 못하는 것이다(Schad and Duchêne-Lacroix 2013, 269; Murdoch 2001). 최근 테크노그래피technography의 새로운 방법론적 접근법(cf. Rammert and Schubert 2006; Kien 2008; Jansen and Vellma 2011)이 STS 및 ANT와 관련하여 기술적 측면들과 사회적 측면들을 더 대칭적으로 통합하는 논의에서 주목받고 있다. 여기서 기술

technology은 어떤 목적을 이루기 위해 숙련 기술, 도구, 지식, 기법 techniques을 사용한다는 포괄적인 의미로 이해할 수 있다(Jansen and Vellma 2011, 179).

테크노그래피는 네트워크나 배열의 요소들을 묘사하기보다 관계 그 자체에 집중한다(Kien 2008). 혹자는 바니니Vannini 와 바니니(2008, 1299)가 말했듯, "테크노그래피는 의사소통 과정의 기법적 구조에 대한 연구와 그에 대한 서술로, 그 물질적 · 상징적 실재, 그리고 사회적 결과를 형성할 수 있는 잠재력을 다룬다." 이 접근법은 세 단계로 구성된다. 첫째, '실행performance'의 연구로, 기술적technological 실천들의 물질적 · 사회적 환경들과 그 상호관계에 대한, 그리고 사용 중인 과정적 기술에 대한 서술(Jansen and Vellema 2011, 170f.). 두 번째 단계는 네트워크 내에서 전송되는 업무-관련 지식을, 그리고 이를 통해 서로 다른 행위자들의 지식과 숙련 기술이 동원되고 조정되는 방식과 이 숙련 기술과 지식 보유자들이 실행과 실천에 포함되거나 제외되는 방식을 분석한다(Jansen and Vellma 2011, 171f.). 마지막 세 번째 단계는 특정 실천, 그 실천들의 조직, 그리고 행위자들의 포섭을 구성하는 규칙과 프로토콜, 루틴, 의례들을 드러내 보인다(Jansen and Vellema 2011, 172f.). 이상적으로는 이러한 서술은 인간 행위자들과의 인터뷰가 아닌 관찰에 그 경험적 기반을 두어, 네트워크과 실천의 조직을 그에 대한 인간의 합리화보다 강조한다(Jansen and Vellema 2011, 174).

아직은 모빌리티 연구와 관련된 테크노그래피 연구가 많지 않지만(Schad and Duchene-Lacrox 2013; Vannini and Vannini 2008), 이와 같은 접근법은 경험 조사를 통한 모빌리티 연구의 탈인간적post-human 주장을 실행할 잠재력이 어느 정도 있어 보인다. 예를 들어, 자동차 모빌리티와 연관하여 이러한 접근법은 모바일 신체를 사회적 실천, 체화된 기질과 숙련 기술뿐만 아니라, 일반적으로 당연시되고 그다지 중요하지 않은 것으로 간주되는 기술적 잠재력과 능력의 결합으로 간주하여 경험적으로 취급할 것을 주장한다(Dant 2004, 74; Jensen, Sheller, and Wind 2015, 365). 또 다른 흥미로운 접근법은 '상호작용형 금속 피로interactive metal fatigue'를 다룬다(Pel 2014). 모바일 사회 세계의 물질적 측면을 다루는 연구 방법과 연구 설계는 운송과 관련하여 자동차 모빌리티 및 행위성에 대한 대안적 관점을 강화하고, 기술 및 인프라 정책을 더 정치적으로 이해할 수 있게 한다.

모빌리티 연구 실천에 존재하는 두 번째 난제는, 모바일 행위성을 맥락화하고 미시적 수준의 개인이나 집단의 경험과 합리성들을 거시적 수준의 담론과 인프라, 사회질서와 연결하는 것이다. 단드레아D' Andrea 등(2011, 155f.)이 진술하듯이 "모빌리티 연구에서 중요한 난제는 거시와 미시 요소들을 통합할 수 있는 연구 프로토콜과 연구 방법 및 분석들이 각기 따로 발달하도록 내버려두지 않고, 이것들을 체계적으로 해체하여 공식화하는 것이다." 한가지 전략으로, 미시적 수준에서 수집된 질적 데이터는 맥락적 구조에 대한 정보와 비교할 수 있다. 다른 연구에서(Manderscheid 2016: 유사한 예시로 Taipale 2014), 나는 다중대응분석multiple correspondence analysis이라는 통계적 방법을 사용하여 실천 유형들의 기저에 있는 구조화 차원들을 찾아야 한다고 제안했다. 외데Huete, 만데콘Mantecón과 에스테베Estevez(2013)도 이와 유사하게 개인들의 주관적 평가는 편향될 수 있기 때문에 유일한 분석틀로 사용하기에는 충분치 못하다고 주장한다. 생활이민과 노동이민 연구의 분화를 분석하면서, 필자들은 영국과 북쪽 나라들로부터 스페인으로 이주한, 자신들의 거주 모빌리티의 주된 동기는 주로 비경제적인 요인들이라고 주장하는 사람들의 자기분류 기저에 깔려 있는 민족적-국민적 엘리트주의를 드러내 보여 준다. 하지만 시간에 따른 그들의 거주 모빌리티를 양적으로 비교해 보면 결국 경제적 요인들 때문이었음이 드러나고, 그들의 모빌리티 패턴이 이른바 노동이민자들의 그것과 매우 유사함을 알 수 있다. 그러므로, 다양한 수준의 데이터를 사용하는 것은 단일한 수준에 대한 단일한 차원의 효과들에서 나타나는 사각지대, 전의식적인 지식, 편향된 설명 또는 가정들을 교정하는 데 도움이 될 수 있다.

여기서 또 다른 흥미로운 분석 기법으로, 공간적 차원으로 확장되어 조사 데이터뿐만 아니라 미시적 데이터에 적용되는 사회적 네트워크 분석이 있다. 예를 들면 라슨Larsen 등(2006)은 개별 사례들에 대한 질적 공간 네트워크 분석을 제시하는가 하면, 악스하우젠Axhausen 등(Axhausen 2007; Frei et al. 2009)은 시각화 그리고 표준화된 조사 데이터에 기반한 지리학과 사회적 네트워크 분석의 영역을 개척해 가고 있다. 이들은 서로 다른 모빌리티 실천의 배경이 되는 상이한 사회집단들의 사회적 네트워크 지형을 비교하는 데 사용될 수 있는 분석 기법들을 제안한다. 이러한 공간 네트워크 분석 방법은 모바일 행위자들의 사회공간적 배태와 이동 실천의 네트워크 효과를 좀 더 체계적으로 설명할 수 있는 효과적인 도구로 보인다.

이 같은 제안들은 모빌리티 연구를 위한 질적 방법의 추가적인 개발 외에도 모빌리티 실천들을 맥락화하고 이를 통해 고립된 모바일 주체들을 공간적·사회적 구조들 속으로 비결정론적인 방식으로 다시 배태되도록 하는 데 적합한 표준화된 기법들을 재발견하는 것이 가치 있는 일임을 보여 준다. 전체적으로 모바일 방법 및 모빌리티 연구 방법을 다룬 이 글에서 제안된 발전 방향은, 현대의 자동차로 이동하는 주체의 담론적 해체와 네트워크화된 모바일 행위성의 이해에 기여할 수 있을 것이다.

결론

현실은 특정한 표상과 무관하게 독자적으로 존재하는 것이 아니며, 사회 세계에 대한 표상들은 항상 도전받고 변화하고 있다. 모바일 사회질서에 관한 논쟁에서 모빌리티 연구를 관점으로 선택함으로써 내가 주장하는 바는, 모바일 주체가 서구적 근대성에 특징적인 합리적이고 자율적인 행위자로 간주되고 자동차로 이동하는 주체로서 패러다임적으로 등장하는 것에 대한 비판이다. 애초부터 모빌리티 패러다임은 사회과학 전반, 그중에서도 특히 교통 연구와 정책 결정에 퍼져 있는 이러한 관점에 문제를 제기해 왔다. 과학적 담론들이 지속적으로 기여하는 지식의 질서를, 특정한 주관성이 정의되고 생산되는 문화적 공간으로 보았을 때(Reckwitz 2008, 26ff.), 연구 실천들은 경험적 세계의 묘사일 뿐만 아니라 이러한 현실 자체에 영향을 끼치고 또 그것을 공동생산하는 기법이라고 이해되어야 한다.

네트워크화된 행위성과 그것이 물질적·인프라적·사회적·문화적·역사적 환경에 배태되는 것을 방법론적으로 통역하기 위해, 나는 ANT와 STS 연구의 도구 상자들을 더 면밀히 살펴봐야 한다고 제안했다. 특히 테크노그래피와, 더 광범위한 구조적 배경들에서 개인의 실천을 맥락화할 수 있게 하는 선별적 다차원 통계selected multilevel statistics는 추후 모빌리티 연구 방법의 발전 원천으로 볼 수 있다.

하지만 모빌리티 연구가 단순히 방법론과 분석 기법들을 확장하는 것만으로 모빌리티 현실을 변화시킬 수 있다고 주장하는 것은 아니다. 사회문화적 담론과 지식 분야는 특정한 유형과 주관성을 제안하고 부과한다. 하지만 이것이 다양하고 모순적인 기대과 힘, 유형들을 항상 마주하는 경험 세계의 개인을 결정하는 것은 아니다. 사회적인 것에 대한 '진실한' 관점을 구하는 사회적 투쟁의 일환으로서, 모빌리티 연구는 우리가 모빌리티를 생각하는 방식에 기여할수 있다. 그리고 이를 통해 모빌리티 그 자체를 변화시키는 데에 도움을 줄 수 있다.

9장

모빌리티와 코스모폴리탄 관점

울리히 벡Ulrich Beck

이 장은 다음과 같은 문제들을 제기한다. 코스모폴리탄의 관점에서 모빌리티의 새로운 점은 무엇인가? 코스모폴리탄의 시선, 더 정확하게 말하자면 '방법론적 코스모폴리타니즘methodological cosmopolitanism'은 모빌리티의 개념틀과 현실, 적절성을 어떻게 변화시키는가?

나는 나의 주장을 다섯 단계에 걸쳐 진전시킬 것이다. 첫 번째로, 나는 코스모폴리탄 관점을 전 지구화globalization 담론 안에 위치시킬 것이다. 두 번째로, 철학적 코스모폴리타니즘과 사회과학적 코스모폴리타니즘을 구별하고자 한다. 세 번째 단계에서는 방법론적 국민주의methodological nationalism와 방법론적 코스모폴리타니즘 간의 대립에 초점을 맞출 것이다. 네 번째 단계에서는 코스모폴리탄적인 사회과학 연구 프로그램을, 특히 모빌리티 이슈와 관련하여 개략적으로 서술한다. 마지막 다섯 번째 단계에서는 지역과 글로벌의 결합local-global nexus을 인지하고, 분석하고, 그에 대응하는 상이한 방법들에 대해 논의한다.

코스모폴리탄 관점과 전 지구화 담론

전 지구화는 최근 10~15년간 사회학에서 대단히 큰 관심을 받는 연구 주제가 되었다. 이에 대한 반응은 세 가지로 구분될 수 있다. 첫 번째는 전 지구화 현상을 부정하는 것denial, 두 번째는 그에 대한 개념적인 그리고 경험적인 탐구, 세 번째는 인식론적 전환epistemological turn이다. 첫 번째 반응은 과거에도 현재에도 새로운 것이 아니다. 그동안 전통적인 경제학·사회학·정치학 등의 분야에서는 이에 대해 상당히 정교하게 방어해 왔고, 전 지구화를 지지하는 것으로 제시된 증거들이 별로 신빙성이 없음을 보여 주고자 애써 왔다.

그러나 이러한 전략은 두 번째 반응에 의해, 즉 전 지구화에 대한 연구들이 뚜렷하게 나타나기 시작하면서 힘을 잃게 되었다. 이 연구들은 다음과 같은 사항들에 관심이 있었다. 전 지구화 개념을 어떻게 정의할 것인가? 전 지구화의 어떤 양상들이 역사적 지속 또는 단절을 보여 주는가? 전 지구화와 모더니티, 포스트모더니티, 그리고 탈식민주의의 관계를 어떻게 이론화할 것인가? 이 연구들은 1차적으로 사회현상으로서의 전 지구화의 성격을 이해하는 데 집중했다. 예를 들면, 데이빗 헬드David Held와 그의 그룹('전 지구적 변환Global Transformation')이나 독일의 미카엘 취른Michael Zürn과 그의 그룹('전 지구화의 시대?Im Zeitalter der Globalisierung?') 등과 같은 중요한 개념적 혁신, 조작화, 경험적 연구들이 있었다. 헬드는 '상호연결interconnectedness' 이라는 기본적인 용어를, 취른은 '탈국가화denationalization'라는 용어를 사용한다.[1]

그러나 최근 들어 학자들은 이러한 사회-역사적 변화들이 사회과

---

1 Held, D., McGrew, A., Goldblatt, D. and Perraton, J., *Global Transformations: Politics, Economics and Culture*. Cambridge: Polity Press. 1999.
Zürn, M., *Globalizing Interests: Pressure Groups and Denationalization*. Albany, NY: State University of New York Press. 2005.

학 그 자체에 대해 어떤 의미를 가질 수 있는가 하는 질문을 던지기 시작했다. 근본적 이원론fundamental dualism—국가적인 것과 국제적인 것, 우리와 타자, 내부와 외부, 고정성과 움직임—이 언제 무너졌으며, 이것이 사회과학 전문 분야들의 분석 단위에 어떻게 영향을 미치는가? 이러한 '인식론적 전환'을 통해 전 지구화는 기존의 사회과학 연구 방법에 도전하고 있다. 좀 더 급진적으로 표현하면, 사회학, 정치학, 민속지는 (조사 연구나 비교 연구에서 볼 수 있듯이) 고정된, 움직이지 않는immobile, 비교 가능한 분석 단위들에 의존하지만, 이런 학문들은 이제 연구 주제를 잃어버리게 된다(Urry 2000, 18~20). 연구자들은 모두 전 지구화 시대에 맞추어 스스로를 재형성하는 중대한 도전에 직면하게 된다. 이를 위해서는 사회적 관계들을 관찰하고 개념화하는 새로운 관점이 필요하며, 따라서 기존의 지배적인 국가적 응시dominant national gaze로부터 코스모폴리탄적인 관점으로의 패러다임 전환이 이루어지게 된다.

철학적 코스모폴리타니즘과 사회과학적 코스모폴리타니즘

이러한 변화의 첫 번째 단계로, 상이한 버전의 '코스모폴리타니즘'들을 구분해야 한다(Beck 2006a: Beck and Sznaider 2006). 첫 번째로, 이 단어는 가장 상식적인 의미로는 문화 간cross-cultural, 국가 간cross-national 조화에 대한 호소를 뜻한다. 내가 '규범적normative 코스모폴리타니즘' 또는 '철학적 코스모폴리타니즘'이라고 할 때 뜻하는 바가 이것이다.

계몽주의 시대 동안, 유럽의 지식인들은 오늘날 두 개의 '패스워드'라고 불리게 될 것들을 놓고 격렬하게 싸웠다. 하나는 '세계의 시민citizen of the world'이고, 다른 하나는 '코스모폴리타니즘cosmopolitanism'이다. 두 가지 모두 당시에 초기 국민주의nationalism와 관련하여 늘 논의되던 것들이다. 우리가 지금 해야 할 것은 국민주의와 코스모폴리타니즘에 대한 계몽주의의 구별에 대해 발터 벤야민Walter Benjamin이 말했던 바의 '구원적 비판saving critique'을 행함으로써, 그것을 21세기 현실에 유용하게 적용시키는 것이다. 코스모폴리타니즘에 대한 규범적인 관념은 이제 더 이상 국가적 범주 내 사고와도 일치하지 않는 '서술-분석적 사회과학descriptive-analytical social science' 관점과 구별되어야 한다. 나는 이것을 '분석-경험적 코스모폴리탄화analytical-empirical cosmopolitanization'라고 부른다. 이러한 관점에서 우리는 대개 규범적 의미에서 '코스모폴리탄'적이고자 하지 않은 행위들의 부수적 효과로 나타나는, 사회적 행위자들 간의 국가적 경계를 넘어선 상호 의존과 상호 연결의 성장을 볼 수 있다. 이것은 '실제로 존재하는 코스모폴리타니즘' 또는 '현실의 코스모폴리탄화'이다. 이 마지막 형태의 코스모폴리탄화는 초국가적인 이슈들을 다루는 전 지구적 위기, 전 지구적 공중公衆, 전 지구적 레짐의 성장에 대해 언급한다. 이는 '제도화된 코스모폴리타니즘'이다.

코스모폴리타니즘에 대한 철학적 논쟁은 실제로 존재하는 코스모폴리타니즘이나 코스모폴리탄화를 잘 다루지 않는 경향이 있다. 내가 여기에서 의미하는 바를 논증하기 위해 자주 인용하는, 일반적으로 잘 알려지지 않은 칸트Kant의 문구가 있다. 그것은 문화인류학에 관한 그의 대중 강연에서 나온 독일인의 특성에 대한 내용인데, "〔독일인은〕 국가에 대한 자부심이 없으며, 너무 코스모폴리탄적이어서 조국을 깊이 사랑할 수 없다"(1974, 180)는 것이다. 이것은 단지 철학자들이 스스로를 잘 알지 못한다는 것을 보여 주는 또 하나의 증거에 불과한가? 어쩌면 그럴 수 있다. 그러나 이것은 또한 철학이 실제로 존재하는 코스모폴리타니즘에 대한 사고에서는 제한적으로만 사용될 수 있음을 보여 주는 것이기도 하다. 왜냐하면 코스모폴리탄적 도전은 이론이 아니라 실천에 있으며, 더 중요한 점은, '현실의 코스모폴리탄화'는 코스모폴리타니즘을 철학적으로 상상하는 것과는 매우 다른 것이기 때문이다.

무엇이 실제로 존재하는 코스모폴리타니즘인가? 대부분은 의도된 것이기보다는 의도되지 않은 것이며, 자유로운 선택에 의한 것이기보다는 강요된 것이다. 코스모폴리타니즘은 엘리트 개념일 수 있지만, 코스모폴리탄화는 엘리트 개념이 아니다. 예를 들면, 코스모폴리탄화는 전 지구적 위기나 모빌리티, 이주 또는 문화적 소비(음악, 의상 스타일, 음식) 등의 역동성에서 기인하며, 미디어의 영향은 존 어리와 다른 이들이 보여 주듯이 (비록 매우 약한 수준에서일지라도) 관점의 변화를 초래한다(Hannan, Sheller, and Urry 2006). 그리고 글로벌한 무대에서 자신이 차지하는 사회적 지위와 문화의 상대성에 대한 인식의 증대를 이끌어 낸다. 코스모폴리탄화는 또한 톰린슨Tomlinson(1999)이 언급하듯이, 새로운 관계, 연결성, 모빌리티를 만들어 내기도 한다.

이렇게 실제로 존재하는 모든 코스모폴리타니즘은 개인들의 선택의 폭을 제한한다. 지역 단위를 넘어서는 광범위한 정치 영역으로의 진입은 가끔은 자발적으로 이루어지기도 하지만, 종종 상황의 강요로 인한 결과일 수 있다.

더 좁은 의미에서의 시장주도형 선택들은 항상 가난하지 않고자 하는, 또는 단순히 죽고 싶지 않다는 욕구에서 기인한다. 유흥을 위한 선택은 흔히 개별 소비자들의 통제 범위 밖에 있는 일련의 선택지들에 기반한다. 이러한 충동들을 통해서 왜 실제로 존재하는 많은 코스모폴리탄화 현상들이 코스모폴리타니즘에 관한 학술적 논의에서 다루어지지 않는지를 부분적으로 설명할 수 있다. 코스모폴리타니즘의 선택이 어떤 의미에서 자기배반적이고, 협박에 의한 것이라고 주장하게 되면, 그 윤리적인 매력이 상당히 사라지게 된다. 만약 코스모폴리탄화가 그 의미가 불확정적이면서도 불가피한 것이라면, 그것을 개념화하고 이론화하기도 어려울 것이다. 하지만 경계에 대해 심각하게 문제가 제기되는 세계에서는, 보통은 그러하다.

이와 같이 서로 다른 유형의 코스모폴리탄화들을 개념화하는 것에는 많은 질문과 반대가 뒤따를 것이다. 나는 그중 한 가지만을 다루고자 한다. 서로 매우 다른, 다양한 '코스모폴리탄화'들의 공통점은 무엇인가? 예를 들면, '칸트의 영구평화론Kant's Ewiger Friede', 지속 가능한 발전을 논의한 브라질 리우 컨퍼런스, '흑인Black' 랩을 듣는 뉴욕의 백인 10대 등을 분류하는 것이 얼마나 의미가 있는가? 코스모폴리탄 질서에 대한 칸트의 철학적 전망과 리우 컨퍼런스는 큰 차이가 있지만, '부수 효과side effects'—즉, 전 지구적 위기의 동학에 대한 지각과 수용—라는 뒷문을 통해 전 지구적 문제들은 칸트가 생각했던 코스모폴리탄적인 해결책과 제도적 선택지들을 제공하기도 한다. 물론, 뉴욕의 10대는 코스모폴리탄이 아니다. '흑인' 랩을 듣는다고 해서 코스모폴리탄이 되는 것은 아니지만, 이 청소년이 점점 더 밀도가 높아지는 문화적 상징들과 흐름들의 전 지구적 상호 연결, 상호 침투, 모빌리티의 능동적 부분인 것은 사실이다. 모스크바부터 파리까지, 로마부터 도쿄까지, 사람들은 모두 생산과 소비에 능동적으로 참여함으로써 점점 더 조밀해지는 상호 의존의 네트워크 안에 살고 있다. 동시에 우리는 모두 저발전국가들과 선진국들을 한데 묶는 경제적·환경적·테러 위협이 가져온 세계적인 위기에 직면해 있다. 사람들, 생각들, 개념들, 사물들이 세계의 한쪽에서 다른 쪽으로 이동하면서 아무도 예측할 수 없는 곳에 침투하거나 영향을 미치는 곳에 위험의 전 지구적인 모빌리티가 있다(Kaplan 2006; Law 2006; Urry 2002, 2004, 그리고 이 책의 4장을 보라).

코스모폴리타니즘에 대한 고전 철학의 논쟁과 사회학적 코스모폴리탄화가 크게 다른 한 가지가 있다. 코스모폴리탄 철학은 자유로운 선택에 관한 것이며, 코스모폴리탄적 관점은 강요된 코스모폴리탄화 그리고 급진화된 현대화의 부수 효과로 생산된 수동적인 코스모폴리타니즘에 대해 알려 준다. 그리고 이러한 맥락에서 글로벌리즘globalism과 코스모폴리탄화의 구별은 매우 중요하다.

글로벌리즘은 전 세계적 시장, 신자유주의적 자본주의의 성장, 그리고 자본과 상품과 사람들이 비교적 경계 없는 세계를 이동할 필요성이라는 생각을 포함한다. 코스모폴리탄화는 훨씬 더 다차원적인 변화의 과정으로서, 사회 세계의 본성과 그 세계 안에서 국가들이 차지하는 위치를 불가역적으로 변화시켰다. 따라서 코스모폴리탄화는 다중적인(전 세계의 요리와 같은) 문화들, 많은 초국가적 삶의 형태들의 성장, 다양한(국제 앰네스티 인터내셔널에서부터 WTO까지) 비국가적non-state 정치 행위자들의 등장, 전 지구화에 반대하는 전 지구적 저항운동들의 역설적인 발생, (EU와 같은) 국제적 또는 초국가적 국가들의 형성, 그리고 코스모폴리탄적인 상호의존 및 전 지구적 위기와 같은 일반적인 과정들을 포함한다. 현대 정치와 관련해서는 미국은 글로벌리즘을, UN은 코스모폴리탄화를 대변하기에, 이를 미국과 UN의 갈등으로 볼 수도 있다. 이와 같은 두번째 모더니티 second modernity[2]의 두 가지 전망에 사로잡힌 현대의 삶은, 점점 더 혼란스러운 새로운 세계를 통제하고 규제하려 한다.

방법론적 국민주의와 코스모폴리탄화의 대립

나의 세 번째 주장은 규범적인 국민주의와 방법론적인 국민주의

---

2 [옮긴이 주] 저자인 울리히 벡이 주장한 개념으로, 저자는 모더니티 이후의 모더니티라는 개념으로 '두 번째 모더니티second modernity'라는 용어를 쓰곤 했다.

를 구별하는 것으로 시작하고자 한다. 규범적인 국민주의는 행위자의 관점에 관한 것이며, 방법론적인 국민주의는 사회과학적 관찰자의 관점에 관한 것이다. 전후의 전통적인 사회과학은 국가를 하나의 커다란 컨테이너로 여기며, 그 국가라는 컨테이너 바깥의 모든 관계는 국제적 관계로 설명된다고 간주해 왔다.

심지어 세계체계이론에서도 그 체계의 하위 단위들은 거의 항상 국가들이며, 국가들 사이의 관계는 자본주의 발전과 국가 간 경쟁으로 질서 지어진다고 본다. 대부분의 정치과학자들이나 정치이론은 아직까지도 국가를 국민국가nation-state와 동일시하며, 정당들은 정치적 갈등의 표현을 독점하고 있다.

문화인류학은 지역the local을 문화의 분석 단위로 채택하며, 지역은 종종 국가들로 이루어진 세계와의 관계(식민주의, 국가 건설 등)라는 맥락에서 분석된다. 여기에서 지역, 국가, 국제라는 위계는 당연한 것으로 간주된다. 방법론적 국민주의에 대한 이러한 비판은 오로지 코스모폴리탄적 관점에서 출발해야만 가능하다. 이것이 방법론적 코스모폴리타니즘의 첫걸음이다.

방법론적 국민주의에 대한 비판은 기본적인 배경이 되는 가정들과 구별들을 반영하는 동시에 그에 대해 문제를 제기한다. 모빌리티 연구의 영역에서 이를 매우 간단히 설명할 수 있는데, 이 연구는 종종 **모빌리티**와 이주migration의 구별을 전제한다.

물론, 사회적 행위자(주로 국민국가와 그 시민들)의 수준에서는 모빌리티과 이주 사이에는 큰 차이가 있다. '모빌리티'는 국가 사회 내의 하나의 사실과 긍정적 가치를 나타내는 것이며, 현대성의 일반적 원리이기도 하다(Kesselring 2008a). '이주'는 국경선을 넘는 행위자들의 이동을 나타내는데, 이는 부정적인 것으로 평가되는 것을 넘어 종종 범죄로 간주되기까지 한다. 국가적인 관점에서는 '모빌리티'를 강요하면서 동시에 '이주'를 막거나 규제하는 것이 합법적이고 정당하다. 그러나 만일 이러한 구별이 사회과학의 단어와 이론의 일부가 된다면, 그것은 방법론적 국민주의의 결과를 보여 주는 명백한 사례가 된다. '이주'와 '모빌리티'를 이렇게 취급하는 방식의 문제점은, 정치적 행위자의 범주를 사회과학 분석의 범주로 채택한다는 것이다. 이는 국민주의의 실천과 현대 국가 및 국가체계의 작동에 내재되어 있는 개념을 채택함으로써, 이 개념을 모빌리티와 이주(외국인과 시민)에 대한 사회이론, 철학, 연구의 중심으로 만들게 된다.

사회이론과 정치이론, 그리고 철학에서 다음과 같은 내용들을 질문해야 한다. 무엇이 폐쇄된 국경을 정당화하는가? 무엇이 가난하고 억압받는 사람들, 제3세계 출신 국가를 떠나 서구 사회로 가고자 하는 사람들을 막는 데 무력을 사용하는 것을 정당화하는가? 아마도 국경선과 그곳의 경비대는 범죄자들과 체제 전복자들 또는 무장 침입자들을 막기 위함으로 정당화될 수 있을 것이다. 그러나 국경을 넘으려는 사람들의 대부분은 그런 사람들이 아니다. 그들은 평범하고 평화로운 '이동'자들'mobile' people이고, 단지 자신과 가족을 위해 더 나은 안전한 삶의 기회를 찾고 있을 뿐이다. 무엇이 그들을 향해 총을 겨눌 권리를 주는 것인가?

니클라스 루만Niklas Luhmann은 체계이론에서 커뮤니케이션에는 경계가 없다고 주장했다. 이것이 그가 많은 국가 사회의 개념들을 비판하고, 유일한 사회로서의 '세계 사회world society'를 주장하는 주된 이유 중 하나이다. 사회과학이 모빌리티와 이주를 구분하는 것에 반대 주장을 구축하는, 정치이론에 대한 세 가지 현대적 접근법이 있다. 롤스Rawls, 노직Nozick, 자유주의가 그것이다. 특히, 서구 사회의 자유주의적 전통은 이러한 구분과 충돌한다. 자유주의는 현대 국가와 함께 나타났으며, 그것을 전제한다. 자유주의 이론들은 방법론적 국민주의에 깊이 뿌리내리고 있다. 자유주의 이론들은 이주에 관한 질문을 다룰 수 있도록 만들어져 있지 않다. 그 이론들은 주권국가의 맥락을 가정했다. 역사적으로 보면, 이것은 사실이다. 그러나 자유주의 원리들은 (대다수의 다른 원리들처럼) 그 원리의 주창자들이 전혀 예견하지 못했던 함의들을 포함하고 있다. 이것이 급진적 자유주의가 코스모폴리탄 관점을 지지할 수 있으며, 방법론적 코스모폴리타니즘의 일부가 될 수 있는 이유들 중 하나이다.

모빌리티에 대한 코스모폴리탄 관점

그러므로, 방법론적 코스모폴리타니즘은 새로운 개념들에 관한 것일 뿐만 아니라, 사회적인 것과 정치적인 것의 새로운 문법grammar에 관한 것이기도 하다. 방법론적 코스모폴리타니즘은 그 자체로 정당화되지 않는다. 그것은 오직 임레 라카토스Imre Lakatosz가 말한바 '실증적 문제 전환positive problem shift'을 통해서만 스스로를 정당화할 수 있다. 그것은 연구와 이론적 해석, 그리고 정치적 행위의 새로운 영역을 개척함으로써 스스로를 정당화한다. 이처럼 방법론적 국민주의에서 방법론적 코스모폴리타니즘으로 관점을 전환함으로써 상당히 많은, 서로 다른 이론적 또는 경험적 풍경들에 초점을 맞출 수 있게 된다.

- 세계적 위기의 역동성: 전 지구적인 공공의 장은 현대화의 의도되지 않은 부수 효과에 대한 반작용으로 성장했다(Beck 1992; Böschen, Kratzner, and May 2006). 더 정확하게 말하자면, 테러리즘이나 환경문제 등과 같은 현대사회의 위험들은 본질적으로 초국가적이고 전 지구적이며, 그 문제들을 통제하려는 시도들은 논쟁을 벌일 전 지구적 포럼들을 만들어 내겠지만, 반드시 전 지구적인 해결책들을 만들어 내지는 못할 것이다.

- 코스모폴리탄 관점을 채택함으로써 우리는 '국제관계'를 넘어서 국가들뿐만 아니라 다른 수준의 집합체aggregations의 행위자들 간의 수많은 상호 연결을 분석할 수 있게 된다. 이보다 더 중요한 점은, 이 관점이 초국제적 또는 탈국제적인trans-or post-international 관계를 이해할 수 있는 새로운 공간을 열어 준다는 점이다.

- 불평등의 사회학: 탈국가화된de-nationalized 사회과학은, 이전에는

전통적으로 국가 수준의 불평등과 그 정당화에 초점을 맞추어 연구되었던 전 지구적 불평등에 대해 연구할 수 있다.

■ '진부한 코스모폴리타니즘'의 다른 형태들: 마지막으로, 문화적 소비(음악, 의상 스타일, 음식), 일상적 이동traveling과, 멀리 떨어져 있는 장소들과 전 세계 사람들의 연결(Lassen 2006: Kesselring 2006), 그리고 미디어의 재현이라는 수준에서 일상의 코스모폴리탄화는, 전 지구적인 장 내에서 각자의 사회적 지위와 문화의 상대성에 대해 점점 더 알게 됨에 따라 관점의 전환(매우 취약한 관점으로의 전환일지라도)을 가져오게 된다.

그러나, 여기에서 나는 다음의 문제를 논의하고자 한다. 모빌리티에 대한 코스모폴리탄 관점으로부터 어떤 종류의 혁신들이 도출되는가?

나의 첫 번째 주장은 거시적 관점macro perspective과 관계가 있다. 무엇이 모빌리티의 '주체'인가? 국경 안에 있거나 국경을 넘는 개인들이나 집단들뿐만 아니라 전체 국가 사회들과 국민국가들에 이르기까지, 모든 것이 다 여기에 포함될 수 있다. 이러한 '사회 모빌리티 society mobility' 또는 '국가이주state-migration'는 영토화된 단위의 '움직이지 않는 모빌리티immobile mobility'이다. 그것은 유럽연합 같은 사례에서 회원국과 비회원국 사이의 모빌리티를 통해서 연구될 수 있다. 유럽은 (국가 사회와 같은) 정적인 단위가 아니라, 유럽화의 과정이다. 이는 유럽연합의 기본적 비밀들 중 하나가 **통합과 확장의 변증법**임을 의미한다. 사회 전체의 모빌리티가 유럽화의 주요 특징 중 하나이다. 유럽연합 내부의 강화된 통합은 공동체 외부의 관계를 변화시킨다. 부유한 중심부는 인접 지역의 정치경제적 상황을 안정화시키는 일에 점점 더 많이 관여한다. EU 통합은 강화되고, EU 내부의 경계들은 사라지며, 공동체들 외부에서 동심원 패턴을 유지하는 EU 국가들의 공동 이해관계는 한층 더 뚜렷해진다. 어떤 의미에서 이는 스스로 변화할 수 있는, 그리고 자신의 사회적 · 정치적 형태를 변화시킬 수 있는 유럽연합의 능력을 나타내는 것인 동시에, 생동감을 보여 주는 것이기도 하다. 유럽연합의 모바일 능력과 모틸리티 (Canzler, Kaufmann, and Kesselring 2008)는 유럽 형성의 전체 과정에 결정적인 요인이다.

유럽연합의 비회원국들이 그들의 구조와 제도를 유럽연합의 표준(시장개방, 인권, 민주적 가치 등)에 맞춰야 하기 때문에, 가변적인 지형의 유럽연합 통합은 배제된 나라들, 즉 회원국은 아니지만 잠정적으로 회원이 될 수 있는 국가들을 포함한다. 그러므로, 이러한 비회원 국가들의 동의와 자유로운 선택에 기반한 거시적 모빌리티는 전쟁과 제국주의와 식민주의의 산물이 아니지만, 특정한 내부-외부 결합inside-outside nexus에 의해 작동한다. 경계는 그곳에 있는 동시에 그곳에 있지 않으며, 기능하는 동시에 기능하지 않는다. 왜냐하면, EU 성원권의 예상되는 미래는 비회원 국가(예를 들면, 터키와 같은)의 제도 개혁을 위한 실존하는 힘이 되기 때문이다.

코스모폴리탄 관점에서 모빌리티를 관찰할 수 있는 또 다른 개념적 혁신이 있을까? 있다. 먼저 코스모폴리탄적 장소cosmopolitan place 개념과 장소들의 코스모폴리탄화cosmopolitanization of places 개념을 구별해야 한다. 내가 '코스모폴리탄적 장소'로 정의하는 것은 '도시 공간' 또는 '전 지구적 도시'와 많은 관계가 있지만, 방법론적 국민주의와는 분명하게 구별되어야 한다. 나는 '코스모폴리탄이라는 것being cosmopolitan'을 '국민이라는 것being national'과 다른 것으로 만드는 두 가지 측면이 있다고 주장한다.

첫째, 누구라도 코스모폴리탄적 장소에서는 국민의 일부분으로 존재하는 것과 같은 방식으로 존재하지 않는다. 국민이 근본적으로 추상적 공동체에 소속되는 것이라면, 코스모폴리탄적 장소와 공간은 다중성의 세계 속으로 빠져드는 것이며, 우리를 체화된embodied 문화적 경험의 차원에 연루시키는 것이다. 코스모폴리탄적 장소에서는 문화적 차이가 지면의 수준에서at ground level 경험되며, 이 경험은 '배제된 타자들'이 처한 복잡한 현실과의 신체적으로-실현되는 충돌을 포함한다. 문화적 차이들의 공현존co-existence은 다음과 같은 질문을 유발한다. 나는 누구인가? 나는 무엇인가? 나는 어디에 있는가? 나는 왜 이곳에 있는가? 이것은 우리는 누구인가? 우리는 무엇을 대표하는가? 같은 국민적 질문들national questions과는 매우 다른 질문들이다. 우리는 아마도 국민이란 신원확인identification 및 정체성의 공간이라 할 수 있을지 모르겠지만, 반면에 코스모폴리탄적 장소는 차이의 존재적이며 실험적인 공간이다. 이제 더 이상 '사람들을 하나의 신체로 묶어 내는' 구속 기제로서의 문화가 문제가 아니다. 코스모폴리탄적 장소들은 그 복잡함과 계산 불가능함으로 인해 중요하게 여겨지는 거대한 문화의 저장고 또는 자원으로 간주된다. 국민이 안정성 및 지속성에 관한 것이라면, 코스모폴리탄적 장소는 문화적 실험을 위한 중요한 가능성을 제공한다. 이방인들은 어떻게 같이 살 수 있는가? 그것은 나란히, 겹쳐져서, 서로 떠밀고, 협상하면서, 지속적으로 부딪치며 움직이는, 특수하게 분포된 문화들의 복합체—동화assimilation의 모든 추상적(국민적)인 틀에 저항하는 물질적이며 체화된 공현존이다.

코스모폴리탄 장소에 대한 이러한 이해는 시민권의 이해에 대해 의미하는 바가 있으며, 그 반대도 마찬가지다. 그리고, 그것은 특정한 장소들과 관련하여 모빌리티와 이주의 구별을 약화시킨다. 최초의 국민국가 중심적 모더니티nation-state-centered modernity 안에는 서로 구별되는 세 가지의 시민권 요소들이 조합되어 있다. 민주주의의 정치적 원리로서의 시민권, 법인격legal personhood의 법적 지위로서의 시민권, 그리고 특권적 사회계층의 성원권 형태로서의 시민권. 공화주의 또는 민주주의 이론가들은 능동적 참여의 차원을 강조하며, 자유주의자들은 대부분 개인의 권리와 정의의 방법에 집중하고 공동체주의 집단적 정체성과 연대의 차원에 관심을 둔다. 코스모폴리탄적 장소의 특징은 시민권 최초의 현대적 패러다임의 해체, 그리고 새로운 패러다임 및 새로운 일련의 선택들과 위험들에 관한 범주들의 진화이다.

국민 구성원과 비구성원 간의, 또는 인간들과 시민들 간의 명확한 이분법은 무너지게 된다. 이것은 몇 가지 의미가 있다. 예를 들면, 시민권의 법적 차원이 있다. 이 측면에서 시민은 정치적 행위자가 아니라 법적 개인으로서, 법에 의거해 자유로운 행위를 할 수 있고 법의 보호를 받는 존재이다. 이 경우 시민은 더 '유동적'이고, 또 잠재적으로 포괄적이다. 특수한 집합적 정체성이나 인민demos의 성원권에 결부된 개념이 아니기 때문이다. 결과적으로 시민은 특정한 영토에 묶여 있는 사람들일 필요가 없다. 그러나 이렇게 되면 시민 개념은 정치화와 연대의 의미를 잃어버릴 수 있다. 법인격의 보편화는 정치적 참여 의지뿐만 아니라, 민주-공화주의적 개념이 전제하는 사회적 연대와의 강한 동일시를 약화시킨다. 다른 한편, 코스모폴리탄적 장소들은 중요한 실험을 통해 시민권과 법적 지위, 사회적 정체성, 그리고 정치적-민주적 참여의 조합을 생각해 내고 실현시킬 수 있는 공간들을 열어 준다.

개념적 사회학의 관점에서 보면, 이 실험은 (최소한 베버적인 관점에서는) 분석적으로 상호 배제적인 것으로 보이는 요소들—합법성과 정당화 또는 불법성과 비정당화illegitimation의 원리들—을 결합시킨다. 경계를 가로지르는 세계인 코스모폴리탄적 장소와 공간들은, 관점에 따라 합법적인 동시에 비합법적이고 정당한 동시에 정당하지 않으며, 국가적 또는 코스모폴리탄적 관점 중 어느 것을 취하는가에 따라 방법론적 국가주의나 방법론적 코스모폴리타니즘이 될 수 있다.

실제로, 코스모폴리탄적 장소들의 특징은 그것들이 구조적으로 그리고 지형학적으로 중복된다는 점과, 그 장소들이 사회적·정치적 행위자들의 지위에 관해 어느 정도 상반된 준거틀을 갖는다는 점이다. 시민권에 대한 최초의 현대적 패러다임은 규범적으로 결코 만족스러운 것이 아니었다. 그 패러다임은, 오직 시민권이 올바르게 제도화된다는 전제 하에, 민주주의와 정의, 정체성 사이의 긴장을 해소할 것을 약속했다. 코스모폴리탄적 장소들은 이 주장에 대한 경험적 반증이다. 국민국가 모델에 내재하는 배타적인 영토성과 주권은, 코스모폴리탄적 장소 안에서 교차하는 초국가적인 법적 레짐들과 탈국가적인 정치체들 내에서의 초국가적인 경제적 실천들의 발생으로 변화된다. 그러므로, 코스모폴리탄적 장소들은 그 장소들 안의 문화적 다양성에 적합한 동시에 규범적으로 정당화될 수 있는, 시민권에 대한 새로운 패러다임을 실험할 수 있는 공간이다.

지역과 글로벌의 결합 지각하고, 분석하고, 그에 대처하기

코스모폴리탄적 장소와 장소들의 코스모폴리탄화의 주된 차이를 말하자면, 전자는 성찰적reflexive이고, 후자는 잠재적latent이다. 전자는 도시 공간에 고정되어 있고, 후자는 농촌지역의 전 지구적 맥락, 지방regions의 전 지구적 맥락, 가정households의 전 지구적 맥락 등 수많은 다른 형태의 '장소'들에 개방되어 있다. 이 모든 서로 다른 '규모의 정치politics of scale'(Swyngedouw 1997; Marston 2000; Brenner 2001)에는 행위자들의 행위에 대한 질문이 뒤따른다. 두 번째 코스모폴리탄적 모더니티 안에서 사회적인 것과 정치적인 것은 다시 상상되고 다시 규정되어 야 한다. 그러나 이는, 몇 가지만 언급하자면 (월러스틴에서 루만에 이 르는 대표적인 유형의) 체계이론, 상징적 상호작용이론, 민속방법론 ethno-methodology과 같은 서로 다른 이론적 접근 방법들에 대한 도전 이다. 여러 이론적 입장들과 각 입장의 경험 연구에 대한 구상이 방 법론적 국민주의를 넘어서서 새롭게 진화하고 있다.

나는 포스트모던적 접근 방법과 두 번째 모던적second-modern 접근 방법을 구분하고자 한다. 매우 단순화시켜 말하자면, 포스토모더니 스트들은 어느 정도까지는 점차 경계가 사라져 가는 세계의 유동성 을 환영한다. 그들은 탈착근된disembedded '사회적'인 것들과 '정치적' 인 것들이 점점 더 사람들, 정보, 상품, 문화적 상징들에 의해 구성 된다고 주장한다(Lash and Urry 1994; Urry 2000). 두 번째 모더니즘의 이론과 연구 관점에서는 흐름과 네트워크 세계 속에서 '경계의 운영boundary management'이 갖는 중요성과 모순을 과소평가한다(Beck, Bonß, and Lau 2003). 이것은 코스모폴리탄적 장소들과 장소의 코스모폴리탄화 양 쪽 모두에서 연구되어야 한다. 네트워크가 배제에 쓰일 수 있음을 알지만, 흐름flows과 네트워크라는 포스트모던한 단어는 코스모폴리 탄 장소들과 네트워크들 안의 권력관계 분석에 거의 도움이 되지 않 는다. 그래서 이 단어로는 재생산을 코스모폴리탄적 장소들 내에서 의 변화로 설명하기 어렵다. 문제는 이런 것이다. '흐름들'과 '네트워 크들'이라는 단어로는 행위자들의 행위성과 의미부여 행위를 흐름

자체를 형성하는 힘으로 파악할 수 없게 되는가?

흐름들의 공간space of flows과 장소들의 공간space of places 사이의 잘못된 대립을 넘어서기 위해(Manuel Castells), 사회이론은 코스모폴리탄적 장소들(또는 장소들의 코스모폴리탄화)이 공간과 장소에 대한 행위자들의 능동적 관계를 구성하는 방식을 이해할 수 있어야 한다. 이와 같은 맥락에서 성찰적 모더니스트들은 전 지구화를, 모든 것을 아우르는 유동성과 모빌리티의 세계라기보다는, 한편으로는 유동성들과 모빌리티들의 재정형화repatterning, 다른 한편으로는 중단과 고정이라고 본다. 만일 모든 세상이 모바일 그리고 액체가 된다면, 그것은 일종의 선형적인 첫 번째 모던적first-modern 현대화의 형태일 것이기 때문이다. 성찰적 현대화의 맥락에 있는 모빌리티 연구는 신체부터 글로벌에 이르기까지 모든 층위의 행위자들의 능동적인 모빌리티 정치를 보여 준다. 초이동성hypermobility과 초활동성hyperactivity의 맥락에서도 안정성과 신뢰성이 필요해진다. 사람들은 모빌리티의 제약들에 대처하는 정교한 전략들을 적극적으로 개발한다. 케셀링Kesselring(2006, 2008b)은 집중화되고 분산된, 그물 모양의 모빌리티 관리를 묘사하고 있는데, 사람들은 이와 같은 방식으로 안정성의 중심부들을 모빌리티와 유동성의 맥락에 적극적으로 위치시킴으로써 막대한 양의 움직임과 이동을 관리할 수 있게 된다. 놀랍게도, 가장 효과적인 전략은 집중화된 모빌리티 관리인 듯하다. 여기에서 사람들은 자신들이 소속된 곳으로 분명하게 규정된 장소의 주변을 맴돌게 된다. 그들은 사회적/문화적인 접촉과 정체성을 유지한 채로 공간 및 장소와의 적극적인 관계를 실천한다. 어떤 면에서 이것은 내가 '뿌리들과 날개들roots and wings'(Beck 2006a)의 코스모폴리탄적 정체성이 라고 부르는 것의 사례가 될 수 있다.

코스모폴리탄적 관점의 모빌리티 연구에서 주요 이슈는 르페브 르Lefebvre(2000)가 말하는 '공간의 생산production of space'이 아니다. 우리 가 행위자를 글로벌 시대의 사회적 구성 과정에 참여하는 강력한 주 체로 간주한다면, 우리는 '장소의 생산production of place'에 대해 말하고 생각하게 될 것이다. 그러나 그보다 우리는 전 지구성의 공간space of globality과 영토성의 공간space of territoriality 사이 접점들의 사회적 생산에 대해 말할 필요가 있다. '세계 도시 네트워크world city network'(Taylor 2004) 는 전 지구화와 코스모폴리탄화의 가시적 구조를 재현한다. 그것 은 개인들과 집단들, 기업들, 그리고 모든 국가들을 전 세계의 다른 장소 및 공간과 연결시키는 강력한 인프라와 기구들machines에 기반 한다. IT 인프라와 인터넷의 복잡한 시스템들과 함께, 공항이나 도 로 시스템, 전 세계적으로 연결된 선박과 항구 시스템 등과 같은 모 빌리티 네트워크들이 코스모폴리탄 사회와 전 지구화 과정의 뼈대 를 구축한다. 이것은 '고정과 이동fixity and motion'(David Harvey) 및 (비)이 동성(im)mobility의 변증법의 특정한 배치와, 정박과 흐름 사이의 불편한 관계를 만들어 낸다. 현대의 열린 사회는 모바일 사회이며, 그래서 '모바일 월드 위험사회mobile world risk society'이다(Beck 1992; Kesselring 2009).

흐름들에 관한 논의에서, 우리는 장소들을 가로지르는 다중적 연 결들을 고려해서 장소들을 재규정할 필요가 있음을 알 수 있다. 초국가주의transnationalism 연구를 통해서는, 사회적 행위의 각 층위에 대한 새로운 정치의 발생과 장소들이 배태되는 다중적 층위들 사이의 관계들을 재설정하는 것이 매우 중요함을 알 수 있다. 마지막으로, 경계들에 관한 연구에서는 장소를 정치적으로 생산되고 정치적인 다툼이 일어나는 곳으로 간주하는 것이 결정적으로 중요함을 알 수 있다. 두 번째 모더니티의 관점에서 우리는 이 다양한 관점들을—특수한 장소들과 사회적 질서들의 연결, 층위, 경계, 특성을 재규정하는 장소 형성 프로젝트들에 점점 더 휘말리게 되는—사회적인 것the social에 대한 개념으로 융합해야 한다. 방법론적 코스모폴리타니즘은 국가적 존재론을 코스모폴리탄적 관찰자의 관점을 만들어 내는 데 도움이 되는 방법론으로 대체함으로써, 장소의 코스모폴리탄화와 반anti-코스모폴리탄화 간 변증법의 진행을 분석하는 것이다.

이와 같은 현재 진행형의 변증법은 코스모폴리탄화 과정의 이율배반적 특성들이 모이고, 교차하고, 새로운 모빌리티들과 안정성들과 고정성들을 창출하는 '흐름의 장소들places of flows'에서 발견될 수 있다. 글로벌 도시, 공항, 기차역, 박물관, 문화적 장소 등과 같은 이 흐름의 장소들은 지역에 기반해 있지만, 초국가적으로 형성되고, 연결되고, 코스모폴리탄 네트워크 및 구조들과 연결되어 있는 것도 사실이다. 글로벌 시대의 권력을 이해하기 위해서는 모빌리티 관련 연구가 필요하다. 이 연구의 초점은 흐름의 장소와 권력의 기법 및 경계 관리의 전략이다. 이것은 코스모폴리탄화가 가능한 장소와 공간을 규정하고 구축하는 것들이다. 이러한 장소들로부터 우리는 코스모폴리탄적 사회가 작동하는 방식을 알 수 있다. 현대사회의 코스모폴리탄화는 추상적인 흐름들의 공간에서 일어나지 않는다. 그것은 지역과 글로벌이 만나는 장소와 시간에서 발생하며, 그러려면 흐름들의 채널링과 구조화가 만들어지고 조직되어야 한다. 전 지구적인 흐름과 모빌리티를 구조화하고 그것에 형태를 부여하는 것은 숨겨진 '경계 없는 세계에서 지역이 지닌 힘power of the local in a borderless world'(Berking 2006)이다.

1장 네트워크화된 도시 모빌리티

Bauman, Z. 1998. *Globalization: The Human Consequences*. Cambridge: Polity Press.

Beck, U. 2008. "Mobility and the cosmopolitan perspective". In *Tracing Mobilities: Towards a Cosmopolitan Perspective*, edited by Canzler, W., Kaufmann, V. and Kesselring, S., 25-36. Aldershot: Ashgate.

Beck, U. 2016. *The Metamorphois of the World*. Cambridge: Polity.

Beckman, J. 2004. "Mobility and safety", *Theory, Culture & Society*, 21, 81-100.

Berking, H., ed. 2006. *Die Macht des Lokalen in einer Welt ohne Grenzen*. Frankfurt and New York: Campus.

Birtchnell, T. 2016. "The missing mobility: Friction and freedom in the movement and digitization of cargo". *Applied Mobilities*, 1(1), 85-101. doi: 10.1080/23800127.2016.1148324.

Brenner, N. 2004. *New State Spaces: Urban Governance and Rescaling of Statehood*. Oxford and New York: Oxford University Press.

Burdett, R. and Sudjic, D. 2011. *Living in the Endless City*, 1Aufgabe. Berlin: Phaidon.

Burgess, E. W. 1926. "The growth of the city". In *The City*, edited by Park, R. and Burgess, E. W., 47-62. Chicago: The University of Chicago Press.

Canzler, W., Kaufmann, V. and Kesserling, S. 2008. "Tracing mobilities: An introduction". In *Tracing Mobilities: Towards a Cosmopolitan Perspective*, edited by Canzler, W., Kaufmann, V. Kesselring, S., 1-10, Aldershot: Ashgate.

Canzler, W., Kaufmann, V. Kesseiring, S., eds. 2008. *Tracing Mobilities: Towards a Cosmopolitan Perspective*. Aldershot: Ashgate.

Castells, M. 1976. "Urban sociology and urban politics: From a critique to new trends of research". In *The City in Comparative Perspective: Cross-National Research and New Directions in Theory*, edited by Walton, J. and Masotti, L. H., 291-300. New York: John Wiley & Sons.

Castells, M. 1982. *Crisis, Planning, and the Quality of Life: Managint the New Historical Relationships between Space and Society*, Working paper/ Institute of Urban & Regional Development, University of California,

Berkeley no. 383. Berkeley: Institute of Urban & Regional Development, University of California, Berkeley.

Castells, M. 1983. *The City and the Grassroots: A Cross-Cultural THeory of Urban Social Movements*. California Series in Urban Development 2. Berkeley: University of California Press.

Castells, M. 1996. *The Rise of the Network Society*. Oxford: Blackwell.

Cresswell, T. 2006. *On the Move: Mobility in the Modern Western World*. New York: Routledge.

Cwerner, S., Kesselring, S. and Urry, J., eds. 2009. *Aeromobilities*. International Library of Sociology. London: Routledge.

Derudder, B., Witlox, F. and Taylor, P. J. 2013. "U.S. cities in the world city network: Comparing their positions using global origins and destinations of airline passen- gers". *Urban Geography*, 28(1), 74-91. doi:10.2747/0272-3638.28.1.74.

Elliott, A. and Urry, J. 2010. *Mobile Lives: Self, Excess and Nature*. International Library of Sociology. New York and London: Routledge.

Engels, F. 1987. *The Condition of the Working Class in England*. London: Penguin. Freudendal-Pedersen, M. 2015. "Cyclists as part of the city's organism: Structural stories on cycling in Copenhagen". *City & Society*, 27(1), 30-50.

Gaardmand, A. 1993. *Dansk Byplanlægning 1938-1992*. Kobenhavn: Arkitektens forlag.

Giddens, A. 1984. *The Constitution of Society: Introduction of the Theory of Struc-turation*. Berkeley: University of California Press.

Graham, S. and Marvin, S. 2009. *Splintering Urbanism: Networked Infrastructures, Technological Mobilities and the Urban Condition*. Reprinted. London: Routledge.

Gregory, D. and Urry, J. 1985. *Social Relations and Spatial Structures*. New York: St. Martin's Press.

Grieco, M. and Urry, J., eds. 2011. *Mobilities: New Perspectives on Transport and Society*. Transport and Society. Farnham: Ashgate.

Hägerstrand, T. 1970. "What about people in regional science?" European Congress: Papers, 24, 7-21.

Harvey, D. 1973. *Social Justice and the City*. London: Arnold.

Harvey, D. 1990. *The Condition of Postmodernity: An Enquiry into the Origins of Cultural Change*. Cambridge and Oxford: Blackwell.

Howard, E. 1902. *Garden Cities of Tomorrow*. London: Sonnenschein.

Jacobs, J. 1961. *The Death and Life of Great American Cities*. A Vintage book

V-241. New York: Vintage Books.

Jensen, H. L. and Jorgensen, A. 2016. "The life and influence of the 1925th Chicago- map". *Geoforum Perspekti*, 15(27), 33-47.

Kaufmann, V. 2011. *Rethinking the City: Urban Dynamics and Motility, 1st edn.* Milton Park: Routledge and EPFL Press.

Kesselring, S. 2008. "Skating over thin ice: Pioneers of the mobile risk society". In *The Social Fabric of the Networked City*, edited by Pflieger, G., Pattaroni, L., Jemelin, C. and Kaufmann, V., 17-39. Lausanne: EPFL Press.

Kesselring, S. 2009. "Global transfer points: The making of airports in the mobile risk society". In *Aeromobilities*, edited by Cwerner, S., Kesselring, S. and Urry, J., 39-60. International Library of Sociology. London: Routledge.

Larsen, J., Urry, J. and Axhausen, K. 2006. *Mobilities, Networks, Geographies.* Alder-shot: Ashgate.

Latour, B. 1991. "Technology is society made durable". In *A Sociology ofa Essays on Power, Technology and Domination*, edited by Law, J., 103-31. London: Routledge.

Law, J. and Hassard, J. 1999. *Actor Network Theory and After.* Oxford: Blackwell.

Le Corbusier. 1947, *The Four Routes*. London: Dennis Dobson.

Lefebvre, H. 2000. *The Production of Space*. Oxford: Blackwell.

Marx, K., ed. 1867. *Das Kapital: Kritik der politischen Ökonomie*. Hamburg: Meissner.

Marx, K. 1973. *Grundrisse*. Harmondsworth: Penguin.

McKenzie, R. D. 1921. *The Neighborhood: A Study of Local Life in the City of Columbus*, Ohio. Reprint. *The Rise of Urban America*. New York: Arno Press and The New York Times.

Nielsen, T. 2008. *Gode intentioner og uregerlige byer*. København: Arkitektskolens forlag.

Park, R. E., Burgess, E. W. and McKenzie, R. D. 1926. *The City*. With a bibliography by Louis Wirth. University of Chicago Studies in Urban Sociology, Vol. 1. Chicago: University of Chicago Press.

Rifkin, J. 2015. *The Zero Marginal Cost Society: The Internet of Things, the Collaborative Commons, and the Eelipse of Capitalism*, Palgrave Macmillan Trade paperback edn. New York: Palgrave Macmillan.

Ritzer, G. 2010. *Globalization*. Malden: Wiley-Blackwell.

Sadler, S. 1999. *The Situationist City*, Cambridge, MA: MIT Press.

Sheller, M. 2016. "Moving with John Urry". *Theory, Culture & Society*, April 20, 2016, at www.theoryculturesociety.org/moving-with-john-urry-by-mimi-sheller/.

Sheller, M. and Urry, J. 2006. "The new mobilities paradigm". *Environment and Planning A*, 38(2), 207-26.

Simmel, G. 1923. *Soziologie: Untersuchungen über die Formen der Vergesellschaftung*. München and Leipzig: Duncker & Humblot.

Simmel, G. 1969. "The metropolis and mental life". In *Classic Essays in the Culture of Cities*, edited by Sennett, R., 47-60. London: Prentice Hall.

Taylor, P. J. 2004. *World City Network: A Global Urban Analysis*. London: Routledge.

Tonboe, J. 1993. *Rummets Sociologi: Kritik af teoretiseringen af den materielle omverdens betydning i den sociologiske og den kulturgeografiske tradition*. Dissertation, Akademisk Forl. Univ., København, Aalborg, 1994.

Tully, C. 2003. "Growing up in technological worlds: How modern technologies shape the everyday lives of young people". *Bulletin of Science, Technology & Society*, 23(6), 444-56.

Urry, J. 1981. "Localities, regions and social class. *International Journal of Urban and Regional Research*, 5(4): 455-73.

Urry, J. 2000. *Sociology beyond Societies: Mobilities of the Twenty-First Century*. London: Routledge.

Urry, J. 2004. "The new mobilities paradigm". In *Mobility and the Cosmopolitan Perspective: A Workshop at the Munich Reflexive Modernization Research Centre (SFB 536)*, edited by Bonß, W., Kesselring, S. and Vogl, G., 25-35, January 29-30. München: SFB 536.

Urry, J. 2007. *Mobilities*. Cambridge: Polity Press.

Urry, J. 2011. *Climate Change and Society*. Cambridge: Polity Press.

Weber, M. 1958. *The City*. Glencoe, IL: The Free Press.

2장 네트워크화된 어버니즘의 세계화

Adey, P. 2010a. *Aerial Life: Spaces, Mobilities, Affects*. Chichester: Wiley-Blackwell.

Amin, A. and Thrift, N. 2002. *Cities: Reimagining the Urban*. Cambridge: Polity.

Amoore, L. 2006. "Biometric Borders: Governing Mobilities in the War on Terror." *Political Geography* 25: 336-351.

Amoore, L., and A. Hall. 2009. "Taking Bodies Apart: Digitized Dissection and the Body at the Border." *Environment and Planning D: Society & Space* 27 (3): 444-464.

Bærenholdt, J. O. 2013. "Governmobility: The Powers of Mobility." *Mobilities* 8 (1): 20-34.

Baptiste, E., Horst, H. and Taylor, E. 2011. "Earthquake aftermath in Haiti: The rise of mobilemoney adoption and adaptation". *Lydian Journal*, 7.

Birtchnell, T., and J. Caletrio, eds. 2014. *Elite Mobilities*. London: Routledge.

Birtchnell, T. and Hoyle, W. 2014. *3D Printing for Development in the Global South: The 3D4D Challenge*. Basingstoke: Palgrave Macmillan.

Bissell, D. 2007. "Animating Suspension: Waiting for Mobilities." *Mobilities* 2 (2): 277-298.

Bleecker, J. and Knowlton, J. 2006. "Locative media: A brief bibliography and taxonomy of GPS-enabled locative media". *Leonardo Electronic Almanac*, 14(3).

Brenner, N. ed. 2014. Implosions. *Explosions: Towards a Study of Planetary Urbanization*, Berlin: Jovis.

Brenner, N. and Schmid, C. 2014. "Planetary Urbanization". In *Implosions. Explosions: Towards a Study of Planetary Urbanization*, edited by Brenner, N. Berlin: Jovis.

Brenner, N. and Schmid, C. 2015. "Towards a new epistemology of the urban?" *CITY*, 19(2-3)_, 151-182.

Büscher, M. Liegl, M. and Thomas, V. 2014. "Collective intelligence in crises". In *Social Collective Intelligence Computational Social Sciences*, edited by Miorandi, D., Maltese, V., Rovatsos, M., Nijholt, A. and Stwart, J., 243-265. Zurich: Springer.

Crang, M. and Graham, S. 2007. "Sentient cities: Ambient intelligence and the politics of urban space". *Information, Communication & Society*, 11(6), 789-817.

Cresswell, T. 2006. *On the Move: Mobility in the Modern Western World*. London: Routledge.

De Souza e Silva, A., and Sheller, M., eds. 2015. *Mobilities and Locative Media: Mobile Communication in Hybrid Spaces*. New York: Routledge.

De Souza e Silva, A., and D. Sutko. 2009. *Digital Cityscapes*. New York: Peter Lang.

The Economist. 2013-2014. "Transforming cities special edition". *The Economist*.

Edensor, T. 2011. "Commuter: Mobility, rhythm, commuting". In *Geographies of Mobilities: Practices, Spaces, Subjects*, edited by Cresswell, T. And Merriman, P., 189-204. Farnham and Burlington, VT: Ashgate.

Edensor, T. 2014. "Rhythm and arrhythmia". In *The Routledge Handbook of Mobilities*, edited by Adey, P., Bissell, D., Hannam, K., Merriman, P. and Sheller, M., 163-171. New York: Routledge.

Farman, J. 2015. "The materiality of locative media: On the invisible infrastructure of mobile networks". In *Theories of the Mobile Internet: Materialities and Imaginaries*, edited by Herman, A., Hadlaw, J. and Swiss, T., 45-59. New York and London: Routledge.

Ferguson, J. 2006. *Global Shadows: Africa in the Neoliberal World Order*. Durham, NC: Duke University Press.

Fischer, B., B. McCann, and J. Auyero, eds. 2014. *Cities from Scratch: Poverty and Informality in Urban Latin America*. Durham, NC: Duke University Press.

Gordon, E. and de Souza e Silva, A. 2011. *Net-Locality: Why Location Matters in a Networked World*. Malden and Oxford: Wiley Blackwell.

Graham, S., and Marvin, S. 2001. *Splintering Urbanism*. London: Routledge.

Greenfield, A. 2006. *Everyware: The Dawning Age of Ubiquitous Computing*. Berkeley, CA: New Riders Publishing.

Hannam, K., M. Sheller, and J. Urry. 2006. "Mobilities, Immobilities and Moorings." *Mobilities* 1 (1): 1-22.

Hjorth, L., and Richardson, I. 2014. *Gaming in Social, Locative & Mobile Media*. Basingstoke: Palgrave Macmillan.

Horst, H. 2013. "The Infrastructures of mobile media: Towards a future research agenda". *Mobile Media and Communication*, 2(1): 147-152.

Horst, H. and Miller, D. 2006. *The Cell Phone: An Anthropology of Communication*. Oxford: Berg.

Jensen, O. B. 2010. "Negotiation in Motion: Unpacking a Geography of Mobility." *Space and Culture*, 13 (4), 389-402.

Kitchin, R. and Dodge, M. 2011. *Code/Space: Software and Everyday Life*. Cambridge, MA: MIT Press.

Lefebvre, H. 2004. *Rhythmanalysis: Space, Time and Everyday Life*. London: Verson.

Licoppe, C. and Inada, Y. 2012. "When urban public places become 'hybrid ecologies': Proximity-based game encounters in Dragon Quest 9 in France and Japan". In *Mobile Technology and Place*, edited by Goggin, G. and Wilken, R., 57-88. London: Routledge.

Licoppe, C., and Y. Inada. 2015. "Mobility and Sociality in Proximity-sensitive Digital Urban Ecologies: 'Timid Encounters' and 'Seam-sensitive Walks'." *Mobilities*. 11(2), 264-283.

Loyd, J., Mitchel-Eaton, E. and Mountz, A. 2016. "The militarization of islands and migrations: Tracing human mobility through US bases in the Caribbean and the Pacific". *Political Geography*, 53, 65-75.

Mavhunga, C. C. 2014. *Transient Workspaces: Technologies of Everyday Innovation in Zimbabwe*. Cambridge, MA: MIT Press.

McCormack, D. P. 2014. "Pipes and cables". In *The Routledge Handbook of Mobilities*, edited by Adey, P., Bissell, D., Hannam, K., Merriman, P. and Sheller, M. London: Routledge.

McFarlane, C., Desai, R. and Graham, S. 2014. "Informal urban sanitation: Everyday Life, poverty, and camparison". *Annals of the Association of American Geographers*, 104(5), 989-1011.

Mitchell, W. J. 2003. Me++: *The Cyborg Self and the Networked City*. Cambridge and London: MIT Press.

Mountz, A. 2010. *Seeking Asylum: Human Smuggling and Bureaucracy at the Border*. Minneapolis University of Minnesota Press.

Mountz, A., Coddington, K., Catania, R. T. and Loyd, J. 2012. "Conceptualizing detention: Mobility, containment, bordering and exclusion". *Progress in Human Geography*, 37(4), 522-541.

Packer, J. 2003. "Disciplining Mobility: Governing and Safety." In *Foucault, Cultural Studies and Governmentality*, edited by J. Bratich, J. Packer, and C. McCarthy, 135-161. Albany: State University of New York Press.

Packer, J. 2008. *Mobility without Mayhem: Safety, Cars, and Citizenship*. Durham, NC: Duke University Press.

Packer, J. 2013. "The Conditions of Media's Possibility: A Foucauldian Approach to Media History." In *The International Encyclopedia of Media Studies*, Vol. 1, edited by A. Vadivia, 2-34. London: Blackwell.

Packer, J. and Wiley, S. C., eds. 2012. *Communication Matters: Materialist Approaches to Media, Mobility and Networks*. New York: Routledge.

Parks, L. 2014. "Walking phone workers". In *The Routledge Handbook of Mobilities*, edited by Adey, P., Bissell, D., Hannam, K., Merriman, P. and Sheller, M. London: Routledge.

Parks, L. 2015. "Water, energy, access: Materializing the internet in rural Zambia". In *Signal Traffic: Critical Studies of Media Infrastructures*, edited by Parks, L. and Starosielski, N., 115-136. Urbana: University of Illinois Press.

Salter, M., ed. 2008. *Politics at the Airport*. Minneapolis: University of

Minnesota Press.

Sheller, M. 2013a. "The Islanding Effect: Post-disaster Mobility Systems and Humanitarian Logistics in Haiti." *Cultural Geographies* 20 (2): 185-204.

Sheller, M. 2013b. "Mobile mediality: Location, dislocation, augmentation". In *New Mobilities Regimes in Arts and Social Sciences*, edited by Witzgall, S., Vogl, G. and Kesselring, S., 309-326. London and New York: Routledge.

Sheller, M. 2014. *Aluminum Dreams: The Making of Light Modernity*. Cambridge: MIT Press.

Sheller, M. 2016a. "Connected Mobility in a Disconnected World: Contested Infrastructure in Post-Disaster Contexts." *Annals of the Association of American Geographers*, 106(1), 330-339.

Sheller, M. 2016b. "Uneven mobility futures: A Foucauldian Approach". *Mobilities*, 11(1), 15-31.

Sheller, M., and Urry, J. eds. 2004. *Tourism Mobilities: Places to Play, Places in Play*. London: Routledge.

Sheller, M., and Urry, J. eds. 2006. *Mobile Technologies of the City*. London: Routledge.

Star, S. L. 1999. "The Ethnography of Infrastructure." *American Behavioral Scientist* 43 (3): 377-391. doi:10.1177/00027649921955326.

Starosielski, N. 2015. *The Undersea Network*. Durham, NC: Duke University Press.

Thrift, N. 2008. *Non-Representational Theory: Space, Politics, Affect*. New York: Routledge.

Thrift, N. 2011. "Lifeworld Inc: And what to do about it". *Environment and Planning D: Society and Space*, 29, 5-26.

Urry, J. 2007. *Mobilities*. Cambridge: Polity Press.

Urry, J. 2011. *Climate Change and Society*. Cambridge: Polity.

Urry, J. 2013. *Societies Beyond Oil*. London: Zed.

Vannini, P. 2014. "Slowness and deceleration". In *The Routledge Handbook of Mobilities*, edited by Adey, P., Bissell, D., Hannam, K., Merriman, P. and Sheller, M., 116-124 London: Routledge.

Varnelis, K. and Friedberg, A. 2006. "Place: Networked Place". In *Networked Publics*. Cambridge, MA: MIT Press. Accessed 9 July 2017 at http://networkedpublics.org/book/place

Vukov, T. and Sheller, M. 2013. "Border work: Surveillant Assemblages, virtual fences, and tactical counter-media". *Social Semiotics*, 23(2), 225-241.

Benford, S., R. Anastasi, M. Flintham, A. Drozd, A. Crabtree, C. Greenhalgh, N. Tandavanitj, M. Adams, and J. Row-Farr. 2003. "Coping with Uncertainty in a Location-based Game." *Pervasive Computing* 3: 34-41.

Blackwell, C., J. Birnholtz, and C. Abbott. 2014. "Seeing and Being Seen: Co-situation and Impression Formation using Grindr, a Location-aware Gay Dating App." *New Media and Society* 17(7): 1117-1136.

Brown, B., and E. Laurier. 2012. "The Normal Natural Troubles of Driving with GPS." In *Proceedings of the SIGCHI Conference on Human Factors in Computing Systems, 1620–1630.* New York: ACM Press.

Brubaker, J., M. Ananny, and K. Crawford. 2014. "Departing Glances: A Sociotechnical Account of 'Leaving' Grindr." *New Media and Society.* 18(3): 373-390.

Cocks, H. G. 2009. *Classified. The History of the Personal Column.* London: Random House.

De Souza e Silva, A., and M. Sheller. 2014. *Local and Mobile: Linking Mobilities, Mobile Communication and Locative Media.* London: Routledge.

De Souza e Silva, A., and D. Sutko. 2009. *Digital Cityscapes.* New York: Peter Lang.

Douglas, M. 1966. *Purity and Danger.* London: Routledge (매리 더글러스, 《순수와 위험》, 유제분 · 이훈상 옮김, 현대미학사).

Farman, J. 2013. *The Mobile Story: Narrative Practices with Locative Technologies.* New York: Routledge.

Frith, J. 2013. "Turning Life into a Game: Foursquare, Gamification, and Personal Mobility." *Mobile Media and Communication* 1 (2): 248-262.

Frith, J. 2014. "Communicating Through Location. The Understood Meaning of the Foursquare Check-in." *Journal of Computer-Mediated Communication* 19 (4): 890-905.

Goffman, E. 1972. *Relations in Public.* New York: Penguin.

Goffman, E. 1974. *Frame Analysis. An Essay on the Organization of Experience.* New York: Harper and Row.

Hjorth, L., and I. Richardson. 2014. *Gaming in Social, Locative & Mobile Media.* Basingstoke: Palgrave Macmillan.

Humphreys, L. 2007. "Mobile Social Networks and Social Practice: A Case Study of Dodgeball." *Journal of Computer-Mediated Communication* 13 (1): 341-360.

Humphreys, L. 2010. "Mobile Social Networks and Urban Public Space." *New Media and Society* 12 (5): 763-778.

Licoppe, C. 2016. "Mobilities and urban encounters in public places in the age of locative media. Seams, folds and encounters with 'pseudonymous strangers'." *Mobilities*, 11(1): 99-116.

Licoppe, C., and Y. Inada. 2006. "Emergent Uses of a Location Aware Multiplayer Game: The Interactional Consequences of Mediated Encounters." *Mobilities*, 1(1): 39-61.

Licoppe, C., and Y. Inada. 2010. "Locative Media and Cultures of Mediated Proximity: The Case of the Mogi Game Location-aware Community." *Environment and Planning D: Society and Space*, 28(4): 691-709.

Licoppe, C., and Y. Inada. 2015. "Mobility and Sociality in Proximity-sensitive Digital Urban Ecologies: 'Timid Encounters' and 'Seam-sensitive Walks'." *Mobilities*, 11(2): 264-283.

Licoppe, C., and M.-C. Legout. 2014. "Living Inside Mobile Social Information: The Pragmatics of Foursquare Notifications." In *Living Inside Mobile Information*, edited by J. Katz, 109-130. Dayton, OH: Greyden Press.

Licoppe, C., C.-A. Rivière, and J. Morel. 2015. "Grindr Casual Hook-ups as Interactional Achievements." *New Media and Society*, 18(11): 2540-2558.

Lofland, L. 1998. *The Public Realm Exploring the City's Quintessential Social Territory*. New York: Aldine de Gruyter.

Milgram, S. 1992. "The Familiar Stranger: An Aspect of Urban Anonymity." In *The Individual in a Social World: Essays and Experiments*, edited by John Sabini and Maury Silver, 51-53. New York: McGraw-Hill.

Morel, J. 2014. "Ingress. Mobilités et sociabilités dans un jeu de réalité augmentée [Mobilities and Socialities in an Augmented Reality Game]." *Interfaces numériques* 3 (3): 447-472.

Race, K. 2015. "Speculative Pragmatism and Intimate Arrangements: Online Hook-up Devices in Gay Life." *Culture, Health & Sexuality: An International Journal for Research, Intervention and Care* 17 (4): 496-511.

Simmel, G. 1971. On *Individuality and Other Social Forms*. Chicago: Chicago University Press, 143-149.

Whyte, W. H. 1980. *The Social Life of Small Urban Spaces*. Ann Arbor: Edwards Brothers Publishers.

Wilken, R., and G. Goggin. 2012. *Mobile Technology and Place*. New York: Routledge.

Brittain-Catlin, W., 2005. *Offshore: The Dark Side of Globalisation*. New York: Picador.

Farrell, P. 2013. "Rich class fighting 99%, winning big-time." *MarketWatch*, November 1, 2011, at www.marketwatch.com/story/rich-class-beating-99-to-a-pulp-2011-11-01 (accessed September 7, 2016).

Keynes, J. M. 1933. "National self-sufficiency." *Yale Review*, 22, 755-769.

Langewiesche, W. 2004. *The Outlaw Sea*. London: Granta.

Murphy, R. 2009. *Defining the Secrecy World*. London: Tax Justice Network.

Ohmae, K. 1990. *The Borderless World*. London: Collins.

Shaxson, N. 2011. *Treasure Islands*. London: Bodley Head.

Tax Justice Network. 2012. 'Revealed: Global super-rich has at least $21 trillion hidden in secret tax havens', 22 July 2012, www.taxjustice.net/cms/upload/pdf/The_Price_of_Offshore_Revisited_Presser_120722.pdf.

Urry, John. 2014. *Offshoring*. Cambridge: Polity.

5장 네트워크화된 어버니즘과 재난

BBC News. 2015. "Paris shootings survivor sues French media". *BBC News*, August 18, at www.bbc.co.uk/news/world-europe-33983599 (accessed Septem- ber 7, 2016).

Beck, U. 1992. *Risk Society*. Sage: London.

Beck, U. 1999. *World Risk Society*. Cambridge: Polity. Birkland, T. 2009. "Disasters, catastrophes, and policy failure in the homeland secu- rity era". *Review of Policy Research*, 26(4), 423-38.

Boersma, K., Wolbers, J. and Wagenaar, P. 2010. "Organizing emergent safety organizations: The travelling of thc concept 'Netcentric Work' in the Dutch safety sec- tor". In *Proceedings of the 7th International Conference on Information Systems for Crisis Response and Management Conference*, May, Seattle, USA.

Bossong, R. and Hegemann, H., eds. 2015. *European Civil Security Governance: Diversity and Cooperation in Crisis and Disaster Management*. Basingstoke, UK: Palgrave Macmillan.

Breeden, J. 2015. "Are you safe?" *Disaster Research* 652, November 20, at https:// hazards.colorado.edu/article/are-you-safe-social-media-safety-checks-are-useful- maybe (accessed September 7, 2016).

Bruns, A. 2008. "Life beyond the public sphere: Towards a networked model for political deliberation". *Information Polity*, 13(1-2), 71-85.

Büscher, M., Kerasidou, X., Liegl, M. and Petersen, K. 2016. "Digital urbanism in cri- ses". In *Code in the City*, edited by Kitchin, R. and Perng, S.-Y., 163-77. London: Routledge.

Büscher, M., Liegl, M. and Thomas, V. 2014. "Collective intelligence in crises". In *Social Collective Intelligence: Combining the Powers of Humans and Machines to Build a Smarter Society*, edited by Miorandi, D., Maltese, V., Rovatsos, M., Nijholt, A. and Stewart, J., 243-65. Computational Social Sciences Series. Cham and Heidelberg: Springer.

Büscher, M., Perng, S.-Y. and Liegl, M. 2015. "Privacy, security, liberty: ICT in cri- ses". *International Journal of Information Systems for Crisis Response and Man- agement (IJISCRAM)*, 6(4), 76-92.

Chen, J., Chen, T. H. Y., Vertinsky, I., Yumagulova, L., & Park, C. (2013). Public- private partnerships for the development of disaster resilient communities. *Journal of Contingencies and Crisis Management*, 21(3), 130-43. http://doi.org/10.1111/ 1468-5973.12021.

CBC News. 2015. "Dramatic video and photos from Paris attacks shared on social media", *CBC News Trending*, November 13, at www.cbc.ca/news/ trending/paris- attacks-video-photos-social-media-1.3318626 (accessed September 7, 2016).

Clémenzo, J.-Y. 2011. *Ushahidi Project and Mission 4636 in Haiti: Participation, Representation and Political Economy*. MA Thesis, London School of Economics, London.

Dean, J. 2005. "Communicative capitalism: Circulation and the foreclosure of poli- tics". *Cultural Politics*, 1(1), 51-74.

eScience. 2012. "Earth faces a century of disasters, report warns". (e) Science News, at http://esciencenews.com/sources/the.guardian. science/2012/04/26learth.faces.a. century.disasters.report.warns (accessed January 4, 2016).

Federal Emergency Management Agency (FEMA). 2011. "A whole community approach to emergency management: Principles, themes, and pathways for action". *FDOC104-008-1*, at www.fenma.gov/media-library-data/20130726-1813-25045- 0649/whole_community_dec2011_2_.pdf (accessed September 7, 2016).

Ferrãos, R. and Sallent, O. 2015. *Mobile Broadband Communications for Public Safety: The Road Ahead Through LTE Technology*. London: Wiley.

Fortun, K. 2011. "Remembering Bhopal, re-figuring liability". *Interventions:*

International Journal of Postcolonial Studies, 2(2), 187-98.

Furedi, F. 2006. *Culture of Fear Revisited*. London: Continuum.

Graham, S. and Marvin, S. 2001. *Splintering Urbanism: Networked Infrastructures, Technological Mobilities and the Urban Condition*. London: Routledge.

Hartman, C. and Squires, G. 2006. *There Is No Such Thing as a Natural Disaster: Race, Class, and Katrina*. New York: Routledge.

Hughes, A., Palen, L., Sutton, J., Liu, S. B. and Vieweg, S. 2008. "'Site-seeing' in disaster: An examination of on-line social convergence (pp. 324-333)". In *Proceedings of the 5th International ISCRAM Conference*, May 5-7, Washington, DC.

Hughes, A., St. Denis, L. A., Palen, L. and Anderson, K. 2014. "Online public communications by police & fire services during the 2012 Hurricane Sandy". In *Proceedings of the 32nd Annual ACM Conference on Human Factors in Computing Systems CHI '14*, 1505-14. New York: ACM Press.

Jasanoff, S. 2003. "Technologies of humility: Citizen participation in governing science". *Minerva*, 41(3), 223-44.

Jasanoff, S. 2010. "Beyond calculation: A democratic response to risk". In *Disaster and the Politics of Intervention*, edited by Lakoff, G., 14-41. New York: Columbia University Press.

Kaminska, K., Dawe, P., Forbes, K., Duncan, D., Becking, I., Rutten, B. and O'Donnell, D. 2015. "Digital volunteer supported recovery operations experiment". *Defence Research and Development Canada*, Scientific Report DRDC-RDDC-2015-R035, April, at http://pubs.drdc-rddc.gc.ca/BASIS/pcandid/www/engpub/DDW?W%3D KEYWORDS+PH+WORDS+%27Digital+Volunteer+Supported+Recovery+Oper ations+Experiment%27+ORDER+BY+Repdate/Descend%26M%3D1%26K%3 D801344%26U%3D1 (accessed September 7, 2016).

Kapucu, N., Hawkins, C. and Rivera, F. 2013. *Disaster Resiliency: Interdisciplinary Perspectives*. London: Routledge.

Klinenberg, E. 2002. *Heat Wave: A Social Autopsy of Disaster in Chicago*. Chicago: University of Chicago Press.

Kuchinskaya, O. 2012. "Twice invisible: Formal representations of radiation dan- ger". *Social Studies of Science*, 43(1), 78-96.

Latour, B. 2004. "How to talk about the body? The normative dimension of science studies". *Body Society*, 10(2-3), 205-29.

Lévy, P. 1997. *Collective Intelligence: Mankind's Emerging World in Cyberspace*, translated by Bononno, R., Cambridge, MA: Perseus Books.

Lund, D. 2015. "European public-safety stakeholders debate broadband chal- lenges, spectrum at PSCE forum". *Mission Critical Communications*, Monday, December 14, at www.radioresourcemag.com/Features/ FeaturesDetails/FID/624 (accessed September 7, 2016).

Mashable. 2011. *Via Red Cross Pinterest Board*, at https://uk.pinterest.com/pin/ 508977195356660231/ (accessed September 7, 2016).

Meier, P. 2015. *Digital Humanitarians: How Big Data Is OChanging the Face of Humanitarian Response*. Boca Raton, FL: CRC Press.

Morrow, N., Mock, N., Papendieck, A. and Kocmich,

N. 2011. "Independent evalu- ation of the Ushahidi Haiti project". *Development Information systems International*, at www.alnap.org/pool/files/1282.pdf (accessed September 7, 2016).

Mosley, S. 2009. "'A network of trust': Measuring and monitoring air pollution in British cities, 1912-1960". *Environment and History*, 15(3), 273-302.

Munro, R. 2013."Crowdsourcing and the crisis-affected community: Lessons learned and looking forward from mission 4636". *Information Retrieval*, 16(2), 210-66.

OCHA. 2015. "World humanitarian data and trends 2015". *Policy Development and Studies Branch, United Nations Office for the Coordination of Humanitarian Affairs*, at https://docs.unocha.org/sites/dms/Documents/WHDT2015 2Dec.pdf (accessed September 7, 2016).

Oh, O., Agrawal, M. and Rao, H. R. 2010. "Information control and terrorism: Tracking the Mumbai terrorist attack through twitter". *Information Systems Frontiers*, 13(1), 1-11.

Older, M. 2014. "When is too much money worse than too little? Giving, aid, and impact after the Indian Ocean Tsunami of 2004". In *Recovery from the Indian Ocean Tsunami*, edited by Shaw, R., 121-37. Tokyo: Springer Japan.

Petersen, K., Büscher, M., Becklake, S., Thomas, V., Easton, C., Liegl, M., Leventakis, G., Tsoulkas, V., Daniilidis, I., Malliaros, S., Kavallieros, D., Hirst, P., Schneider, S., Ferrara, F. and Firus, K. 2014. "Overview of disaster events, crisis manage- ment models and stakeholders". *SecInCoRe Deliverable D2.1*, at www.secincore. eu/wp-content/uploads/2015/09/ D2.1 Overview-of-Inventory_20150831_v2.pdf (accessed September 7, 2016).

Plantin, J.-C. 2011. "The map is the debate: Radiation webmapping and public involvement during the Fukushima issue". Paper presented at the Oxford

Internet Institute, *A Decade in Internet Time: Symposium on the Dynamics of the Internet and Society*, at SSRN: http://ssrn.com/abstract=1926276 or http://dx.doi. org/10.2139/ssrn.1926276 (accessed May 8, 2016).

Pottebaum, J., Kuhnert, M., Schäfer, C., Behnke, D., Büscher, M., Petersen, K. and Wietfeld, C. 2016. "Common information space for collaborative emergency man- agement". In *Proceedings of the IEEE International Symposium on Technologies for Homeland Security 2016*, Boston.

Red Cross Pinterest board. At https://uk.pinterest.com/pin/380624605978546 110/? from_navigate=true (accessed September 7, 2016).

Schmidt, K. and Bannon, L. 1992, "Taking CSCW seriously: Supporting articulation work". *Computer Supported Cooperative Work Journal*, 1(1), 7-40.

Scolobig, A., Prior, T., Schröter, D., Jörin, J. and Patt, A. 2015. "Towards people- centred approaches for effective disaster risk management: Balancing rhetoric with reality". *International Journal of Disaster Risk Reduction*, 12, 202-12.

Sheller, M. 2004, "Mobile publics: Beyond the network perspective". *Environment and Planning D: Society and Space*, 22(1), 39-52.

Sheller, M. 2013. "The islanding effect: Post-disaster mobility systems and humani- tarian logistics in Haiti". *Cultural Geographies*, 20(2), 185-204.

Soden, R. and Palen, L. 2014. "From crowdsourced mapping to community mapping: The post-earthquake work of OpenStreetMap Haiti. In *COOP 2014- Proceedings of the 11th International Conference on the Design of Cooperative Systems, 27-30 May 2014, Nice (France)*, edited by Rossitto C., Ciolfi L., Martin, D. and Conein, B. Cham: Springer.

St. Denis, L.-A., Hughes, A. and Palen, L. 2012. "Trial by fire: The deployment of trusted digital volunteers in the 2011 Shadow Lake fire". In *Proceedings of the 9th International ISCRAM Conference*, April 1-10, Vancouver, Canada.

Starbird, K. and Palen, L. 2011. "'Voluntweeters': Self-Organizing by Digital Volun- teers in Times of Crisis". In *Proceedings of the ACM 2011 Conference on Human Factors in Computing Systems (CHI 2011)*, Vancouver, CA. Honorable Mention Award.

Starbird, K. and Palen, L. 2013. "Working and sustaining the virtual 'Disaster Desk'". In *Proceedings of the 2013 Conference on Computer Supported Coop- erative Work-CSCW '13*, 491-502. New York: ACM Press.

Storni, C. 2013. "Design for future uses: Pluralism, fetishism and ignorance". *Nordes*, 5, 50-9. UNDP. 2015. "Rebuilding Haiti.Our projects and

initiatives". United Nations Devel- opment Program, at www.undp.org/
content/undp/en/home/ourwork/our-projects- and-initiatives/crisis_in_
haiti.html (accessed December 28, 2016).

UNISDR. 2015. "Sendai framework for disaster risk reduction". *United Nations Office for Disaster Risk Reduction*, at www.unisdr.org/welcoordinate/sendai-framework (accessed September 7, 2016).

Vale, P. 2015. "Brussels lockdown sparks residents to flood Twitter with cat pictures as police search for Paris suspects". *Huffington Post*, November 23, 2015, at www. huffingtonpost.co.uk/2015/11/22/brussels-lockdown-cat-pictures_n_8624456. html (accessed September 7, 2016).

White, J., Palen, L. and Anderson, K. 2014. "Digital mobilization in disaster response". In *Proceedings of the 17th ACM Conference on Computer Supported Cooperative Work & Social Computing-CSCW '14*, 866-76. New York: ACM Press.

Wynne, B. 1996. "Misunderstood misunderstandings: Social identities and public uptake of science". In *Misunderstanding Science? The Public Reconstruction of Science and Technology*, edited by Irwin, A. and

Wynne, B., 19-45. Cambridge: Cambridge University Press. Wynne, B. 2007. "Risk as globalizing 'democratic' discourse? Framing subjects and citizens". In *Science and Citizens: Globalization and the Challenge of Engagement*, edited by Leach, M., Scoones, I. and Wynne, B., 66-82. London: Zed Books.

6장 수직 모빌리티

Armitage J. (2014) Trouble at the £1bn Burj Khalifa tower: Spiralling service costs see landlords falling behind on their bills. *The Independent*, 13 February. Available at: http://www.independent.co.uk/news/world/middle-east/trouble-at-the-1bn-burj-khalifa-tower-spiralling-service-costs-see-landlords-falling-behind-on-their-bills-9127085.html (accessed 14 April 2014).

Ballard JG (2010 [1975]) *High Rise*. London: Harper.

Bell, T. (2000) "Miners who are doing dirty work deserve better". *Business Report*, 6 October. Available at: http://www.queensu.ca/samp/sampresources/migrationdocuments/commentaries/2000/better.htm (accessed 14 March 2014).

Bernard, A. (2014) *Lifted: A Cultural History of the Elevator*. New York: New

York University Press.

Bodimeade, M. (2012) "Global elevator market led by Otis Elevator Company". *Companies and Markets*. Available at: http://www. companiesandmarkets.com/News/Industrial/Global-elevator-market-led-by-Otis-Elevator- Company/NI5817 (accessed 17 April 2014).

Brechin, G. (1999) *Imperial San Francisco: Urban Power, Earthly Ruin*. Berkeley: University of California Press.

Cameron, C. (2012) "With elevators down, high-rise residents suffer". *The Real Deal Blog*, 1 November. Available at: http://therealdeal.com/ blog/2012/11/01/with-elevators-down-high-rise-residents-suffer/ (accessed 14 April 2014).

Catts, T. (2013) "Otis elevator vies for the ultratall skyscraper market". *Business Week*, 31 January. Available at: http://www.businessweek.com/ articles/2013-01-31/otis-elevator-vies-for-the-ultratall-skyscraper-market (accessed 14 April 2014).

Cizek, K. (2011a) "Elevators—Highrises - cities". *Highrise Blog*, 9 February. Available at: http://highrise.nfb.ca/2011/02/elevators-highrises-cities/ (accessed 14 April 2014).

Cizek, K. (2011b) "Poverty is vertical—and the elevators are terrible". *Highrise Blog*, 20 January. Available at: http://highrise.nfb.ca/2011/01/poverty-is-ver- tical-and-the-elevators-are-terrible/ (accessed 14 April 2014).

Coover, R. (1969) *The Elevator, Pricksongs and Descants: Fictions*. New York: E.P. Dutton.

Creamer, M. (2013) "AngloGold Ashanti moving closer to ultradeep mining goal". *Mining Weekly*, 2 March. Available at: http://www.miningweekly. com/article/anglogold-ashanti-moving-closer-to-ultra-deep-mining-goal-2013-02-05 (accessed 14 March 2014).

Cwerner, S. (2006) "Vertical flight and urban mobilities: The promise and reality of helicopter travel". *Mobilities* 1(2): 191-215.

De Cauter, L. (2005) *Capsular Civilization: On the City in the Age of Fear*. Rotterdam: NAI.

de Sola Pool, I. (1977) *The Social Impact of the Telephone*. Cambridge, MA: MIT Press.

Diering, D. H. (1997) "Ultra-deep level mining: future requirements". *The Journal of the South African Institute of Mining and Metallurgy*, October: 248-256.

Doucet, D. and Sudry-le-Dû, C. (2013) "Clichy-sous-Bois, entre abandon et solidarité". *LesinRocks*, 28 January. Available at: http://www.

lesinrocks.com/2013/01/28/actualite/clichy-sous-bois-entre-abandon-et-solidarite-11345474/ (accessed 14 April 2014).

Easterling, K. (2003) "Conveyance 'germs', elevators, automated vehicles and the shape of global cities". In: Goetz A (ed.) *Up, Down, Across: Elevators, Escalators, and Moving Sidewalks*. Washington, DC: National Building Museum, pp.125-140.

Garfinkel, S. (2003) "Elevator stories: Vertical imaG1nation and the spaces of possibility". In: Goetz A (ed.) *Up, Down, Across: Elevators, Escalators, and Moving Sidewalks*. Washington, DC: National Building Museum, pp.173-195.

Goetz, A. (ed.) (2003) *Up, Down, Across: Elevators, Escalators, and Moving Sidewalks*. Washington, DC: National Building Museum.

Gottman, J. (1966) "Why the skyscraper?" *Geographical Review* 56(2): 190-212.

Graham, S. and Marvin, S. (2001) *Splintering Urbanism*. London: Routledge.

Graham, S. and Hewitt, L. (2013) "Getting off the ground: On the politics of urban verticality". *Progress in Human Geography* 37(1): 72-92.

Hall, PA. (2003) "Designing non-space: The evolution of the elevator interior". In: Goetz A (ed.) *Up, Down, Across: Elevators, Escalators, and Moving Sidewalks*. Washington, DC: National Building Museum, pp.59-78.

Hart, M. (2013) "A journey into the world's deepest gold mine". *Wall Street Journal*, 13 December. Available at: http://online.wsj.com/news/articles/SB10001424052702304854804579236640793042718 (accessed 14 April 2014).

Harvey, D. (1989) *The Condition of Postmodernity*. Oxford: Blackwell.

Jacobs, JM. and Cairns, S. (2013) "Ecologies of dwelling: Maintaining high-rise housing in Singapore". In: Bridge, G. and Watson, S. (eds) *The New Blackwell Companion to the City*. Oxford: Blackwell, pp.79-95.

Khaleej, Times (2008) *Dubai: Vertical city, 2.4 km (1.5 miles) tall*. Available at: ₩http://sabbah.biz/mt/archives/2008/09/15/dubai-vertical-city-24-km-15-miles- tall (accessed September 2014).

Kingwell, M. (2006) *Nearest Thing to Heaven: The Empire State Building and American Dreams*. New Haven, CT: Yale University Press.

Koncept, Analytics (2010) Global Escalator & Elevator Market Report: 2010 Edition, August.

McVeigh, T. (2014) "South Africa's miners take lung disease fight to London". *The Observer*, 27 April. Available at: http://www.theguardian.

com/world/2014/ apr/27/south-african-miners-lung-disease-fight-london (accessed 29 April 2014).

Mumford, L. (1934) *Technics and Civilization*. Chicago: University of Chicago Press.

Patton, P. (2003) "Hovering vision". In: Goetz A (ed.) *Up, Down, Across: Elevators, Escalators, and Moving Sidewalks*. Washington, DC: National Building Museum, pp.105-123.

Paumgarten, N. (2008) "Up and then down: The lives of elevators". *New Yorker*, 21 April. Available at: http://www.newyorker.com/reporting/2008/04/21/080421fa_fact_paumgarten?currentPage1/4all (accessed 15 April 2014).

Raban, J. (1991) *Hunting Mister Heartbreak: A Discovery of America*. London: Collins Harvill.

Rebelo, E. (2003) "World's deepest single-lift mine ever". *Mining Weekly*, 29 September. Available at: http://www.miningweekly.com/article/worlds-dee-pest-singlelift-mine-ever-2003-09-29 (accessed 14 April 2014).

Rosen, L. (2013) "Materials science update: New discovery may lead to mile-high buildings". *21st Century Science*, 21 June. Available at: http://www.21stcen-tech.com/materials-science-update-discovery-lead-mile-high-buildings/ (accessed 14 March 2014).

Sayre, R. (2011) "The colonization of the 'up': Building up and to the light in postwar Japan". *Architectonic Tokyo*. Available at: http://architectonictokyo.com/colonization_of_up.html (15 April 2014).

Schleier, M. (2009) *Skyscraper Cinema: Architecture and Gender in American Film*. Minneapolis: University of Minnesota Press.

Simmen, J. (2009) "Elevation - A cultural history of the elevator". In: Christ W (ed.) *Access for All: Approaches to the Built Environment*. Basel: Birkhauser, pp.15-30.

Strakoshe, G. and Corporale, R. (2010) *The Vertical Transportation Handbook*. London: Wiley.

Swan, P. (2013) *Space Elevators: An Assessment of the Technological Feasibility and the Way Forward*. London: VirG1nia Editions.

Thill, J-C, Dao H. and Zhou Y. (2011) "Travelling in the three-dimensional city: Applications in route planning, accessibility assessment, location analysis and beyond". *Journal of Transport Geography* 19(3): 405-421.

United Way. (2010) *Poverty by Postal Code 2: Vertical Poverty*. Toronto: United Way.

Urry, J. (2007) *Mobilities*. London: Routledge.

Van Riper, T. and Malone, R. (2007) "The world's fastest elevators". *Forbes*, 10 January. Available at: http://www.forbes.com/2007/10/01/elevators-economics-construction-biz-loG1stics-cx_rm_tvr_1001elevatorshtml (accessed September 2014).

Virilio, P. (2006) *Speed and Politics*, new edn. Los Angeles: Semiotext(e).

Wadhams, M. (2007) "World's deepest mines highlight risks of new gold rush". *National Geographic News*, 6 November. Available at: http://news.national-geographic.com/news/2007/11/071106-africa-mine.html (accessed 14 April 2014).

Weizman, E. (2002) "Introduction to the politics of verticality". *Open Democracy*. Available at: http://www.opendemoc-racy.net/ecology-politicsverticality/ article_801.jsp (accessed September 2014).

Wilk, S. (2006) "Elevator safety: What to do if someone is trapped". *Elevator World*, September, 129-132.

Young, M. (2010) "The Hitachi G1 tower will test world's fastest elevator". *Trendhunter*. Available at: http://www.trendhunter.com/trends/hitachi-g1-tower (accessed 15 April 2014).

7장 모빌리티의 미래들

Aguiléra, A., Grébert, J. and Nancy Formentin, H. 2014. *Passengers Transport Modes Hierarchy and Trends in Cities: Results of a Worldwide Survey*. Paris: Transport Research Arena.

Apel, D. and Pharoah, T. 1995. *Transport Concepts in European Cities*. Avebury: Studies in Green Research.

Ascher, F. 2000. *Ces évènements nous dépassent, feignons d'en être les organisateurs*. La Tour d'Aigues: L'Aube.

Banister, D. 2005. *Unsustainable Transport*. London: Spon Press.

Bassand, M. 1985. *Les Suisses entre la mobilité et la sédentarité*. Lausanne: PPUR.

Bassand, M. and Brulhardt, M.-C. 1980. *Mobilité Spatiale*. St-Saphorin: Georgi.

Bauman, Z. 2000. *Liquid Modernity*. London: Polity.

Belton-Chevallier, L. 2010. "Mobile ICTs as tools of intensification of travel time use? Results of qualitative study based on French workers". In *12th World Conference on Transport Research*, Lisbon.

Boltanski, L. and Chiapello, E. 1999. *Le nouvel esprit du capitalisme*. Paris:

Gallimard.

Brög, W. 1993. "Changer de comportement c'est d'abord changer d'état d'esprit, Marketing et qualité de service dans les transports en commun". In *Table ronde CEMT*, 92. Conférence Européene des Ministre de Transport, Paris.

Buhler, T. 2012. *Eléments pour la prise en compte de l'habitude dans les pratiques de déplacements urbains: les cas des résistnaces aux injonctions au changement de monde de déplacement dan l'agglomération lyonnaise.* Thèse en urbanisme et aménagement, INSA de Lyon, Lyon.

Canzler, W. and Knie, A. 1998. *Möglichkeitsräume—Grundrisse einer modernen Mobilitäts- und Verkehrspolitik.* Viena: Editions Böhlau.

Canzler, W. and Knie, A. 2016. "Mobility in the age of digital modernity: Why the private car is losing its significance, intermodal transport is winning and why digitalization is the key". *Applied Mobilities*, 1(1), 56-67.

Canzler, W., Kaufmann, V. and Kesselring, S., eds. 2008. *Tracing Mobilities: Towards a Cosmopolitan Perspective.* Aldershot: Ashgate.

Castells, M. 1996. *The Rise of the Network Society: The Information Age.* Oxford: Blackwell.

CERTU. 2013. *EMD standard CERTU.* Lyon: CERTU.

Cervero, R. and Radisch, C. 1996. "Travel choices in pedestrian versus automobile oriented neighborhoods". *Transport Policy*, 3(3), 127-41.

Cresswell, T. 2006. *On the Move: Mobility in the Modern Western World.* London: Routledge.

De Solère, R. 2012. *La mobilité urbaine en France: Enseignements des années 2000-2010.* Lyon: Ed. du CERTU.

De Witte, A., Hollevoet, J., Dobruszkes, F. Hubert, M. and Macharis, C. 2013. "Linking modal choice to motility: A comprehensive review". *Transportation Research Part A*, 48, 329-41.

Dollinger, H. 1972. *Die Totale Autogesellschaft.* Munich: Carl Hanser Verlag.

Duncan, S. and Phillips, M. 2010. "People who live apart together (LATs): How different are they?" *The Sociological Review*, 58(1). 112-34.

Feldhaus, M. and Schlegel, M. 2015. "Living apart togetherand living together apart: Impacts of partnership-related and job-related circular mobility on partnership quality". In *Spatial Mobility, Migration and Living Arrangement*s, edited by Aybek, C. M, Huinink, J. and Muttatak, R. 115-37. New York: Springer.

Fichelet, R. 1979. "Éléments pour une compréhension des pratiques de déplacement automobile". In *Transport et société, acte du colloque de*

Royaumont, edited by Direction Générale de la Recherche Scientifique et Technique. Paris; Economica.

Flamm, M. 2004. *Comprendre le choix modal; les déterminants des pratiques modales et des représentations individuelles de moyens de transport.* Thèse de doctorat EPFL, Lausanne.

Fouillé, L. 2010. *L'attachement automobile mis à l'épreuve. Etude des dispositif de détachement et de recomposition de mobilités.* Thèse de sociologie, Université de Rennes, Rennes.

Freudendal-Pedersen, M. 2009. *Mobility in Daily Life: Between Freedom and Unfreedom.* Farnham: Ashgate.

Gagnière, V. 2012. "Les effets du tramway sur la fréquentation du transport public. Un bilan des agglomérations françaises de province" *Revue Géographie de l'Est*, 52(1-2), at http://rge.revues.org/3508 (accssed September 7, 2016).

Gallez, C. and Kaufmann, V. eds. 2010. *Mythes et pratiques de la coordination urbanisme-transport, regards coisés sur les trajectoires de quatre agglomérations suisse et françaises.* Recherches INRETS 281. Paris; Lavoisier.

Gherardi, L. 2010. *La mobilité ambiguë: Espace, temps et pouvoir aux sommets de la société contemporaine.* Paris: Editions Universitaire Européennes.

Goodwin, P.-B. 1985. "Évolution de la motivation des usagers en matière de choix modal". In *Table ronde CEMT*, 68. Conférence Européene des Ministres de Transport, Paris.

Graham-Rowe, E. Skippon, S. Gardner, B. and Abraham, C. 2011. "Can we reduce and, if so, how? A review of available evidence" *Transportation Research Part A*, 45, 401-18.

Harvey, D. 2001. *Space of Capital: Towards a Critical Geography.* New York: Routledge.

Hofmeister, H. 2005. "Geographic mobility of couples in the United States: Relocation and commuting trends". *Zeitschrift für Familienforschung*, 2, 115-28.

Holmes, M. 2014. *Distance Relationships.* London: Palgrave Macmillan.

Jain, J. and Lyons, G. 2008. "The gift of travel time". *Transport Geography*, 16, 81-9.

Kalir, B. 2013. "Moving subjects, stagnant paradigms: Can the 'mobilities paradigm' transcend methodological nationalism?" *Journal of Ethnic and Migration Studies*, 39(2), 311-27.

Kaufmann, V. 2003. "Pratiques modales des déplacements de personnes en milieu urbain: des rationalitéa d'usage à la cohérence de l'action publiqe".

Revue d'Économie Régionale et Urbaine, 1, 39-58.

Kaufmann, V. 2011. *Re-Thinking the City*. Lausanne and London: EPFL Press and Routledge.

Kaufmann, V. 2014. "Mobility as a tool for sociology". *Sociologica*, 1. doi:10.2383/77046.

Kaufmann, V., Ravalet, E. and Dupuit, E., eds. 2015. *Motilité et mobilité: mode d'emploi*. Neuchâtel: Alphil-Presses Universitaires Suisses.

Kellerman, A. 2012. "Potential mobilities". *Mobilities*, 7(1), 171-83.

Kesselring, S. 2006. "Pioneering mobilities: New pattern of movement and motility in a mobile world". *Environment and Planning A*, 38, 269-79.

Kingsley, D. and Urry, J. 2009. *After the Car*. Polity: London.

Kuhnimhof, T. Armoogum, J., Buehler, R. Dargay, J., Denstadli, J. M. and Yamamoto, T. 2012. "Men shape a downward trend in car use among young adults: Evidence from six industrialized countries". *Transport Reviews*, 33, 761-79.

Lefèvre, C. and Offner, J.-M. 1990. *Les transports urbains en question*. Paris: Celse.

Lucas, K. and Jones, P. 2009. *The Car in British Society*. London: RAC Foundation.

Lyons, G. Jain, J. and Holley, D. 2007. "The use of travel time by rail passengers in Great Britain". *Transportation Research Part A*, 41, 107-20.

Maksim, H. 2011. *Potentiels de mobilité et inégalités sociales: la matérialisation des politiques dans quatre agglomérations en Susse et en France*. Thèse de doctrat, EPFL, Laussane.

Meissonier, J. 2001. *Provinciliens: les voyageurs du quotidian*. Paris: éditions de L'harmattan.

Metz, D. 2008. "The myth of travel time saving". *Transport Reviews*, 28(3). 321-36.

Neutens, T. 2010. *Space, Time and Accessibility: Analyzing Human Activities and Travel Possibilities from a Time-Geographic Perspective*. Thèse de Doctorat, University of Gent, Gent.

Newman, P. and Kenworthy, J. 2013. "Understanding the demise of automobile dependence". *World Transport Policy and Practice*, 17(2), 1-19.

Oxford Martin School Commission for Future Generations. 2013. *Now for the Long Term*. Oxford: Oxford Martin School.

Scheiner, J. 2010. "Interrelations between travel mode choice and trip distance: Trends in Germany 1976-2002". *Journal of Transport Geography*, 18(1), 75-84.

Schneider, N. F. and Colletm B., eds. 2010. *Mobile Living across Europe II*. Leverkusen and Opladen: Barbara Budrich.

Stock, M. 2006. "L'hypothèse de l'habiter poly-topique". *Espacestemp.net*, Textuel, February 26.

Urry, J. 2000. *Sociology Beyond Societies*. London: Routledge.

Urry, J. 2007. *Mobilities*. London: Polity.

Urry, J. 2014. *Post-Petroleum*. Paris: Loco éditions/Forum Vies Mobiles.

Vincent-Geslin, S. 2010. *Altermobilités, mode d'emploi. Déterminants et usage de mobilités alternatives au tout voiture*. Lyon: Editions du Certu.

Vincent-Geslin, S. and Kaufmannm V., eds. 2012. *Mobilité sans racines. Plus loin, plus vite... Plus mobiles?* Paris: Descartes & Cie.

Viry, G. and Kaufmannm V., eds. 2015. *Mobile Europe*. London: Palgrave McMillan.

Zahavi, Y. 1979. *The UMOT Project*. Washington: USDOT.

Zahavi, Y. and Talvitie, A. 1980. "Regularities in travel time and money expenditure". *Transportation Research Record*, 750, 13-19.

8장 모바일 주체의 실행 혹은 해체?

Ahas, R. 2011. "Mobile positioning". In *Mobile Methods*, edited by Biischer, M., Urry, J. and Witchger, K. London: Routledge.

Akrich, M. and Latour, B. 1992. "A summary of a convenient vocabulary for the semiotics of human and nonhuman assemblies". In *Shaping Technology/Building Society Studies in Sociotechnical Change*, edited by Bijker, W. E. and Law, J., 259-64. Cambridge, MA: MIT Press.

Axhausen, K. W. 2007. "Activity spaces, biographies, social networks and their welfare gains and externalities: Some hypotheses and empirical results". *Mobilities*, 2(1), IS-6.

Bachelard, G. 2002. *The Formation of the Scientific Mind*. Bolton: Clinamen.

Bennett, T. and Joyce, P., eds. 2013. *Material Towers: Cultural Studies, History and the Material Turn*. London and New York: Routledge.

Bissell, D. 2010. "Narrating mobile methodologies: Active and passive empiricisms". In *Mobile Methodologies*, edited by Fincham, B., McGuinness, M. and Murray, L., 53-68. New York: Palgrave Macmillan.

Bourdieu, P. 1986. "The (three) forms of capital". In *Handbook of Theory and Research in the Sociology of Education*, edited by Richardson, J. G., 241-58. New York and London: Greenwood Press.

Bourdieu, P. 2000. *Distinction: A Social Critique of the Judgment of Taste*. Cambridge, MA: Harvard University Press.

Büscher, M. and Urry, J. 2009. "Mobile methods and the empirical". *European Journal of Social Theory*, 12(1), 99-116.

Büscher, M., Urry, J. and Witchger, K. 2011a. "Introduction: Mobile methods". In *Mobile Methods*, edited by Büscher, M., Urry, J. and Witchger, K., 1-19. Oxon and New York: Routledge.

Biischer, M., Urry, J. and Witchger, K., 2011b. *Mobile Methods*. Oxon and New York: Routledge.

Cass, N., Shove, E. and Urry, J. 2005. "Social exclusion, mobility and access". *Sociological Review*, 53(3), 539-555.

Cresswell, T. 2006. *On the Move: Mobility in the Modern Western World*. New York and London: Routledge.

Cresswell, T. 2010. "Towards a politics of mobility". *Environment and Planning D: Society and Space*, 28(1), 17-31.

D'Andrea, A,, Ciolfi, L. and Gray, B., 2011. "Methodological challenges and innovations in mobilities research". *Mobilities*, 6(2), 149-60.

Dant, T. 2004. "The driver-car". *Theory, Culture & Society*, 21(4/5), 61-79.

Diaz-Bone, R. 2015. "Die Sozio-Epistemologie als methodologische Position Foucaultscher Diskursanalysen". *Zeitschrift für Diskursforschung*, 3(1), 43-61.

Fincham, B., McGuinness, M. and Murray, L. 2010. *Mobile Methodologies*. London: Palgrave Macmillan.

Foucault, M. 1972. *Archeology of Knowledge and the Discourse or Language*. New York: Pantheon Books.

Frei, A., Axhausen, K. W. and Ohnmacht, T. 2009. "Mobilities and social network geography: Size and spatial dispersion-the Zurich case study". In *Mobilities and inequality*, edited by Ohnmacht, T. Maksim, H. and Bergman, M. M., 99-120. Aldershot: Ashgate.

Frello, B. 2008. "Towards a discursive analytics of movement: On the making and unmaking of movement as an object of knowledge". *Mobilities*, 3(1), 25-50.

Freudendal-Pedersen, M. 2007. "Mobility, motility and freedom: The structural story as an analytical tool for understanding the interconnection". *Schweizerische Zeitschrift für Soziologie*, 33(1), 27-43.

Goodman, A., Jones, A., Roberts, H., Steinbach, R. and Green, J. 2013. "We can all just get on a bus and go: Rethinking independent mobility in the context of the universal provision of free bus travel to young Londoners".

Mobilities, 9(2), 275-93.

Graham, S. and Marvin, S. 2001. *Splintering Urbanism. Networked Infrastructures, Technological Mobilities and the Urban Condition*. London and New York: Routledge.

Hannam, K., Sheller, M. and Urry, J. 2006. "Editorial: Mobilities, immobilities and moorings". *Mobilities*, 1(1), 1-22.

Hilti, N. 2009. "Here, there, and in-between: On the Interplay of multilocal living, space, and inequality". In *Mobilities and Inequality*, edited by Ohnmacht, T., Maksim, H. and Bergman, M. M., 145-64. Aldershot: Ashgate.

Huete, R., Mantecon, A. and Estévez, J. 2013. "Challenges in lifestyle migration research: Reflections and findings about the Spanish crisis". *Mobilities*, 8(3), 331-48. doi:10.1080/17450101.2013.814236.

Ingold, T. 2004. "Culture on the ground: The world perceived through the feet". *Journal of Material Culture*, 9(3), 315-40.

Jansen, K. and Vellema, S. 2011. "What is technography?" *NJAS-Wageningen Journal of Life Sciences*, 57(3-4), 169-77.

Jensen, 0. B., Sheller, M. and Wind, S. 2015. "Together and apart: Affective ambiences and negotiation in families' everyday life and mobility". *Mobilities*, 41(4), 363-82. Katz, C. 1994. "Textures of global change: Eroding ecologies of childhood in New York and Sudan". *Childhood*, 2(12), 103-10.

Kazig, R. and Weichhart, P. 2009. "Die Neuthematisierung der materiellen Welt in der Humangeographie". *Berichte zur deutschen Landeskunde*, 83(2), 109-28.

Kien, G. 2008. "Technography - technology + ethnography: An introduction". *Qualitative Inquiry*, 14(7), 1101-9.

Kuhm, K. 1997. *Moderne und Asphalt: die Automobilisierung als Prozeß technologischer Integration und sozialer Vernetzung*. Pfaffenweiler: Centaurus.

Kuhn, T. S. 1962. *The Structure of Scientific Revolutions*. Chicago: University of Chicago Press.

Larsen, J., and Jacobsen, M. H. 2009. "Metaphors of mobility-Inequality on the move". In *Mobilities and Inequality*, edited by Ohnmacht, T., Maksim, H. and Bergman, M. M., 75-96. Aldershot: Ashgate.

Larsen, J., Urry, J. and Axhausen, K. W. 2006. *Mobilities, Networks, Geographies*. Hampshire: Ashgate.

Latour, B. 2005. *Reassembling the Social: An Introduction to Actor-Network-Theory*. Oxford: Oxford University Press.

Law, J. 2002. "Objects and spaces". *Theory Culture Society*, 19(5-6), 91-105.

Law, J. and Urry, J. 2004. "Enacting the social". *Economy and Society*, 33(3), 390-410.

Malkki, L. 1992. "National Geographic: The rooting of peoples and the territorialization of national identity among scholars and refugees". *Cultural Anthropology*, 7(1), 24-44.

Manderscheid, K. 2012. "Automobilität als raumkonstituierendes Dispositiv der Moderne". In *Die Ordnung der Räume*, edited by miller, H. and Michel, B., 145-78. Münster: Westplialisches Dampfboot.

Manderscheid, IN. 2014a. "Criticising the solitary mobile subject: Researching relational mobilities and reflecting on mobile methods". *Mobilities*, 9(2), 188-219.

Manderscheid, K. 2014b. "The movement problem, the car and future mobility regimes: Automobility as dispositif and mode of regulation". *Mobilities*, 9(4), 604-26.

Manderscheid, K. 2016. "Mobile Ungleichheiten. Eine sozial-und infrastrukturelle Differenzierung des Mobilitätstheorems". *Österreichische Zeitschrift für Soziologie*, 41(1), 71-96.

Merriman, P. 2013. "Rethinking mobile methods". *Mobilities*, 9(2), 1-21.

Mikkelsen, M. R. and Christensen, P. 2009. "Is children's independent mobility Really independent? A study of children's mobility combining ethnography and GPS/mobile phone technologies". *Mobilities*, 4(1), 37-S 8.

Murdoch, J. 2001. "Ecologising sociology: Actor-network theory, co-construction and the problem of human exceptionalism". *Sociology*, 35(1), lll-33.

O'Brian, M., Jones, D., Sloan, D. and Rustin, M. 2000. "Children's independent spatial mobility in the urban public realm". *Childhood*, 7(3), 257-77.

Otto, M. 2014. *Der Wille zum Subjekt. Zur Genealogie politischer Inklusion in Frankreich (16.-20. Jahrhundert)*. Bielefeld: Transcript.

Paterson, M., 2007. *Automobile Politics: Ecology and Cultural Political Economy*. Cambridge: Cambridge University Press.

Peck, J. and Tickell, A. 2002. "Neoliberalizing space". *Antipode*, 34(3), 380-404.

Pel, B. 2014. "Interactive metal fatigue: A conceptual contribution to social critique in mobilities research". *Mobilities* (online), 1-19.

Pooley, C., Turnbull, J. and Adams, M. 2005. *A mobile century? Changes in everydlay mobility in Britain in the twentieth century*. Hampshire: Ashgate.

Rajan, S. C. 2006. "Automobility and the liberal disposition". *Sociological Review*, 54, 113-29.

Rammert, W and Schubert, C., eds. 2006. "Technografie." *Zur Mikrosoziologie der Technik*. Frankfurt am Main: Campus.

Reckwitz, A. 2008. *Subjekt*. Bielefeld: Transcript.

Sassen, S. 2001. *The Global City: New work, London, Tokyo* (Second Edition). Princeton: Princeton University Press.

Schad, H. and Duchéne-Lacroix, C. 2013. "Multilokales Wohnen als hybride Praxis - Implikationen der 'mobilities studies' und der Akteur-Netzwerk-Theorie". In *Mobilitäten und Immobilitäten: Menschen–Ideen–Dinge–Kulturen–Kapital*, edited by Scheiner, J., Blotevogel, H.-H., Frank, S., Holz-Rau, C. and Schuster, N., 259-374. Essen: Klartext Verlag.

Schneider, N. F., Limmer, R., and Ruckdeschel, K. 2002. *Mobil, flexibel, gebunden: Familie und Beruf in der mobilen Gesellschaft*. Frankfurt and New York: Campus.

Shaw, B., Watson, B., Frauendienst, B., Redecker, A., Jones, T. and Hillinan, M. 2013. *Children's Independent Mobility: A Comparative Study in England and Germany* (1971-2010). London: Policy Studies Institute.

Sheller, M. and Urry, J. 2006. "The new mobilities paradigm". *Environment and Planning A*, 38(2), 207-26.

Sheppard, E. 2001. "Quantitative geography: Representations, practices, and possibilities". *Environment and Planning D: Society and Space*, 19, 535-54.

Sheppard, E. (2002). "The spaces and times of globalization: Place, scale, networks, and positionality". *Economic Geography*, 78 (3), 307-30.

Taipale, S. 2014. "The dimensions of mobilities: The spatial relationships between corporeal and digital mobilities". *Social Science Research*, 43(1), 157-67.

Urry, J. 2000. "Mobile sociology". *The British Journal of Sociology*, 51(1), 185-203.

Urry, J. 2004. "The 'system' of automobility". *Theory, Culture & Society*, 21(4/5), 25-39.

Urry, J. 2003. "Social networks, travel and talk". *The British Journal of Sociology*, 54(2), 155-175.

Urry, J. 2007. *Mobilities*. Cambridge: Polity.

Vannini, P. and Vannini, A. S. 2008. "Of walking shoes, boats, golf carts, bicycles, and a slow technoculture: A technography of movement and embodied media on protection island". *Qualitative Inquiry*, 14(7), 1272-301.

Weiss, A. 2005. "The transnationalization of social inequality: Conceptualizing social positions on a world scale". *Current Sociology*, 53(4), 707-728.

Wolff, J. 1993. "On the road again: Metaphors of travel in cultural criticism". *Cultural Studies*, 7(2), 224-239.

Zeiher, H. 1990. "Organisation des Lebensraums bei Großstadtkindern— Einheitlichkeit oder Verinselung?" In *Lebenslauf und Raumerfahrung*, edited by Bertels, L. and Herlyn, U., 35-57. Opladen: Leske + Budrich.

9장 모빌리티와 코스모폴리탄의 관점

Beck, U. 1992. *Risk Society*. London: Sage.

Beck, U. 2006a. *The Cosmopolitan Visions*. Cambridge UK, and Malden, MA: Polity Press.

Beck, U. 2006b. *Power in a Global Age: A New Global Political Economy*. Oxford: Blackwell.

Beck, U. and Sznaider, N. 2006. "Unpacking cosmopolitanism for the social sciences: A research agenda". *The British Journal of Sociology*, 57(1), 1-23.

Beck, U., Bonß, W. and Lau, C. 2003. "The theory of reflexive modernization: Problematic, hypotheses and research programme". *Theory, Culture & Society*, 20(2), 1-34.

Berking, H., ed. 2006. *Die Macht des Lokalen in einer Welt ohne Grenzen*. Frankfurt and New York: Campus.

Böschen, S., Kratzer, N. and May, S. 2006. *Nebenfolgen-Analysen zur Konstruktion und Transformation moderner Gesellschaften*. Weilerswist: Velbrück.

Brenner, N. 2001. "The limits to scale? Methodological reflections on scalar structuration". *Progress in Human Geography*, 25(4), 591-614.

Canzler, W., Kaufmann, V. and Kesselring, S., eds. 2008. *Tracing Mobilities: Towards a Cosmopolitan Perspective*. Aldershot: Ashgate.

Hannam, K., Sheller, M. and Urry91, J. 2006. "Mobilities, immobilities and moorings: Editorial". Mobilities, 1(1), 1-22.

Held, D., McGrew, A., Goldblatt, D. and Perraton, J. 1999. *Global Transformations: Politics, Economics and Culture*. Cambridge: Polity Press.

Kant, I. 1974. *Anthropology from a Pragmatic Point of View*. Dortrecht: Springer Netherlands.

Kaplan, C. 2006. "Mobility and war: The cosmic view of US air power".

Environment and Planning A, 38, 395-407.

Kesselring, S. 2006. "Pioneering mobilites: New patterns of movement and motility in a mobile world". *Environment and Planning A*. Special Issue "Mobilites and Materialities". 269-79.

Kesselring, S. 2008a. "The mobile risk society". In *Tracing Mobilites: Towards a Cosmopolitan Perspective*, edited by Canzler,W., Kaufmann, V. and Kesselring, S., 77-102. Aldershot: Ashgate.

Kesselring, S. 2008b. " Skating over thin ice. Pioneers of the mobile risk society". In *The Social Fabric of the Networked City, A book in honour of Manuel Castells*, edited by Pflieger, G., Pattaroni, L., Jemelin, C. and Kaufmann V., 17-39. Lausanne: EPFL Press.

Kesselring, S. 2009. "Global transfer points: The making of airports in the mobile risk society". In *Aeromobilites*, edited by Cwerner, S., Kesselring, S. and Urry, J., 39-60. London and New York: Routledge.

Lash, S. and Urry, J. 1994. *Economies of Signs and Space*. London: Sage.

Lassen, C. 2006. "Aeromobility and work". *Environment and Planning A*, 38(2), 301-12.

Law, J. 2006. "Disasters in agriculture: Or foot and mouth mobilities". *Environment and Planning A*, 38(2), 227-39.

Lefebvre, H. 2000. *The production of Space*. Oxford: Blackwell.

Marston, S. 2000. "The social construction of scale". *Progress in Human Geography*, 24(2), 219-42.

Swyngedouw, E. 1997. "Neither global nor local: 'Glocalization' and the politics of scale", In *Spaces of Globalization: Reasserting the Power of the Local*, edited by Cox, K. R., 137-66. New York: Guildford.

Taylor, P. J. 2004. *World City Network: A Global Urban Analysis*. London: Routledge.

Tomlinson, J. 1999. *Globalization and Culture*. Oxford: Oxford University Press.

Urry, J. 2000. *Sociology Beyond Societies: Mobilities of the Twenty-First Century*. London: Routledge.

Urry, J. 2002. " The global complexities of September 11th". *Theory, Culture & Society*, 19(4), 57-69.

Urry, J. 2004. "Connections". *Environment and Planning D: Society and Space*, 22(1), 27-37.

Zürn, M. 2005. *Globalizing Interests: Pressure Groups and Denationalization*. Albany, NY: State University of New York Press.

도시 모빌리티 네트워크

2020년 2월 28일 초판 1쇄 발행

지은이 | 말렌 프로이덴달 페데르센 · 스벤 케셸링 · 미미 셸러 · 크리스티앙 리코페
     존 어리 · 모니카 뷔셔 · 자룰라 케라시두 · 카트리나 페테르센 · 레이철 올리펀트
     스티븐 그레이엄 · 빈센트 카우프만 · 카타리나 만더샤이트 · 울리히 벡
옮긴이 | 정상철
펴낸이 | 노경인 · 김주영

펴낸곳 | 도서출판 앨피
출판등록 | 2004년 11월 23일 제2011-000087호
주소 | 우)07275 서울시 영등포구 영등포로 5길 19(양평동 2가, 동아프라임밸리) 1202-1호
전화 | 02-336-2776 팩스 | 0505-115-0525
블로그 | bolg.naver.com/lpbook12
전자우편 | lpbook12@naver.com

ISBN 979-11-87430-94-0 94300